王列耀 龙扬志 著

COLECÇÃO CULTURA DE MACAU

澳门文化丛书

文学及其场域：

# 澳门文学与中文报纸副刊
# （1999~2009）

*Macao Literature and Chinese Newspaper Supplement (1999-2009)*

社会科学文献出版社
SOCIAL SCIENCES ACADEMIC PRESS(CHINA)

澳門特別行政區政府文化局
INSTITUTO CULTURAL do Governo da R.A.E. de Macau

# 出版说明

国学大师季羡林曾说："在中国 5000 多年的历史上，文化交流有过几次高潮，最后一次也是最重要的一次是西方文化的传入，这一次传入的起点在时间上是明末清初，在地域上就是澳门。"

澳门是我国南方一个弹丸之地，因历史的风云际会，成为明清时期"西学东渐"与"东学西传"的桥头堡，并在中西文化碰撞与交融的互动下，形成独树一帜的文化特色。

从成立伊始，文化局就全力支持与澳门或中外文化交流相关的学术研究，设立学术奖励金制度，广邀中外学者参与，在 400 多年积淀下来的历史滩岸边，披沙拣金，论述澳门文化的底蕴与意义，凸显澳门在中外文化交流中所发挥的积极作用。

2012 年适逢文化局成立 30 周年志庆，在社会科学文献出版社的鼎力支持下，澳门文化局精选学术奖励金的研究成果，特别策划并资助出版"澳门文化丛书"，旨在推介研究澳门与中外文化交流方面的学术成就，以促进学术界对澳门研究的关注。

期望"澳门文化丛书"的出版，能积跬步而至千里，描绘出澳门文化的无限风光。

澳门特区政府文化局
谨识
社会科学文献出版社

# 目　录

# 导论　文学场与澳门文学研究

## 一　"澳门文学"：文学概念及其表述意义

澳门文学经常被当成一个不言自明的专有名词使用，其所指则严格限定于具体话语之中，大体来说包括这样两个维度，首先是指以中文（华文）作为原创语言的文学作品，其次是指中国"五四"新文化浪潮影响下产生的"新文学"。不得不说明的是，我们以重新讨论澳门文学概念来作为展开进一步研究的开始，并非刻意强调我们对特定概念有多么敏感，而是希望提醒自己，如果从一般意义上表述澳门文学，它其实是一种自有其复杂历史背景和风格流变的区域文学现象，与我们涉及有关当下澳门文学发展状况的话语对象不可同日而语，因此有必要借助概念梳理重新认识有关澳门文学的观念编码过程。当我们谈论包括古典作品和葡语作品在内的澳门文学时，似乎也在暗示人们还存在另外的澳门文学，比如"大写的"澳门文学即专指"澳门华文新文学"，"小写的"澳门文学即作为普通名词使用。事实上，不论是在澳门史还是澳门文学史的学术谱系中，从来不曾同时存在具有包容与被包容关系的类型性概念。基于此，对于"澳门文学"概念及其内涵的表述，也就具有了马克斯·韦伯所说的观念作为时代组成成分所具有的文化标志意义。

## （一）"澳门文学"作为问题

根据已有史料可知，与澳门相关的文学可以追溯到 1386 年或更早。澳门及内地学者乐于提及韩国全北国立大学中文系客座教授李德超于"澳门文学座谈会"上主讲的《中国文学在澳门之发展概况》（1973 年的硕士学位论文）①，清初、鸦片战争、辛亥革命等历史节点的确立，实际上挖掘并梳理了一条文学史脉络。据李德超统计，1386～1946 年有 136 位作者发表过有关澳门的各类文学作品 528 篇（首），其中民国成立以后至 1946 年期间有 36 人 100 篇，少于鸦片战争至辛亥革命期间的 52 人 242 篇②，这显然并不准确。一个广为人知的事实是，20 世纪初期澳门已经相继成立了"雪社""聪社"等文学社团。1931 年"一二·九"运动爆发后，澳门《大众报》《朝阳报》发表了大量青年宣传抗日的文艺作品，一批应时而生的华文文艺社团如文化协会、前锋剧社、晓钟剧社、起来剧社、绿光剧社、呐喊文学研究社、密云座谈会、大众歌咏团、怒吼社等，更是自觉肩负起启蒙与救亡使命，澳门亦因此成为全国一个重要的文化抗战据点。不过，只要不与历史中的具体情境产生实际关系，数据本身的出入并不重要，重要的是这些与澳门历史相关的文脉流传，对于建构澳门文学的历史传统提供了充分且有效的精神资源。

不能否认，澳门与葡萄牙在数百年前的相遇对于澳门历史走向具有决定性作用，曾以澳门为求学地与工作栖居地的李德超所讨论的，正是开埠以后历经数百年而沉淀形成的"澳门中国文学"。不论它如何自成体系地绵延于中国内地区域之外，还是仅仅成为中国文学不断渗透异族治理空间的零星见证，澳门与中国母体文化之间的复杂关系，决定了大多数澳门人书写自身的生存感受时，必然要依附或借力于这样一个强大的中国文

---

① 李德昭（"昭"应为"超"）：《中国文学在澳门之发展概况》，《澳门日报》"镜海"1986 年 1 月 8 日，第 16 版。

② 李德超：《中国文学在澳门之发展概况——附中国文学在澳门之发展概况表》，载《澳门文学论集》，澳门日报出版社，1988，第 19～23 页。

化传统，甚至可以说，它从来不曾与中国文化的母体分开过。正如"澳门文学座谈会"支持者、见证者胡培周校长从激情洋溢的诗性文字中流露出来的自豪之情一样，爱澳门与爱中国、爱中国文化彼此关联或互为表里：

> 同样来自香港的何紫，他本是生于濠江；也是同样来自香港的韩牧，在澳门生活十八年长。何紫和韩牧，同样有着一颗热爱澳门的心，他们都说是我们的街坊。何紫要我们预见到一种新文学样式将会兴旺；韩牧指出澳门新诗的前路：既会荆棘满途，也有光明大道。来自香港的李德超博士，今天已在南朝鲜工作了；可是他没忘记自己曾在澳门读书、教学；他的发言，使我们知道镜海文学源远流长①。

当然，区域文化也必然反哺其母体文化，尤其是海洋、岛屿、贸易、宗教等这些集中了澳门与葡萄牙风物的独特文化层面，对中华文化起着丰富、发展、补充的作用。不难理解的是，更多作品连同其他历史细节已经消失于时间烟云之中，斑驳的记忆一方面奋力脱离我们对澳门过去数百年间人和事的想象；另一方面又促使我们努力返回历史，打捞一种混杂整体性和离散性、本土性与殖民性的文化遭遇：在历史与现实的交点上，探寻"往何处去"的终极命题虽然并不急迫，但也必须面对。

从学术话语的角度来看，不论是身为"国外学者"的李德超针对澳门文学是岭南文学支脉的表述，还是澳门本地研究者对澳门新文学起源的着力追溯，都是在寻求一种关于"澳门文学"的诠释方式。不过，面对生存与文化这些现实相关性问题甚至置身其中时，诸种诠释不再纯粹属于学术的课题，所以，即使在学术范畴里取得了公众认可的权威说法，后来者面对这一问题时，仍然有表达自身体验及其澳门文学整体构想的

---

① 胡培周：《我们的文学事业很有希望》，《澳门日报》"新园地"1986年1月13日，第17版。

权力。澳门文学研究或所谓的"澳门学"（Macaology）的很多问题已经溢出学术的范围，扩张成融汇个体生命体验的生存叙述，地方知识与现代性焦虑深刻地纠缠在一起。文学批评以分享生命感受而存在，这也是澳门文学研究尤其是澳门本地文人的批评话语呈现出鲜明的感受性与体验性的重要原因。就本课题讨论的澳门新文学而言，澳门著名新闻工作者李成俊认为，早期新文学在"九一八"救亡运动以后逐步开展起来；据吕志鹏说，"这种看法在澳门文学研究界被广泛的引用和认受，亦被视为澳门新文学开端的正统讲法，争议较少"①。在历史叙述方面，我们过于依赖偶然事件作为历史标志的处理方法，事实上，历史除了特定时期的激烈变革以外，缓慢而不可阻挡的前进步伐更是一种常态。"新文学在澳门的出现，并不曾发生过如20年代在中国内地或台湾、香港那样的新旧文学的冲突和蜕变，而主要是特殊的历史机遇（抗日战争）使内地和香港一批新文学工作者进入澳门而适应时代要求发展起来的。它说明，新文学在澳门的出现，仍然是一种'植入'的现象，而并非出于澳门自身文学发展逻辑引发的新文学革命。"② 需要注意的是，合法性起点的建构显然服从于澳门文学的整体性想象，如果我们抛弃文学形式作为检验文学现代性的唯一标准，跨越文/白界线，或许晚清遗民文人将澳门视为寄寓余生之地的感触，同样包含了对世代转换无能为力的现代觉醒意识③。

---

① 吕志鹏：《澳门中文新诗发展史研究（1938～2008）》，中国社会科学出版社，2011，第36页。

② 仲鹤：《澳门新文学的发展历程》，载刘登翰主编《澳门文学概貌》，鹭江出版社，1998，第103页。

③ 可参看郑炜明对民国建立后三类不同传统文化人的分析："清亡之后，民国时期，澳门的确有一大批以前清遗民、遗老自居的文化人，以濠镜为世外之地，过着半隐居的生活，写下了许多佳作，部分人更由流寓渐变成定居澳门，使澳门在其文学发展史上，渐渐有了一批对澳门这块土地有感情归属的作家群。这点是十分重要的。他们的作品跟以前明末清初时遗民诗人群落所写的澳门文学作品比较，在思想、感情和内容上并无太大不同，但其文化身份就略异了：明末清初的一群，始终是过客；清亡以后民国时期的一群则渐变成本土化了，对促进中国文化与中国文学在澳门的发展，贡献重大，至为重要。"载刘登翰主编《澳门文学概貌》，鹭江出版社，1998，第79页。

我们能否把抗战以后在澳门出现的白话诗文视为澳门文学的现代开端，而此前的文学被定位为所谓的"过客文学"或"寄居文学"，包括澳门学者郑炜明将澳门文学最早追溯到汤显祖明万历十九年（1591）到达澳门之后写作的《香澳逢贾胡》等诗作①，或如李德超一样仅仅把它们当成中国古典文学的澳门旅行，都还值得进一步探讨。所有外来文化在本土的传播与生长，首先面临着"植入"程序的必要性和适应性挑战。20 世纪 80 年代以后对于澳门文学属性的反复强调，其实也是根源于族裔身份暧昧性而产生的认同焦虑现象，就像我们研究马来西亚华文文学很容易注意到身份焦虑一样，越是在身份出现危机的地方，认同问题也越显得迫切。不同的是，澳门人身份问题随着"后回归"时代的到来将得到逐步缓解，但回归之后自愿或被迫选择澳门为生存皈依的土生葡人，则可能需要更长时间重新调整自身的文化嫁接问题。考虑到澳门特殊的历史背景，土生群体的文化心理表达应当得到合理关注，如何协助其进一步顺利融入澳门中华文化圈，是摆在特区政府面前的一项切实课题。

简言之，上述话题的呈现，应当归功于 20 世纪 70～80 年代学术界对澳门文学展开自觉研究的结果。我们重新回到这些问题，尽管客观上被学术话语展开的陈规套路限制，但也是在尝试寻找更具合理性的解释。至少面对同一个研究对象，作为澳门本地学者和外省学者的生命体验场景是完全不同的，这种由自我与他者形成的对照关系，最终也将在表述与被表述之间产生微妙的投射差异。

## （二）形象建构与概念表述

澳门文学的自我认同及其危机意识始于 20 世纪 80 年代，港澳诗人韩牧呼吁建立"澳门文学"的形象（1984），此一诉求当时之所以引起

---

① 郑炜明：《16 世纪末至 20 世纪前期的澳门文学》，载刘登翰主编《澳门文学概貌》，鹭江出版社，1998，第 42～44 页。

澳门本地文化人士的广泛共鸣，也是内在历史语境因素联合作用的结果①。简单地说，中葡政府关于澳门问题的谈判进展顺利，国族身份、政治、文化等诸多方面的"回归"越来越成为一个现实问题，在此宏观时代背景中，把握历史机遇使澳门文学获得新动力、迈上新台阶，成为所有澳门知识精英的普遍愿景。同时，澳门作为"东西交汇"的前沿阵地，"华洋杂处"也必然形成"既中又西，不中不西"的文化混杂现象，因此在华人占绝大多数的澳门，文化主体性塑造具有特殊的历史意义。强调建立"澳门文学"形象，不仅需要澳门文化人努力创建具有地方色彩的文学身份，从而实现与香港、台湾的文学区别，而且需要澳门人重视书写自身的历史，正如韩牧所说："现在，澳门正在迅速发展之中，正需要我们用文学为它造像，用文学探讨它发展的方向。文学源于生活，生活不同，文学自然不同。就算作品质低量少，但如果描写澳门生活，总是澳门人自己动笔来得真实、真切。谁也代替不了，谁也超越不了。"② 因此，澳门文学研究首先主要由澳门本地作家、诗人等文化人支撑。

"澳门文学"内涵的厘定，既是和建构文学形象密切相关的组成部分，也是澳门文学研究首先需要解决的问题。黄文辉曾在一篇文章中简单解释道："本文说的'澳门文学'专指澳门华文文学，不含葡语创作。"③ 这一说明显示出在实际操作中，往往会采取类似约定俗成、彼此熟悉的话语方式，而这些针对特定对象的发言并未划定具体畛界。随着现代学术意识在澳门的初步确立和推广，内涵问题终于被摆上台面。前面谈及澳门新文学的起点，虽然未必精确到"九一八"这类具体历史事件，还是可以大体确定为"五四"运动至日本全面侵华战争爆发之间的时间段。如果再对边界加以清晰，澳门文学的内涵即可望得到整

---

① 1984 年 4～6 月，林丹红、秦燕等人于《澳门日报》对"澳门文学形象"发表看法。1988 年"澳门文学形象"重新成为热点话题，韩牧、陈浩星、梯亚、葛乃福等人先后撰文阐述，提出个人想法与建议。

② 韩牧：《建立"澳门文学"的形象》，《澳门日报》"镜海"1984 年 4 月 12 日。

③ 黄文辉：《整体与具体——关于澳门文学研究的理论》，《澳门日报》"镜海"2000 年 11 月 29 日。

体圈定，从而有效缓解"正名"的焦虑。

何谓"澳门文学"？

郑炜明在 1986 年 1 月召开澳门文学座谈会之前刊出一篇短文，介绍东亚大学中文学会主办座谈会的一些想法和议题，第九条谈到界定澳门文学"可据下列五项标准"：

1. 土生或土长，并长期居留澳门的作者的作品。

2. 土生或土长，但现已移居别地的作者的作品。

3. 现居澳门的作者的作品。

4. 非土生土长，但曾经寄居澳门一段时日的作者的作品。

5. 作者与澳门完全无关的，但若其篇什中，有主题关于澳门的，则该等作品，自应列入澳门文学的范畴内①。

在上述五项限定中，虽然没有提到语言和时限，但是因为有共同的话语语境，尚无太大问题。第四条有商榷的余地，假如作者寄居澳门的时间很短，而以后的作品完全与澳门无关，可能不太合适。相比之下，争议较大的无疑是第五条，即以作品书写主题为依据的归类方法——这一归类法在后来的《澳门的华文文学》（后改为《80 年代至 90 年代初的澳门华文文学》②）中有所修正，但表述的实质并未有太大变化，即"任何人所创作的内容与澳门有关或者是以澳门为主题的作品"是界定澳门文学的两项标准之一③。在笔者看来，大概郑炜明先生认为"澳门

---

① 郑炜明：《写在澳门文学座谈会之前》，《澳门日报》"镜海"1986 年 1 月 1 日，第 20 版。亦载于《澳门文学论集》，澳门文化学会，1988，第 201 页。

② 郑炜明：《80 年代至 90 年代初的澳门华文文学》，《行政》1995 年第 8 册第 29 期。

③ 该文后面谈 80 年代澳门散文时添加了一个注释，说明他对此还是心存疑虑的："我们同时要考虑的是，原本是澳门人但后来移居香港并在香港成名的散文作家如谢如凝女士等等符合澳门文学定义的作品，应如何看待？此外，许多国内的前辈作家如秦牧、陈残云等等，都写有关于澳门的散文。这些，都是值得进一步研究的。"见郑炜明《澳门的华文文学》，载余振主编《澳门：超越九九》，广角镜出版社有限公司，1993，第 322 页。

文学"概念在 80 年代的粉墨登场，本来就是为学术准备的，所以采取的是一种非常宽泛的认同标准，甚至只要在作品中出现了澳门场景的书写，至少就具有了史料的价值。不过，文学生产跟生产者有不可剥离的关系，主题是否与澳门相关，其实是一个次要命题，若作家的写作在澳门这片热土上完成，则其必然受到栖居地的诸多影响。可能因为意识到这一点，郑炜明后来受地方志研究的启发，专门撰文探讨了区域文学的界定、评论等"通则"问题，尽管基本立场和此前类似，但罗列出身份认属的几种观点，意味着他对这个问题有进一步思考①。

　　香港三联书店编辑张志和在澳门文学座谈会闭幕式上回应了"澳门文学"的界定问题，他强调的仍然是一种现实相关性："'澳门文学'的作者必须是澳门人或者是对'澳门文学'活动有真诚投入和一定的贡献的人，他可以是长期定居本地，可以是只在本地求学或短期工作，甚至也可以是不住在本地，但不懈地支持本地文学创作和活动的人。"②他表达的主要观点是，书写内容与作者、写作、发表这些综合因素相比，不是决定其是否属于"澳门文学"的关键因素。澳门笔会会刊《澳门笔汇》创刊号载有《八十年代澳门作家文学创作一览》的统计资料，从中可以看出澳门文学团体在实际操作中的判断标准。统计表共收作品/理论著作 22 种，澳门作家出版于外地的作品无疑属于澳门文学，但是并不包括所有在澳门出版或以澳门为写作内容的文学著作，在

---

①　郑炜明在《论区域文学》第一部分讨论"区域文学的界定"，提出"从作品内容区分"和"从作者身份区分"的两种"通则"，他意识到作品内容区分存在"有待解决的问题"，因此再以后者作为区分的补充标准。关于作者身份的区域认属，他列出了四种主要观点：土生土长论、证件论、居住地论、作者自决论。作者分别分析了这些观点的合理性及其局限。郑氏文章的"初步结论"："从上面的论述与分析，有关区域文学的定义问题，我们可以归纳出下列两点：一、凡是内容与其区域有关的文学作品，不论其作者的种族、国籍、居住地、写作语言和作品发表地，都是该区域的文学。二、任何人在某区域通常居住及生活时所写的任何作品，都是该区域的文学。"原刊于《亚洲华文作家杂志》1995 年第 45 期。本文参考自郑炜明《非有意的阐释》，花城出版社，2002，第 283～287 页。

②　张志和：《澳门文学的百花向我们招手——在"澳门文学座谈"闭幕会上的发言》，《澳门日报》"镜海"1986 年 1 月 29 日，第 16 版。

"说明"条款第二项、第三项中，针对"非澳门居民"情况做出另行规定："非澳门居民，与澳门文学组织无直接关系者，其作品在澳门编辑出版者，不列表内。曾在澳门居住，现已离开之作家，其作品在澳门编辑出版者，收列表内。"① 实际上也还是注重文学与澳门本身的现实相关性。

作为一个颇具知识谱系对照意义的例子，毕业于澳门大学的青年学者邓骏捷在日后成为澳门文学重要参考史料的《澳门华文文学研究资料目录初编》中，直接使用了"澳门华文文学"这一更有针对性的概念，旨在将葡语文学作为一个需要另行处理的对象而加以现象学悬置，比如葡语语言能力的掌握。与此同时，他在"凡例"中对资料收集原则做了说明，这些说明必然在一定程度上规定了编者所认同的"澳门文学"想象：

一、本书所谓"澳门华文文学"者，是指以澳门为通常居住地的作家，于澳门居住期间所创作的华文文学作品；或以澳门为描写对象的华文文学作品。

二、本书所收集的资料，自公元 1976 年 9 月至 1994 年 12 月底，凡 18 年；范围包括全球的华文书籍、杂志及报刊②。

可以看出，邓氏对"澳门华文文学"内涵及其范畴的划定，受其业师郑炜明先生的影响明显，尤其是"以澳门为描写对象的华文文学作品"，姑且不说在实际操作中有多少可行性，其他国家与地区的作家作品写到澳门，即便是以澳门为主要环境展开的，将其归为"澳门文学"也显得勉强，就像我们不能将描述美国生活经历的中国当代文学纳入美国文学一样。需要强调的是，这种不甚严格的分类处理，恰恰能

① 参见《八十年代澳门作家文学创作一览》，《澳门笔汇》1989 年第 1 期。
② 邓骏捷：《澳门华文文学研究资料目录初编》，澳门基金会，1996，第 6 页。

为文学研究提供难得的文学史料，可以起到文化对照作用，即澳门是如何存在于其他文化和文学视野中的，这一点与师生二人的学术立场是相关的。编者还声称以全球华文书籍和报纸杂志为资料取舍范围，颇为可惜不过也可以理解的是，受诸多因素制约，《澳门华文文学研究资料目录初编》未能真正有效地做到这一点。也许这原本就不是编者的意图，只是为了方便收纳来自大陆、港台或其他国家地区对澳门整体与个体文学现象评述的理论批评文章。当然即便如此，《澳门华文文学研究资料目录初编》对澳门文学研究仍然具有不容置疑的学术价值。正如李观鼎所高度评价的，《澳门华文文学研究资料目录初编》的出版是一个标志，它表明澳门文学研究正在走向自觉和深入。① 继此书和《澳门粤语话剧研究资料目录初编》出版之后，假如编者将来真能兑现承诺，把资料时间上限和下限再加以扩展延伸，将是澳门文学史、学术史上一个意义非凡的壮举。

## （三）重构观念的对象

回到"澳门文学"这一本体问题，杨匡汉提出的"宽容"原则或许值得我们思考：澳门文学"是以中华民族为血脉、以汉语作载体，以东西方文化融汇见长，既母性又有多重声音的新文学"。他着眼于澳门作为生存地的文学相关性，即使是土生葡人的葡语写作，亦应包含其中，而作为"宽容"的底线，必须是居住于澳门期间创作出来的作品②。根据这一标准，如闻一多、于坚以及其他未居住于澳门的文人创

---

① 李观鼎：《好一袭澳门文学的"嫁衣"——读〈澳门华文文学研究资料目录初编〉》，《澳门日报》1996 年 10 月 16 日，第 25 版。

② 杨匡汉 1996 年 10 月在澳门笔会的演讲阐发了定位澳门文学的五条标准："（一）在澳门生长或在外地生而在澳门长并坚持文学创作者；（二）在外地生长而后定居澳门从事文学创作者；（三）居住澳门时间较长，从事创作且有影响性作品问世，如今离开澳门的作家；（四）土生葡人以汉语或葡语写作，以反映澳门地区的生活与情感为内容的作家作品；（五）羁旅澳门，书写于澳门，且以澳门为话题的作家作品。"见《山麓分手，又在高峰汇聚——在澳门笔会的讲演》（上），《澳门日报》1996 年 11 月 20 日。

作的澳门题材诗作，就不属于澳门文学的范畴。鉴于这种区分将上述作品"淘汰出局"，澳门青年学者吕志鹏在其博士学位论文中的处理办法是，制造一个"亚澳门文学"的概念，来打捞那些逃逸于"澳门文学"之外但又具有对照价值的文本。"亚澳门文学"名词本身合理与否可以再商榷①，但从相关性角度采用分层次的办法，倒不失为一种解决问题的方案。

在一般方法论意义上，我们认同张剑桦提出的笼统、宽泛、开放的处理办法："界定'澳门文学'的涵义，在总体方法论上我们主张：宜笼统不宜苛细，宜宽泛不宜狭窄，宜开放不宜封闭。当然，也不能漫无边际地'笼统'、'宽泛'和'开放'，等到澳门文学资源得到充分的开发，等到澳门文学研究达到一定的广度和深度，应对'澳门文学'涵义作出符合学理、比较严格、相对科学的界定。"② 同时需要警惕的是，不论何种解释和界定，对"澳门文学"内涵与外延准确性的追问，可能从一个侧面反映了澳门人或澳门文化人对存在本身的强烈焦虑。然而必须清楚的一点是，概念并非一切事物的必要开端，换句话说，澳门文学创作与研究的起点，不以概念的绝对权威化和经典化为合法性基础。如广大澳门文化精英所持的态度一样，打造澳门文学形象关键在于源源不断地创造出文学精品，除此之外，没有任何其他努力更能消解名与实的悖论。

上述涉及澳门文学概念的梳理，与其说属于某种学术评价框架内的回顾，还不如说仅是一点必要的前置语境交代。"澳门文学"作为一种

---

① "亚澳门文学"，英文应当译为 Sub-Macaoliterature，字面上可以有多种理解，如从属于"澳门文学"，被"澳门"范畴统摄的文学，推测吕志鹏先生受"亚文化"（Subculture）概念启发，但是"亚"或"次"在文化领域中意味着一种相对次属性或边缘性，其特殊性在于与主流的对位或叛逆，同时这样一种处境也是动态变化的，一旦通过流行被广大群体接受，就会逐渐演变为主流文化，这与其"所指"不太吻合。因此，笔者认为"泛澳门文学"（Pan-Macaoliterature）或许更为恰当。

② 张剑桦：《澳门文学源流与涵义之辨析》，《广西师范大学学报》（哲学社会科学版）2009 年第 6 期。

观念的产物，本身既作为研究对象而存在，同时也是学术研究生产的结果，此外，还有必要在这里表明我们的一个立场——基于学术的（而非现实的或人情的）历史中的"澳门文学"内涵及其概念的努力呈现，具有不可替代的价值。套用马克斯·韦伯在阐释社会科学时的观点，"观念"支配了特定时代中人们对"澳门文学"的认识："我们的确最早习惯于把一个时代的'观念'理解为这样一种思想和理想，它们支配了那个时代本身的群众和在历史上起决定作用的那部分人，因而作为那个时代的组成成分对该时代的文化特征具有重要意义。"①

尽管经历了异族管治漫长而坎坷的历史，在 20 世纪之前的大部分时间里，澳门默默扮演着实现中西贸易"中转站"的角色，即便后来也流传着形诸野史、稗史、正史关于文化交汇的传说与记载，无外乎公务官吏、冒险公子、落难文人的人生迹遇，不论是交往酬唱还是个人牢骚，基本上都局限在个人经验世界里；而澳门作为一块异族管治区域以及栖居于此的华人与葡人的独特文化心理境况，始终未形成具有社会学、历史学、人类学或政治学意义的书写气候。400 多年的时间足以沉淀太多的历史细节，造成澳门的历史价值远大于文学价值的学术现状；但这并不是进一步证明了澳门文学的研究价值绝对小于澳门史的研究价值，而是从侧面说明我们对澳门文学的研究工作才开始上路。也许我们有必要展开一个新的研究课题，专门讨论澳门文学为何在思想激荡的20 世纪终于成为一个问题。

## 二　澳门文学研究：回顾与反思

在中国内地、香港、澳门和台湾的文学研究中，澳门文学起步较晚。塑造澳门文学自身的独特性，并与内地文学展开思想与艺术的平等

---

① 〔德〕马克斯·韦伯：《社会科学方法论》，韩永法译，中央编译出版社，1999，第44 页。

对话，是 20 世纪 80 年代澳门文学形象建构的朴素动机，也是确立澳门文学创作与研究主体性的重要目标。澳门文学研究遵循学科发展的一般模式，走过了从印象批评到学院研究的道路，印象批评的弊端容易引起注意，而隐藏于学术话语与思维中的价值判断则很难察觉。立足史实与立足当下是并行不悖的学术追求，对于澳门文学研究学术品格的提升至关重要。本节以研究进程回顾为基点，针对澳门文学批评/研究呈现出来的问题和局限试作分析，并探讨推进研究格局向纵深发展的可能。

澳门文学研究之所以起步晚，主要和文学自身的发展尤其是文学意识的自觉有关，正如已故著名学者余虹在《20 世纪八九十年代澳门文学批评扫描》一文中所分析的："一个地区的文学批评的发生既有赖于这一地区文学与文化的持续发展，还有赖于文学意识的自觉和相关社会条件的成熟，而在 20 世纪 80 年代之前的澳门，这些前提都不存在。"① 余虹在这篇介绍文章中分别从诗歌批评、小说批评、戏剧批评、散文批评、专题批评五个方面勾勒了澳门文学批评的总体面貌，也从价值中立的立场出发，客观评述了澳门本地批评家的理论视野及其不足②。

澳门文学批评参与者众，成果亦多，90 年代中后期活跃于《澳门日报》《华侨报》《澳门笔汇》《澳门现代诗刊》《澳门写作学刊》等报刊的批评家不下 30 人，出版个人论著十多种。李观鼎先生在编选《澳门文学评论选》（1998）时谈到了批评队伍的壮观：

> 比之于创作，澳门文学批评虽略嫌薄弱，却也未遑多让。
> 持评而论，在澳门，涉足文学批评的人并不少，我们可以列出

---

① 余虹：《20 世纪八九十年代澳门文学批评扫描》，《东方丛刊》2003 年第 1 期。

② 比如，余虹在"诗歌批评"中对照了陶里和黄晓峰谈及 90 年代两位重要诗歌批评家的现代诗论，最后他说："黄晓峰和陶里的现代诗论虽有一些差异，但他们都断然主张诗歌'表现自我'，且论述中激情有余而说理不足。此外，陶、黄两人的现代诗论基本上是对他人言述的转述，这种转述中的个人独见并不多，而且转述也不够系统深入。"余虹：《20 世纪八九十年代澳门文学批评扫描》，《东方丛刊》2003 年第 1 期。

一长串名单来：李成俊、李鹏翥、陶里、云惟利、胡晓风、韩牧、黄晓峰、郑炜明、庄文永、廖子馨、汪春、张春昉、穆凡中、周树利、施议对、邓景滨、凌钝、懿灵、黄文辉、王和、缘源、齐思、林玉凤、穆欣欣、冯倾城、胡国年、李观鼎等，不下 30 人。他们之中的多数人，或许并非纯粹意义上的批评家，但是他们从不同角度、不同层面展开的诗评、文评、剧评，确乎对澳门文学创作产生着实际的影响①。

总体而言，20 世纪 80 年代以来的澳门文学研究像所有学科的发展模式一样，走过了一条从印象式批评到学院研究的曲折道路，并且仍然在路上。一个有趣但并非证据的现象是，80～90 年代关于"澳门文学"重要问题的讨论，大部分都是以讲话稿的方式与公众见面的②。尽管讲话稿内容本身可能是深思熟虑的结果，甚至针对现实问题的即兴发言加入了书面表述时比较忌讳的尖锐性；但由于受面对一般听众表达的演说模式所限定，所涉主题与逻辑推理不可能以学术专业化径路缜密展开。组成澳门本地文学阵列的成员普遍兼有多重身份，不论是创作还是批评，符合李观鼎所概括的"非生产劳动性"特点，换句话说，二者皆非文化人安身立命的主业，参与其中全凭个人爱好与兴致，因此确实具有难以回避的"业余性"特征。

在上文提及余虹的文章中，已经表现出批评向学院研究转换的端倪。就余虹文章展开的逻辑而言，"专题批评"可能不应当与诗歌批评、小说批评、戏剧批评、散文批评等文类批评并置，但是余虹显然看重这种涉及各类文体的批评现象，他着重介绍了廖子馨的女性文学研

---

① 李观鼎：《澳门文学评论选·序》（上编），澳门基金会，1998，第 2 页。
② 直接由讲话整理成文稿或以讲话稿为基础修改而成的代表文章有韩牧《建立"澳门文学"的形象》（1984）、《澳门新诗的前路》（1986）、《为"建立'澳门文学'的形象"再发言》（1988），李成俊《香港·澳门·中国现代文学》（1986），李鹏翥《澳门文学的过去、现在及将来》（1986），鲁茂《谈澳门的散文》（1986），邓耀荣《澳门话剧断章》，陶里《澳门文学概貌》（1993），等等。

究、汪春的土生文学研究、庄文永的文化透视，并将这些专题批评的出现作为澳门文化批评走向"现代化"的标志。所谓"现代化"，余虹认为，这些专题性的批评"超越了澳门传统批评的平面化散点铺叙的模式，开始以系统理论的批评眼光，将某一现象论题化，形成论述焦点，同时采用逻辑推理和经验举证相结合的方式展开论述，从而为澳门文学批评开辟了一个全新的维度"①。采用我们今天习惯的说法是，专题批评具有问题意识，比之于漫泛的个案批评，现象的论题化有利于把问题的讨论推向深入。

其实在澳门文学评论界内部，李观鼎、黄文辉、寂然等人首先注意到澳门本地文学批评呈现出来的问题，李观鼎多次谈到澳门文学批评具有小城特有的"温和性"，并且真诚直率地反省了这种温和所带来的负面效果：

　　这种以说"是"为主或者说以表扬为主的批评，对于成长中的澳门文学，尤其是刚刚出土的文学新芽，具有不可忽视的保护作用和鼓励作用。80 年代后期"五月诗社"新生代诗人的崛起，近年来"如一诗社"年轻诗人的成长，都受到了文学批评的扶助和支持。但是，这种批评期许、褒扬有余，点拨、指正不足；强调相容而避免相争，较多谦让而较少交锋；重于文学作品的解释、引申和阐发，而疏于文学取向的澄清、选择和导引，其结果，使澳门文学批评至今尚未完全摆脱如当代美国批评家默雷克里格尔所说的"派生于创作的二等艺术"的处境。

　　一味的相容，虽然包含着对创作个别性的尊重，但同时也消解着批评的权威性地位；过多的首肯，尽管维系了与文学的和平共处，但同时却丧失了批评的自信力②。

---

① 余虹：《20 世纪八九十年代澳门文学批评扫描》，《东方丛刊》2003 年第 1 期。
② 李观鼎：《澳门文学评论选·序》（上编），澳门基金会，1998，第 4 页。

事实上，李观鼎先生当年总结澳门文学批评的本土性、温和性、体验性、业余性等这些特点，它们之间互相关联，互为表里。在近年出版《澳门人文社会科学研究文选·文学卷》所写的序文中，他再一次声明了这些特点的存在，而经过十多年的发展，面目确实也已大有改观①。澳门本地文学批评呈现出上述"四性"特点，内在地支撑了印象批评生成的根据，从政治文化的角度来看，这些特点的形成终究离不开澳门这一特殊历史与地理文化空间的决定性作用。"回归"之前，澳门文化共同体在中国文化与地缘政治起绝对决定作用的背景下产生，绝大部分居澳华人从来不曾怀疑过自身的中国身份。华文媒体与华文文学团体的组建，即以维护中国与澳门本地居民利益、传承中华文明、发展华语文学事业、促进中华文化认同为整体目标。在此文化理想的统摄下，文学批评对澳门文学繁荣发展面貌的自觉呈现，不仅是文学现实的如实阐述，也表达了发自内心的美好愿望，所以批评有"善心"为根基，文字"温和"，让人如沐春风。

随着澳门文学自身的迅速发展，刻意"优待"所预设的"另当别论"话语意味，让人不难想象到澳门文学在某种价值秩序中可能处于次等地位，必然引起人们对批评的警惕。实现澳门文学与内地文学的平等对话，正是当年建构澳门文学形象的原始动机之一，理论与创作为文学之两翼早已无须证明，一味说"好"与"是"的批评，虽然仍有人喜欢，但在澳门也已经失去市场。总体来看，不论是澳门本地批评还是外省研究，自90年代中期起，对于澳门文学历史与现状的阐述和研究都加快了向学院学术规范化、专业化转型的步伐。需要特别强调的一点是，本文这里说的"印象批评"主要指不经深入思考、品味而即兴、随意写作的读后感式批评，也包括部分缺乏历史的辩证的思维方法以学术研究面目出现的理论批评文字；以作品解读、欣赏为目的的赏析文章

---

① 李观鼎：《澳门文学与澳门文学批评》，载《澳门人文社会科学研究文选·文学卷》，社会科学文献出版社，2009，第4页。

则另当别论。严肃的印象批评建立在对评论对象认真了解的基础之上，英国批评家佩特在谈到印象批评时说，批评要"看清自己手中的物体真正是什么物体，第一步就是知道自己真正的印象是什么，把它分辨出来，清楚地意识到它"①。

如果说澳门文学批评的产生有赖于文学意识的自觉，那么学院研究成为气候，更需要公共学术话语空间的建立和长期有效运转，其中专业人才扮演着至关重要的作用。20世纪80年代以来，借助中国政府对澳门教育和人才培养大力扶持的有利条件，澳门青年学生在内地高校学习的人数逐年增长，一批澳门文化人士也相继重返校园攻读硕士、博士学位，如李观鼎、郑炜明、黄晓峰、刘月莲、庄文永、廖子馨、林中英、黄文辉、汪春等人，他们是90年代澳门本地文学批评队伍的中坚，加上大多数人谋职于新闻、文化、教育等文化机构，本身就是澳门文化事业的参与者和看门人，所以他们的文学批评既是澳门文学形象建构的组成部分，又推动澳门文学研究格局加速转换。

"回归"十多年来，受益于澳门高等教育事业发展和澳门文化机构的大力扶持，澳门与内地、台港学术交流步伐加快，目前澳门现代学术建制初具规模，学术平台亦渐趋完善，代表性的学术期刊如《澳门研究》《文化杂志》《澳门大学学报》等在80年代创刊以来，对包括澳门文学、历史、社会在内的人文社科研究发挥了重要的促进作用。当然，学院学术发展总是遵循自身的规律，学院精神对文学批评的话语形塑未必立竿见影，并且指望学术观念与学术范式在澳门深入人心、遍地开花也不现实，不过就本文讨论的澳门文学研究而言，有必要展开持续的反思。

印象批评的弊端很容易引起人们的注意和警惕，隐藏于学术话语与思维中的价值判断则更难察觉，这种属于诠释学范畴的认知困境制约了科学理性的发展。对于澳门文学研究来说，价值判断问题的提出

---

① 王先霈、王又平主编《文学理论批评术语汇释》，高等教育出版社，2006，第191页。

可能更具针对性和现实性，虽然它是包括学术研究在内的所有诠释行为不可回避的一道难题。如果说小城地理局限多少会导致批评受人际关系影响，这毫无疑问构成了澳门文化的独特人文景观，甚至可以说它就是澳门文学的一部分，当我们将澳门文学／文化场作为一个整体考察对象来加以研究时，必须注意这种独特的人文景观及其背后的发生学因素。笔者想要表达的意思是，在选择澳门文学作家、作品甚至澳门文学史作为研究对象时，应当如何注意价值判断对研究本身造成的干扰。

巴赫金说："不可能有无评价的理解。理解和评价不可分割：它们是同时的，构成一个完整统一的行为。"① 文学批评或研究以理解文学作为起点和归宿，是一种无法消解价值判断的主体性行为。因此，价值判断与研究本身并无天然矛盾，在一定程度上可以说，研究的目的与意义在于阐述某种尚未被发现的文化规律，而从发现规律以惠及学术这一点看，已经关涉研究对象之价值，无法想象不带私人情感的科学研究能保持长期而高效的注意力，尤其在眼球吸引即决定商业胜负的信息时代。如果这一句话容易引起误会，不妨分两个层次来加以阐明。在研究开始之前（如选题论证阶段），即已形成了"存在价值"的判断，尽管这种判断与研究中的价值判断指向两个不同层面，由外在价值判断影响到研究结论的推导，显然存在价值预设的潜在引导，耗费研究人员大量精力和文字篇幅得出"本研究结果毫无意义"之类的结论，终究不太可能。但是我们在这里慎重提出的"价值判断"，不仅指前述主观情绪对于文学批评的影响，以至批评话语以过于简单的逻辑方式展开，学理性和科学性大打折扣；而且指更多影响批评立场的人为因素很难清除，过于强烈的主观性和仰人鼻息的肉麻吹捧，事实上最终都会导致研究的主体消解，从而使批评本身失去判断力和公信力。以上情况，在80~

① 巴赫金：《1970~1971年笔记》（《巴赫金全集》第4卷），晓河译，河北教育出版社，2009，第456页。

90 年代内地第一批学者介入港澳台和东南亚文学圈时尤为明显。

被誉为"现代社会科学之父和法典制定者"的韦伯曾经指出，文化科学作为一门客观经验科学必须遵循一定的方法论原则①，在划清自身与自然科学界线的同时必须证明自身的客观性存在逻辑，并且以科学方法探寻文化事件之间的关联。此外，他又强调文化科学研究的客观性和科学性，应当避免研究者的情感介入造成某种引导或暗示他人认同的意图。在韦伯看来，具有主观性的评价言论混杂在科学讨论之中，以科学的面貌出现，已经成为专业研究中散布最广而且危害最大的特点之一②。韦伯反对在科学研究中掺入价值说教，首先要求研究者明白无误地表明自己的学术立场，同时反对研究者进行价值说教，向他人灌输自己的价值观念。这是韦伯关于"价值无涉"最主要的观点。韦伯终生都反对价值判断的强加，认为如果大学教师越是本着良知避免向他的听众灌输或推荐自己的立场，他的成就就会越大③。对于澳门文学研究来说，韦伯给我们的启示是，避免科学研究与价值判断相互混淆，在文学批评与研究中倡导尊重事实与尊重他人的原则，从最大程度上清除情感偏见对文学研究产生的遮蔽作用。

内地的澳门文学研究走过的道路与澳门本地批评大体相似，此种情形其实又是整个海外华文文学学科发展的一般模式，"回望来时路，苍茫横翠微"。我们必须感谢早期学人的筚路蓝缕之功，是他们最先推开了锈迹斑斑的历史之门，点亮了内地与香港、澳门、台湾以及东南亚华文文学交流的希望之灯。当一个更大的世界华文文化圈呈现在我们面前时，我们终于不再困守世界之一隅，做着夜郎自大的文化中心美梦。理解了这一点，我们就不会简单地批判潘亚暾、王振科等老学者在 80 年

① 韦伯的"文化科学"包括社会学、历史学、法学、经济学、伦理学、政治学、文学艺术等，即我们今天所说的社会科学与人文科学。韦伯使用"文化科学"这一概念，与自然科学相区别。

② 〔德〕马克斯·韦伯：《社会科学方法论》，韩永法译，中央编译出版社，1999，第11页。

③ 〔德〕马克斯·韦伯：《学术与政治》，冯克利译，三联书店，2005，第44页。

代写出的那些以鼓励为主的"香水评论"，当然，这也不代表我们就完全无须对此进行必要的反省。

相比之下，90 年代内地的澳门文学研究比澳门本地研究似乎格局要大，阵线布得长，网也撒得密。自 1989 年起，暨南大学、复旦大学、福建师范大学等内地高校相继面向澳门招收研究生，到 2002 年为止，仅饶芃子教授一人即培养了八名澳门研究生，其中直接以澳门文学为论文研究对象的有四位。饶芃子对澳门文学的接触不仅起步早，教学与论文指导的工作需要促使其研究纳入现代文化/知识谱系，从她早期的《我看澳门文学》（1992）这类观感式的文章，到后来具有方法论意义的《澳门文学与文学澳门》（1999），局部地反映了澳门文学研究的学术建制化进程。饶氏近年编著出版的《边缘的解读——澳门文学论稿》（2008），可以说是中国内地到目前为止唯一一部真正渗透着作者学术视野与心得的澳门文学研究专著。尽管比刘登翰主编的《澳门文学概观》晚问世十年，《边缘的解读——澳门文学论稿》以文化阐释为中心，为我们理解澳门文学的内在历史与文化构成提供了一种有效的方法。当然，刘登翰主编的《澳门文学概观》亦有其自身特点，这是由内地学者负责组稿、澳门本地学者参与完成的一部简要版澳门文学史，旨在呈现澳门自开埠以来的文学史实，体例上也严格遵循文学史写作的基本范式。在笔者看来，《澳门文学概观》最值得称道的是网罗了这批从事澳门文学建构与研究的作家和学者，在场者叙述弥补了外省学者对澳门历史文化隔膜的劣势，可以充分展示出文本之外的历史语境关联，而前后行文衔接、叙述角度以及文字风格的明显差异，也再一次说明文学史集体编撰本身存在无法避免的技术性局限。

除上述两部由内地学人牵头完成的学术成果以外，90 年代以来还有一支规模不断扩大的澳门文学研究队伍，如杨匡汉、古远清、张剑桦、陈少华、莫嘉丽、王韬、王剑丛、计红芳等人，再加上近年来经过学院训练加盟其中的部分青年新锐，不同年龄段学者的参与，极大地完善了学术梯队的功能结构，也从整体上推进了澳门文学研究的进程。<sup>①</sup> 正如张剑桦所言，内地澳门文学研究还存在诸多问题，其中最主要的挑战无疑是资料搜集困难。澳门学者早在 80 年代即针对澳门文学史料保存意识不强而提出史料搜集整理的建议，这一提醒促成了诸多实际的成效，除邓骏捷完成的澳门文学目录整理工作以外，相继由李成俊、李鹏翥、黄晓峰、黄文辉、陶里、郑炜明、李观鼎等人编了一些作品集和评论集，特别是澳门虚拟图书馆的建设，对于整个澳门研究领域都将产生持续深远的意义。不过，澳门虚拟图书馆前期可能主要定位于广大读者，看起来像一个普通的综合性阅读场所，尚无法达到专业研究的要求，目前提供网上浏览的期刊种类非常有限，受版权问题所困，部分重要的作家作品、论著、会议论文集并未上传。特别是《澳门日报》《华侨报》等持续出版的报纸，目前无法从相关渠道获得，因此需要相关机构尽快完成数字化处理，已经完成或部分完成的，即使是通过付费使用的方式，也应当让其发挥作用<sup>②</sup>。如果澳门公共图书馆能发挥更为积极的作用，接受各地研究者提出的图书、期刊、报纸类文献扫描传递的服务请求，或许将极大改变澳门文学、社会、历史等学科研究面临的资料局限。

此外，正如上文谈论印象批评时指出的相关倾向，形成带有价值预设的研究结论，文化视野可能是其中的关键所在。朱寿桐教授指出，此种研究现状必须改变，否则，建构澳门文学研究的独立品格就无从谈起："澳门文学研究相对于澳门文学的创作而言，已经有了长足的进步；内地学者与澳门学者经过近 30 年的共同努力，已经成功地将文学澳门推向了华人世界。但是，澳门文学研究远未形成一门独立的学问或

---

① 具体研究状况，可以参看张剑桦《澳门文学研究进程概述》，《南京社会科学》2008年第 2 期。

② 在文学史料数字化方面，应该是香港做得最好。《澳门日报》数字化起步很早，1997年度"大事记"记载："8 月 5 日即日起独立上网，向全球宣传澳门，开本澳报业先河。"见廖子馨主编《我们——〈澳门日报〉五十年成长足迹》，澳门日报出版社，2008，第 291 页。笔者翻阅资料，《澳门日报》到 2007 年才开始陆续刊登订阅电子光盘的广告，现在该报网页仅供查阅 2011 年 1 月以来的报纸原文。

学科，有关澳门文学研究的积累都还停留在评介层次或附属层面。要在学术上寻求并建构澳门文学研究的独立品格，以建立独特的学术地位，必须清晰地面对并努力克服这样的研究现状。"① 朱寿桐先生在内地学术界拥有良好的声誉，学术造诣和号召力又非一般学人能比，加上澳门是他思考人生与文学的新起点，由其主编的《澳门新移民文学与文化散论》于 2010 年底出版，为澳门文学研究增添了从文化与身份角度展开的典范之作。客观地说，作为一部以"澳门新移民文学与文化"为研究对象的学术专著，该书触及关于澳门社会结构与文化主体的核心问题，但目前所呈现的结构略嫌松散，如果把论题内涵压缩一半，比如将第五编分割出去，集中精力探讨与身份相关的"新移民文学"现象，整体效果可能会比现在要好一些。文学与文化是一个不可分割的问题，杨匡汉、刘登翰等学者早就指出文化视野在澳门文学及其研究中的重要意义。朱寿桐利用此身安处的天然优势，以新移民为对象，从文化角度着手，展示当代澳门社会最具生机和力量的群体文化心理，给我们研究澳门文学带来了新的启示。比如他用"文化气根"这一形象术语比拟新移民作家的文化认同，既富概括力又生动形象，扎根的急切性、直观性和直接性，反而导致其无法实现与文化客体的自然融合②，揭示了新移民在移居地艰难的文化融入过程，跟成长于澳门的那些作家对于自身命运的思考极为不同。文学作为一个切入点，关注文化对于澳门的当下意义，是该著作的现实指向意义所在。

值得特别关注的澳门本地青年学者吕志鹏新近出版的《澳门中文新诗发展史研究（1938～2008）》，该书在博士学位论文的基础上稍加修改而成。正如该书封底描述的那样，该书采用了比较研究、动态研究及系统分析的方法，对 1938～2008 年的澳门诗坛进行了深入全面考察，内容涵盖澳门中文新诗的产生、发展、风格、转型、价值等，展示了澳

---

① 朱寿桐，许燕转：《澳门文学研究的现状与学术建构的进路》，载程祥徽主编《澳门人文社会科学：回顾与前瞻》，澳门基金会，2007，第 426 页。

② 朱寿桐主编《澳门新移民文学与文化散论》，中国社会科学出版社，2010，第 21 页。

门新诗学这一文学生态系统①。据笔者所知，这是以学院学术规范对澳门新诗展开全面研究的第一本学术专著，虽然此前有庄文永（暨南大学）、黄雁鸿（复旦大学）、卢杰桦（澳门大学）、余少君（东华大学）等以澳门新诗作为硕士学位论文研究内容，但是受限于硕士学位论文篇幅和深度，其学术意义无法与博士学位论文相提并论。《澳门中文新诗发展史研究（1938～2008）》全书分四章（出版前的学位论文为五章，第五章后改为"论余"），外加"绪论"与"论余"，全文约 40 万字。论著以文学史的方式展开，以 1938 年作为新诗（即中文新诗）的起点，时间一直延伸到 2008 年也即我们常说的"新世纪"，通过 70 年间的发展与流变，全面展现澳门新诗的发展过程。在写作过程中，作者有意识地对澳门新诗与社会、政治、文化、文学思潮之间的互动关系进行针对性探讨，努力向研究目的靠拢，即在再现澳门中文新诗 70 年的曲折历史的同时，探讨建构"澳门新诗学"的可能性。因此，第一章讨论澳门文学的文化历史传承，梳理葡萄牙文化在澳门的格局与中国文化在澳门的源流、格局问题，尽管前者受人数、经济、文化等诸种因素限制，很难产生实质性的文化影响后果，但是澳门形成的多元文化交杂的面貌，"是中华文化和葡萄牙文化里的一些一祖同宗的分支"②。吕氏认为，新文学在澳门的出现与内地新文化浪潮相比明显滞后，这在某种程度上证明了以中国传统文化为核心的传统诗词写作在澳门具有强烈的吸引力，其主流地位稳固③。这种平衡格局的打破，需要借助于外力的冲击，而 20 世纪 30 年代加剧的民族危机唤醒了文化的现实承担功能。作者想要诠释的是，澳门新文学/中文新诗根植于中西交汇的文化土壤，受民族与时代危机的刺激踏上历史舞台。显然，吕志鹏的意图在于获得

---

① 吕志鹏：《澳门中文新诗发展史研究（1938～2008）》，社会科学文献出版社，澳门基金会，2011，封底页。

② 吕志鹏：《澳门中文新诗发展史研究（1938～2008）》，社会科学文献出版社，澳门基金会，2011，第 20 页。

③ 吕志鹏：《澳门中文新诗发展史研究（1938～2008）》，社会科学文献出版社，澳门基金会，2011，第 35 页。

一种关于澳门新文学不同于"五四"启蒙主题的解释，由此陈述一个自成体系的澳门文学历史发展逻辑，从而使"澳门中文新诗"不至再度成为中国新文学的"岭南分支"（李德超语）。

暂且不考虑澳门中文新诗在地域表述中是否拥有某种文化自足性，吕志鹏对于澳门诗歌这一代表性文类进行的爬梳整理，其学术意义不言而喻，这些史料性的工作看起来并不起眼，却是推动澳门文学研究走向规范化、专业化和立体深入的基石。事实上，这也是笔者见到的第一本真正能体现学科规范的澳门文学研究著作，从相关注释即可看出作者翻阅了大量原始报刊。仅就澳门诗歌来说，今后还需要并且一定会出现澳门本地或其他地区的学者写出具有对话意味的学术著作。当交互对话方式成为学术展开的新思路和新起点，澳门文学研究将真正呈现出多元并存的文化生态，进一步打开思维视野，从而使文学研究充满文学本身所具有的无限活力。

## 三　场域视域与澳门文学研究

中国内地学界自 20 世纪 80 年代开始关注澳门文学，迄今已 30 余年。1991 年召开的第五届台港澳暨海外华文文学国际学术研讨会，则是澳门学者首次规模化参与的内地学术活动①。此次会议的一个标志性成果是澳门文学被正式纳入"海外华文文学"范畴。之后，饶芃子、刘登翰、杨匡汉、张剑桦等内地学者针对澳门文学展开了一系列颇具成效的探讨，摸索出一些富有启发意义的方法，在他们的带动下，澳门文学成为学界关注的重要对象②。1999 年历史性的"回归"更是促成了澳门文学研究的一时之盛，澳门作为中西文化交汇的滥觞，开始在新的历史与学

---

① 黄晓峰、庄文永、廖子馨应邀出席会议，提交论文收入《台湾香港澳门暨海外华文文学论文选》，海峡文艺出版社，1993。

② 具体研究状况可参看张剑桦的研究综述文章《澳门文学研究进程概述》，《南京社会科学》2008 年第 2 期。

术背景中得以突显。与此同时，澳门文学自身的发展流变、经历殖民语境而产生的若干文学主题转换，以及边缘小文学对中国文学复杂性的呈现，等等，需要结合其独特历史与现实条件展开深入、系统的研究。

## （一）从"外省批评"说起

内地的澳门文学研究在 20 世纪 80 年代主要是以批评的方式展开的，并且随海外华文文学学科的发展而不断推进；不过，由于跨区域造成的"外省"语境隔膜，相关批评存在诸多不可避免的历史局限。澳门诗人兼学者郑炜明先生在 90 年代初毫不客气地指出内地学者存在的问题，呼吁内地同行改进：

> 内地的许多学者，自改革开放以来，都对台湾、香港和海外的华文文学产生了浓厚的研究兴趣，发表了大量的论文和许多专著，但对澳门文学的重视相对来说就显得很不够；即使有些人热情地写了评论或研究文章，但总嫌他们还是犯了在研究台港及海外华文文学时的一贯缺点：得到什么资料就写什么，换句话说就是欠全面、欠公允。对于这点，笔者呼吁在内地的同行们予以改进①。

郑炜明谈到内地澳门文学研究时提出的批评，在一定程度上反映了当时存在的普遍状况，也折射出澳门本地学者对于"外省批评"所持的基本态度。回顾澳门文学研究历程，部分学者针对现象依附和个案解读的局限折射出的诸多不足，提醒我们必须就澳门文学面临的现实课题展开切中问题核心的观察与思考。这并不是暗示学术本身存在优劣等级，无论是针对澳门文学的个案分析还是整体性的文学史重构，其实都

---

① 郑炜明：《澳门的华文文学》，载余振主编《澳门：超越九九》，广角镜出版社有限公司，1993，第 319～320 页。该文后来改为《80 年代至 90 年代初的澳门华文文学》，载卢德祺主编《澳门教育、历史与文化论文集》，《学术研究》杂志社，1996。

是研究不可或缺的组成部分，关键在于如何坚持学术对于自身的超越品格，实事求是，不虚美，不隐恶，基于作家作品实际做出客观的评判，提升学术含金量，唯其如此才真正有益于澳门文学的发展。

澳门本地文学批评和内地研究呈现出来的现实局限，让人意识到澳门文学不是一个孤立的本体问题，在澳门这样一个特殊语境，必须注意文化背景的制约作用。澳门史专家汤开建先生曾经指出，作为中国历史上第一个对外开放的文化特区，澳门文化其实是在这一特区中经东西两种异质文化相互碰撞、逆向交流而产生的特殊区域文化，要准确把握其属性与特征并非易事。选择不同阶段、不同视角去看，可能会形成各自不同的文化特征[①]。澳门本地学者通常认为澳门文学就是中国文学的延续，与葡萄牙文化没有多少关系，一个常用来证明这一观点的重要例子是葡治400多年间葡语没有得到有效推广，即便华洋杂处，洋文化的影响也停留于表面，未能深入澳门文化结构之中，因此所谓后殖民视角不适用于澳门研究[②]。

众所周知，文化形态是一种隐性结构，很难从具体表征获得立竿见影的直接证明，在漫长的历史时间熔炼中内化为集体无意识，考察文化交流与碰撞必须从历史自身实际出发，而非主观印象判断，澳门文学与文化研究需要从包括澳门史在内的其他学科获得支持。

## （二）澳门文学研究与知识语境化

学者吴志良先生认为，近代殖民地格局的急剧形成离不开晚清衰落的大历史背景，作为一个率先与西方发生密集对话的前沿地带，澳门的

---

① 汤开建：《略论澳门文化的属性与特征》，载卢德祺主编《澳门教育、历史与文化论文集》，《学术研究》杂志社，1995，第185页。

② 如庄文永的《中西文化在澳门交融的探讨》《再谈中西文化在澳门的交融》《如何看待澳门文学》等文章，一再强调中西文化相互之间各行其道，他说："中葡文化在澳门的交融不过是表面上的景观，葡国文化只是在澳门本土文化表层贴上标签而已，精神的文化特质并没有交汇。"《二十世纪八十年代澳门文学评论集》，五月诗社，1994，第29页。

"中西交汇"不仅体现在商贸和政治方面，同样也是此前 300 多年中葡政治、文化较量的直接结果，虽然中西文明交融缓慢，文化碰撞也以平和、非暴力的方式表现①。在文化方面，澳门的情况确实存在特殊之处。不过，既然 1999 年"回归"是一种历史存在，便不能否认澳门的"殖民"与"后殖民"问题，港澳差异不是体现在殖民与否的历史方面，而是殖民与后殖民的具体展开。

澳门回归之所以不能沦为民族主义思维的一个注释，是因为作为 1979 年 2 月 8 日中葡两国宣布建立外交关系的共识之一，双方同意澳门是由葡萄牙暂管的中国领土，可以说，"回归"跟中国中央政府维护国家核心利益这一坚定立场与葡萄牙在 70 年代宣布放弃海外殖民地等自身政治取向的双重因素无法分开，并非由华人占澳门人口绝大多数、中华文化占绝对主流的历史与现实原因造成的。强烈的民族主义情绪在香港、澳门文学研究中可能会把问题简单化。事实上，文化与政治存在千丝万缕的联系，作为一种意识形态化的文化政策，比如将葡语规定为官方语言一样，就承载了权力当局的诸种文化态度，只不过它们之间有时体现为隐蔽的关联而难以察觉。如果剥离葡萄牙管治澳门漫长历史中的政治倾向和澳门华人的历史生存处境，就不能全面理解为何直到 80 年代才提出"建构澳门文学形象"的课题，为何澳门一直缺乏华文纯文学期刊；也很难理解华文报纸对中国文化、政治表现出来的强烈认同倾向，以至于在 80 年代仍被台湾当局所警惕②。诸如此类，皆与澳门的独特历史境况密切相关，不论是以澳门本地还是其他地区为视野展开的文学史叙述或问题研究，只要将澳门文学作为一种学术体制中的现代知识来加以归纳和阐述，就必须充分考虑社会、历史、政治、地域等文

---

①　吴志良：《从澳门看中西方文明的碰撞与交融》，载《东西交汇看澳门》，澳门基金会，1996，第 12 页。

②　澳门最具代表性的媒体《澳门日报》因此在 80 年代被台湾当局视为"左派"报纸，在 1988 年开通澳门与高雄的海上航线时，记者陆波曾被拒绝参加"华澳号"的首航仪式。详情见陆波的《记华澳号首航——本报记者首次赴台采访》，载廖子馨主编《我们——〈澳门日报〉五十年成长足迹》，澳门日报出版社，2008，第 156 页。

化因素的外在制约作用，所以澳门经验的语境化（contextualization）是必须认真考虑的问题。把知识置入语境，在某种意义上说是沿着知识考古学的思路检讨文学史/思想史的线性叙事，从历史文本的拆解出发，实现对历史复杂性的呈现。

福柯在分析思想史和考古学的时候区分了二者作为学科方法的差异："思想史是一门起始和终止的学科，是模糊的连续性和归返的描述，是在历史的线性形式中发展的重建"①；与此不同的是，"考古学的描述却恰恰是对思想史的摒弃，对它的假设和程序的有系统的拒绝，它试图创造另外一种已说出东西的历史"②。根据后现代历史哲学家海登·怀特的分析，历史只是一种叙事符号编码而形成的形式，"编年史"借助各种话语组装而自成体系，在预设观念的指引下，历史事件只不过是用来证明某种规律的"命题标示物"③。显而易见，一部"澳门文学史"对于澳门文学发展、缓解主体性焦虑无疑具有重要现实意义，但似乎还不是学界目前所能完全胜任的课题，就当前积累、整理、钻研所得的文学史料来说，尚不足以支撑一部既相对完整又体现出学术深度的文学史著作。一部合格的文学史可以不必是文学的全景再现，但是问题的提出与回答一定要渗透历史叙事的始终。

"语境化"作为一种理解与解释策略，原指语言教学过程中应当还原语言的上下文情景。著名阐释学家汉斯—格奥尔格·伽达默尔使用"语境主义"（contextualism）一词来强调理解与解释的客观性，并非通过理解和阐释把事件认知推到一种绝对知识的权威地位，正好相反，在语境的特定结构中看待意义，展开了意义的多种可能性。可以说，"知识的语境化"是受德里达、福柯、伽达默尔等人特别是反本质主义思想影响而提出的学术范式，它作为一种知识态度或者说思想方式在文学

① 〔法〕米歇尔·福柯：《知识考古学》，谢强、马月译，三联书店，2007，第151页。
② 〔法〕米歇尔·福柯：《知识考古学》，谢强、马月译，三联书店，2007，第152页。
③ 〔美〕海登·怀特：《形式的内容：叙事话语与历史再现》，董立河译，北京出版社出版集团，2005，第58页。

研究中可能并不新鲜，但是对于我们重新认识已趋稳定的某种知识体系则具有重要意义。有学者指出："知识的语境化并不仅仅是一种批判的起点和策略，也是求真意志推进的结果：人类不会满足于知其然，更希望知其所以然。追问知识的生成机制，还原其具体历史场景中的各种影响因素，是知其所以然的第一步，是认识论逻辑的自然走向。如此，要实现对知识的语境化，需要检视诸如认知的主体、机构、体制、载体、知识传统、具体针对性等许多内容。"① 在将知识发展为学科之前，学术所能关切的是知识如何得到更加丰富的展现。历史不等于对历史的叙述。把澳门文学研究放到具体的文化/文学语境中，意在获得更为完整的历史叙事支持，围绕澳门中文报纸副刊来追寻文学话语及其空间的变化，有可能再现文学史丰富性的整体景观，这是我们启用"知识语境化"的首要用途，同时，文学及其认知话语也以自身的方式参与文学语境的建构，所以，当引入知识语境化的报刊来进行考察时，澳门本地文学批评与"外省"文学研究这两套针对澳门文学的理论话语得以基本区分。

## （三）华文报纸副刊与澳门文学场结构

布尔迪厄指出，艺术的生产与传播法则受相关场域制约，文学场的形成是诸种文化资本或权力之间相互角力的结果，文化资本占位情况决定了文学场的基本面貌。

> 从分析角度看，一个场也许可以被定义为由不同的位置之间的客观关系构成的一个网络，或一个构造。由这些位置所产生的决定性力量已经强加到占据这些位置的占有者、行动者或体制之上，这些位置是由占据者在权力（或资本）的分布结

---

① 马睿：《知识的语境化：观察文学理论的一种方式》，《社会科学研究》2011 年第6 期。

构中目前的、或潜在的境遇所界定的；对这些权力（或资本）的占有，也意味着对这个场的特殊利润的控制。另外，这些位置的界定还取决于这些位置与其他位置（统治性、服从性、同源性的位置等等）之间的客观关系①。

平面地理学意义上的澳门文学场很小，但是诸种关系体形成的历史与现实构造，显然积累了不可计算的资本构成要素，从这个角度说，归返澳门文学/文化场是一件不可能的事情。因此，重返文学现场的想象，只能通过特定对象的抽样式考察而获得部分可能。

众所周知，虽然澳门新文学早在 20 世纪上半叶就已产生，但是文学自主性意识源于 80 年代初澳门文学形象建构的讨论，《澳门日报》文学副刊"镜海"自 1983 年 6 月 30 日创办以后，在相当长的一段时间里是澳门本地各类文学作品发表的唯一阵地。"镜海"延续至今已将近 30 年，无疑是澳门文学最重要的平台，聚拢了如鲁茂、李成俊、李鹏翥、陶里、凌稜、沈尚青、穆欣欣、林玉凤、李观鼎、王祯宝、懿灵、彭海玲、玉文、梯亚、王和、邓景滨、林中英、胡悦、徐敏、区仲桃、冬春轩、黄文辉、寂然等一大批文学作者。"回归"以后，他们大部分依然活跃于中文报纸副刊，成为当下澳门文学创作与批评的中坚力量。除了给这批已成熟的澳门作家提供继续绽放的文学园地之外，这一平台也帮助新进力量成功走上澳门文坛，比如贺绫声、陈志峰、乐水、卢杰桦、丝纱罗、陆奥雷、太皮、李卉茵、凌谷、小曦、未艾、许文权、袁绍珊、再旭、自由落体、陈淑华、玮岚、刘洁娜、骆嘉怡、黛西、郑锦洋、黄燕燕、小荷等人的作品频频发表于澳门本地报刊。"新人"与前辈相比可能还有一定的差距，但是作为一支维系希望的新生力量，他们在未来澳门文学发展、革新的历史序列中将扮演更加重要的角色。可以

---

① 布尔迪厄：《文化资本与社会炼金术——布尔迪厄访谈录》，包亚明译，上海人民出版社，1997，第 142 页。（按：布尔迪厄亦译为布迪厄，除引用译著文献外，本书正文统一为布尔迪厄。）

说，21 世纪澳门文学作者的代际生成和演进已在副刊文学建构的文学场里悄然进行。

从文学生产与消费角度观察，报纸副刊对澳门文学创作产生的影响是潜移默化的：一方面，大多数澳门作家的艺术才能通过副刊长期的耕耘逐步形成，例如沈尚青、林中英等女作家在《澳门日报》副刊"新园地"开设专栏，融合时尚与思想气质，磨砺出生活感知的细腻文笔；另一方面，正如廖子馨曾经从读者的角度出发所说的那样，副刊也以某种与生俱来的大众传媒特点为依据，塑造一种固定的共同的艺术面孔，它们可能阻碍作家的艺术创新，其中以副刊散文、随笔表现尤为明显。研究者曾指出澳门散文艺术个性趋同的问题："澳门散文的公共风格十分明显，作家主体人格的隐晦和审美品格的沉落都较突出。"① 可以说，澳门散文作家在澳门中文报纸副刊所提供的各种专栏里辛勤耕耘，这种"自留地"性质的精耕细作容易使作家产生惯性和惰性，伴随而来的就是创新的忽略和已有特色的自足，因此副刊编辑汤梅笑说专栏也是一把"双刃剑"：它能使散文作者因循地生产（其中包括劣质品），它令散文扩大影响力的同时，却忽略了文学的色彩②。寂然曾经专门撰文总结专栏写作的通用程式和专栏阅读秘诀，在专栏写作中谈论专栏，证明专栏亦是一个值得思考的文化现象，且与澳门本地文人的生活息息相关③。寂然的专栏写作具有连续性，这与作者的持续思考有关，当然，只要有条件，他也不轻易放弃任何一个在平凡中发掘乐趣的机会。

读者是文学活动的重要主体，是文学实现价值的关键因素，澳门文学以报纸副刊为载体，读者更有着不可忽视的意义，它深刻影响并决定了澳门文学的发展面貌。副刊一方面要巩固已有读者群，又要不断通过紧追时代潮流培植新的文化消费点。作为同一进程中的不同侧面，报纸

---

① 蔡江珍：《报纸副刊与澳门散文》，《海南师范学院学报》2002 年第 3 期。
② 汤梅笑：《托身大众传媒的澳门散文》，《澳门日报》"镜海" 2000 年 2 月 16 日。
③ 寂然：《停不了的专栏——一则专栏写作的心理学》，《澳门日报》"镜海" 2001 年 1 月 31 日，C1 版。

在巩固和培育读者市场的同时，也要引导和培养读者的审美趣味。"回归"十多年来，澳门读者借助报纸副刊极大地提高了中文作品的接受能力和欣赏水平，一些读者甚至走进文学创作行列。当然，由于报纸文章具有"短平快"的消费特点，也使不少读者尤其是年轻读者习惯"快餐式阅读"和"傻瓜式阅读"，这对未来澳门文学读者群体文学审美能力、鉴赏能力的提升甚至整个澳门文学生态的健康维持产生复杂而深远的影响。

因此，澳门文学与报纸副刊之间的稳固关系，构成了"小城文学"最为显著的依附特征。另一份重视文学的报纸《华侨报》进入21世纪之后改版，倾向于扶持校园文学，一般文学作品逐渐淡出，因此选择《澳门日报》作为考察澳门文学的样本具有代表性意义。为了体现问题探讨的整体感，避免"短时段"的碎片化个案分析带来的欺骗性结论①，在时间范围上，我们不妨借鉴法国年鉴派历史学家布罗代尔提出的"长时段"划分方法："一种新的历史叙述出现了。它描述局势、周期、甚至'中周期'（intercycle），可涵盖10年、25年乃至康德拉捷夫（Kondratiev）的经典周期——50年。……历史学家可以利用新的时间概念，被提升到阐释层次的时间概念，可以试着按照对应那些曲线的新参考点来划分和解释历史。"② 因此，设定以澳门"回归"前后十年为时间单位，借助媒体个案入手，寻找一种新的文学理解与阐释方式就具有不可替代的意义。尽管"99回归"是澳门历史上一件最值得铭记的

---

① 法国年鉴派历史学家布罗代尔指出，各种各样的事实成为微观研究的对象，但是得出的结论不能反映现实状况："过去似乎正是由这样一堆各种各样的事实构成的，其中有些引人注目，有些则模糊不清，而且不断地重复发生。这些事实成为微观社会学、或者说人类关系社会学以及微观历史学的日常研究对象。但是，这堆事实并没有构成科学思想自由耕种的全部现实和全部深厚的历史。因此，社会科学几乎有一种对于事件的憎恶。而且，人们不无理由地说，短时段是所有时段中最变化莫测、最具欺骗性的。"〔法〕费尔南·布罗代尔：《历史学和社会科学：长时段》，载《论历史》，刘北成、周立红译，北京大学出版社，2008，第31页。

② 〔法〕费尔南·布罗代尔：《历史学和社会科学：长时段》，载《论历史》，刘北成、周立红译，北京大学出版社，2008，第32页。

大事，对于澳门文学来说，它仍然一如既往向前运转，并未因此发生某种断裂或转向，也未表现出明显的节奏变化。事实上，考察"回归"之后的澳门文学，必然涉及作为发生学背景的 80～90 年代的澳门文学，因此，"回归"并非严格意义上的学理限制条件。

### （四）"外省"视野与文化外位性

澳门特区在历史上形成了丰富多样的人文文化背景，"外省"学者受文化体验和在当地生存经验的制约，从旁观者视角考察问题或尝试作出判断，难免是"印象式"的。我们不可避免地陷入自身命题的悖论，大概属于伽达默尔所说的意图与效果历史之间的差异，不论怎么样，它仍然只是学术展开的一种方式。任何事关当下的文学研究，尤其是在试图对其做出某种价值评判时，总是存在给研究对象带来一些现实困扰的风险。

也许研究者焦虑的产生，源于我们对自己身处内地文学圈的优越感，在审美多元化和信息多元化的今天，这种虚幻的自我幻象其实是毫无道理的。如果我们冒充有资格替其他内地学者辩护一句，差异之所以发生，是因为批评面对无法重合的"两地视野"。当年前辈学者给人造成一种主动降低评价标准以获取对澳门文学同情之理解的假象，他们试图努力"融入"澳门文学/文化体系，从而找到看待问题的相同角度。此种尴尬归根到底还是由于自身视野的局限，虽然客观上是特定历史情境的产物，但在信息高度发达、史料获得的难题并非研究状况终极决定因素的今天，还会出现各种各样的理论及其立场的失语和失守。如何从自身处境观察和理解"他者"的文化？苏联美学家巴赫金早在 70 年代即阐述了"文化外位性"的合理性及其必要，这对于所有跨界文化或文学的理解，无疑具有重要的参考价值。

> 存在着一种极为持久但却是片面的，因而也是错误的观念：为了更好地理解别人的文化，似乎应该融于其中，忘却自己的文化而用这别人文化的眼睛来看世界。这种观念，如我所说是

片面的。诚然，在一定程度上融入到别人的文化之中，可以用别人文化的眼睛观照世界——这些都是理解这一文化的过程中所必不可少的因素；然而如果理解仅限于这一个因素的话，那么理解也只不过是简单的重复，不会含有任何新意，不会起到丰富的作用。创造性的理解不排斥自身，不排斥自己在时间中所占的位置，不摒弃自己的文化，也不忘记任何东西。理解者针对他想创造性地加以理解的东西而保持外位性，时间上、空间上、文化上的外位性，对理解来说是件了不起的事。要知道，一个人甚至对自己的外表也不能真正地看清楚，不能整体地加以思考，任何镜子和照片都帮不了忙；只有他人才能看清和理解他那真正的外表，因为他人具有空间上的外位性，因为他们是他人。

在文化领域中，外位性是理解的最强大的推动力。别人的文化只有在他人文化的眼中才能较为充分和深刻地揭示自己（但也不是全部，因为还会有另外的他人文化到来，他们会见得更多，理解得更多）。一种涵义在与另一种涵义、他人涵义相遇交锋之后，就会显现出自己的深层底蕴，因为不同涵义之间仿佛开始了对话。这种对话消除了这些涵义、这些文化的封闭性与片面性。我们给别人文化提出它自己提不出的新问题，我们在别人文化中寻求对我们这些问题的答案；于是别人文化给我们以回答，在我们面前展现出自己的新层面，新的深层涵义。倘若不提出自己的问题，便不可能创造性地理解任何他人和任何他人的东西（这当然应是严肃而认真的问题）。即使两种文化出现了这种对话的交锋，它们也不会相互融合，不会彼此混淆；每一文化仍保持着自己的统一性和开放的完整性。然而它们却相互得到了丰富和充实①。

---

① 巴赫金：《答〈新世界〉编辑部问》（《巴赫金全集》第 4 卷），钱中文译，河北教育出版社，2009，第 411 页。

　　这是巴赫金谈到的"外位性"原则。港澳台与内地同属于中华文化核心圈，在这个相对自足的文化场域里，相互之间又表现出彼此不同的文化自主性，这种关系即是布尔迪厄场域理论关注的对象。从区域文学场的角度出发，澳门本地与内地无疑互为"他者"，因此，以他者的方式针对澳门文学做出评判、坚持文学外位性原则就具有了学理合法性根基，这样就有可能发现澳门文化与岭南文化、中原文化之间的差异，在挖掘澳门区域文学面向历史、书写本土、想象未来的文化定位时，也会发现隐匿于开放性、本位性背后的封闭性和保守性，思考在更大范畴内与中华文化尤其是中国当代文学实现更加有效的交流。

# 第一章 "回归"与澳门文学历史语境转换

## 引 言

"回归"作为重构港澳地方史的一个关键性因素，是历史主体面临的处境与条件。然而，无论香港还是澳门，"回归"并非权力交接仪式完成之后即被一劳永逸解决的课题，"心的回归"需要更充足的时间和实践基础，它涉及社会文化认同的复杂历程，如社群自我认知、身份关系、社会行动等，这些都是制约港澳群体认同心态的若干机制。近年来，在大众传媒的推动下，少数香港人对内地游客的反感被无限放大，导致不同方面陷入互相指责、相互攻讦的困境。其实，无论香港还是内地，都需要换位思考，加强对历史和现实的深入理解。与香港相比，澳门的情况远为温和，但这不代表在澳门就没有"回归"语境转换产生的心灵震荡。所以，以"过渡"与"回归"为话语场域考察20世纪90年代以降的澳门华语文学创作，不仅有助于认知文学趣味与观念的历史生成，而且也能呈现出制约澳门文学发展的诸种内在命题，尤其是其面临的文化主体性的建构。

## 一 从"后殖民"话题说起

从"后殖民"角度展开澳门文学话题可能要承担一定的风险。在当下关于澳门文化/文学研究的表述中,不少学者一再强调"后殖民"理论不适合随意搬来讨论澳门问题①。个中原因似乎关乎澳门生存与遭遇的情感认同,而非学理层次的探究。这种投鼠忌器的心理,并不能否认澳门长期作为葡萄牙管治地区的特殊历史背景,以及它扮演的沟通中西文化的现实角色。事实上,上述议题早就深刻影响到澳门文学的呈现形态。在庄文永先生看来,"后殖民"意味着一套与文化霸权、臣服、凝视、排他等概念密切相关的话语方式,很多时候它不是被理解,而是被生吞活剥②。这样的提醒显然是必要的,不过仅用他所谓的"好"与"不好"为标准消解思考异质文化交往存在的内在不平等性,可能存在把问题简单化的局限。"好"与"不好"仅是一种主观的价值判断,当它捆绑权力来强制推行的时候,这个标准就会发生倾斜,甚至颠倒。事实上,"后殖民"作为文学/文化阐释方法,并非严格局限于殖民地文学历史研究中,它早已成为反省现代性的一种后现代维度,既如福柯一样对权力的微观结构发出质疑,也有萨义德表达的西方中心主义批判,而女性主义、精神分析、解构主义、新历史主义等诸种文学理论,皆可

---

① 代表性的文章有庄文永先生的《澳门为何没有"后殖民"?》,《南风窗》2006年第23期。另外,朱寿桐先生主编、高海燕执笔的《澳门新移民文学与文化散论》一书的第四章第三节"澳门新文学研究中的理论运用"谈到了对后殖民理论运用的谨慎:"澳门的情况似乎并不完全符合后殖民主义的特征。澳门虽然受葡萄牙殖民当局的统治,军事、政治上都遭受其控制,但在文化上却没能生成一个为葡国服务的葡国文学创作传统。"但在后面展开"转换期的澳门文学及其研究"描述中,提到了移民作家与土生的文化身份认同问题,因此,理论必须针对具体文学现象而恰当使用。见朱寿桐主编《澳门新移民文学与文化散论》,中国社会科学出版社,2010,第42页,第66页。

② 庄文永指出,从澳门包容并存、和而不同的文化生态中,我们看到的文化并不一定存在着"殖民"或"被殖民"的问题,或者是所谓的"文化霸权"的问题,重要的问题是"好"或"不好"。好的文化,对人类有益的文化就有价值,人们自然会去接受。我们学习不少西方的先进文化,并不能说被西方文化所"殖民"。实际上西方"后殖民"理论的作者在他看来多少带有傲慢与偏见。十几年来,"后殖民"在学界上风风火火你唱罢我登场,相当程度上都是在演绎西方的理论,显得空洞无力。其实,所谓的"殖民""后殖民"的理论在当今文化全球化的浪潮中,已经越来越失去它的可靠性。澳门有和谐包容的文化生态,如果硬把它套上"后殖民"的理论来解读,显然有失偏颇,也是危险的。庄文永:《澳门为何没有"后殖民"?》,《南风窗》2006年第23期。

集于后殖民理论批评范畴，且内容和方法具有跨学科的倾向。

澳门走过的400多年历史，确实具有自身的特殊性，无法与非洲、拉美、东南亚等殖民地情况相提并论，甚至与毗邻的香港也截然不同。在文化上，它与西方"宗主国"一直是疏离的，与中华文化圈保持着"源"与"流"的密切关系；三百年"中葡共治"与一百多年葡萄牙管治的历史遭遇，所带来的身份焦虑使它对中华文化表现出反拨式的认同和眷恋，不论是爱恨交加还是对母体文化与语言的执着坚守，都深刻反映出生活在异族统治下的人民的典型精神状态。

在后殖民理论视域中，"东方境遇"可以从两个层面理解。第一，在西方中心主义的理念下，东方沦为了被看的"他者"："一个复杂的东方被呈现出来；它在学院中被研究，在博物馆供展览，被殖民当局重建，在有关人类和宇宙的人类学、生物学、语言学、种族、历史的论题中得到理论表述，被用作与发展、进化、文化个性、民族或宗教特征等有关的经济、社会理论的例证。"[1] 西方以自己的思维模式、价值立场、文化理念、话语方式等来定义东方、阐释东方和评价东方，从而建构出东西方的二元对立形象或关于自身过去的野蛮镜像。第二，来自西方的权力话语模式对东方的作用是双向的，造成了两种不同形式的身份焦虑和阐释焦虑。它既导致东方在西方面前的"失语"，也会激起东方的反抗。但是，对于澳门，这两种形式的身份焦虑、阐释焦虑都不明显，它没有被"西化""葡化"，没有通过在"宗主国"文化面前自我贬损、自觉靠拢来争取生存条件。澳门文化的生成演绎从未离开中华文化母体，用诗人陶里的话说，"中华民族文化的强大凝聚力象磁场似的吸引着澳门文化"[2]。但是我们不能因此否认西方文化对澳门的影响和渗透，或者将西方文化的东渐贴上帝国主义入侵的妖魔化标签。

相对于西化程度很高的香港，澳门文化的"中华性"无疑表现得

---

① 爱德华·萨义德：《东方学》，王宇根译，三联书店，1999，第10页。
② 陶里：《追踪澳门现代诗》，《香港文学》1991年8月号。

更加鲜明。长期以来，澳葡政府文化控制局限在"硬性植入"层面，无法做到"软性渗透"，因此澳门华人在"软文化"层面没有遭遇被看、被定义、被阐释的压迫。葡萄牙当局在澳门的政治、经济、文化措施主要体现在引进先进的现代工业，"舶来"一些南欧土特产，建造和保护一批教堂、学校、广场、办公议事楼宇等西式建筑。也就是说，澳门文化的中西杂糅最为直观的形式，主要体现在城市建筑等硬件上，正如廖子馨所说："在这里，有中国庙宇，有教堂修院，也有清真寺；有中国人居住的简陋房屋，有西人葡人的宽阔邸宅，有葡人传统的广场、大街，也有聚集中国人的小巷……两类建筑物强化了澳门独具特色的地方文化。"① 而这些表征于器物层面的东西，无法替代文化的民族心理改写，所以澳门华人的宗教信仰、价值观念、生活方式乃至文学艺术活动等精神文化层面，与西方保持着内在的疏离。澳门民间社会也一直保存着浓郁而独特的中国传统文化氛围，比如岭南地区的神诞戏、鬼节等民俗文化，400 多年来长盛不衰。澳门华人在宗教方面普遍信奉佛教，基督徒数量较少；人生信仰则推崇传统儒家思想。"澳门人讲究'仁爱'、'忠恕'，他们讲求人情，崇尚淳朴、敦厚——这种品格都能被来过澳门的外地人所感受到。"② 众所周知，儒家文化的核心道德理念是仁、义、礼、智、信，其中又首重仁。仁者，爱人。澳门华人、土生葡人和葡人虽然共同生活在澳门这块弹丸之地，却分别居住于相对独立的社区，相互之间少有干涉。在华人占 90% 以上的澳门，社会安定其实主要还是受益于华人的道德规约，当然，这种和平共处也为中国传统文化的延续创造了难得的外部条件。

作为管治地区，澳门主流文化自然会表现出反殖民性的一面，但是又没有演化为"东方主义"的对抗模式。确切地说，反殖民性的文化倾向虽然存在，并没有形成文化史的支配力量，也没有因为"过渡期"

---

① 廖子馨：《澳门现代女性文学略论》，《文艺理论研究》1994 年第 3 期。
② 廖子馨：《澳门现代女性文学略论》，《文艺理论研究》1994 年第 3 期。

的到来而对异族文化有强烈的排斥。澳门文化具有开放性和兼容性，这与追求消解东西方二元对立、达到文化对话融合的新理念天然契合，刘登翰先生将其总结为"鸡尾酒文化"或"拼盘文化"①，的确是很形象的。与香港相比，澳门历史有其特殊性，即中、葡两国对澳门的政治影响长期处于均势，即使在葡萄牙19世纪末驱逐清国官员、强占澳门到20世纪中后期期间仍然如此。20世纪70年代末以来，随着葡萄牙新政府不再推行殖民政策，以及中国内地改革开放对澳门经济社会发展的推动，华人地位得到相应改善，80年代开始逐渐参与政府对澳门的治理工作。这在一定程度上缓解了澳门与西方的冲突，使澳门得以用更冷静、更开放、更包容的态度来对待西方。

20世纪90年代关于澳门社会特性的大讨论，结论之一是：澳门是东西方文化的熔炉。澳门文化界总体而言对此并不反感，毫不讳言澳门文化"中西融合"，甚至将其作为澳门的特色津津乐道。比如本土意识强烈的诗人韩牧曾将中西融合作为澳门文化"独具特色"的依据之一："澳门，从历史、政治、经济、生活习惯，甚至语言、语音，都是与其他地方有异的。从1557年开始，澳门就受西方文化影响，比香港早了近三百年；而且是另一个西方民族文化。"② 潘日明神父认为，中、葡文化就特质层面而言本具有诸多相通之处："在我们从心理学角度分析中国人和西方人时，将会注意到与其他欧洲人相比，葡国人较少形而上学，更多抒情成份，因此更接近中国人。唯美主义的表现手法，对大自然的倾心，喜好历史，具有生活节奏的艺术（志在逃避严厉家规），以田园生活作为理想，酷爱和平，对政治的冷漠，由缺乏法律保护以及当权者自私所引起的处世态度，生活方式简单、节俭、修身养性……这些

---

① 刘登翰说："从表面上看，澳门文化的多元性如鸡尾酒一般层次分明，并不互相混和或化合。换一种比喻说，也可以称澳门文化是一种'拼盘'文化，虽然有其主导和主体的色块，但各个色块之间并不互相融合，各占有一定的空间和形成各自的群落。"刘登翰：《文化视野中的澳门及其文学》，载《澳门文学概观》，鹭江出版社，1998，第15页。

② 韩牧：《建立"澳门文学"的形象》，《澳门日报》"镜海"1984年4月12日。

都是中国人和葡国人的相似之处。"① 这实质上是以儒家对伦理人情的强化和道家对自然（包括外在自然和内心本真）的追求等中国文化理念来阐释南欧的浪漫主义传统，为中西融合提供更有利于本位文化的合理性依据。

因此，如果我们对"回归"之前的过渡期文学进行探讨，应以澳门的地区文化特质为基础，即澳门文化是中华文化的支流，由于特定历史情况成为"后殖民"语境的一个典型个案，既完整地保持了东方特色和对民族身份、文化身份的自觉坚守，又以开放的兼容的态度来对待西方文化。这些特质塑造了澳门文学自身的独特性：在中华文化圈里，澳门既是与西方帝国文化现代性最早相遇的区域，又最晚摆脱西方政治权力的直接宰制，这种政治格局约束使 20 世纪的澳门华语文学徘徊在中国文化/文学的边缘，成为见证中国文学现代性寻求的他者镜像。

澳门大学朱寿桐教授近年提出中国文学、公共传媒"从澳门说起"的话题②，将中国的现代性问题区分为两个不同的阶段，即自葡萄牙进

---

① 潘日明：《葡国人和中国人》，《文化杂志》（中文版）1987 年第 1 期。
② 朱寿桐在《从澳门说起》一文中说："研究中国现代文学的历史，就非常敏感地存在一个从何说起的问题：从'五四'新文化运动说起还是从晚清文界革命说起，其结论会大不一样。中国的'近代'从鸦片战争说起还是更早从西方传教士进入中国说起，体现着两种重要的历史观的差异，对于中国历史的近代性内涵的把握也会截然两样。近代性在中国意味着被动的开放性，现代性在中国则意味着主动的开放性。被动的开放历史从澳门开始，从葡国人以和平的方式进入澳门开始，随即，澳门成为西方宗教势力进入中国和东亚的通道，成为中国被动地向西方的文化、宗教打开国门的前沿门户。传教士在澳门受训，由澳门出发，进入广东、广西、福建、上海、天津、四川、陕西等中国沿海地区和内陆腹地，进入最冷僻的城市巷弄和最僻远的乡村民间，甚至于进入帝国的核心部位——清室宫廷。中国社会上下的文化心态面临着改变，生活方式面临着调整，甚至于政治格局也因此发生了某种影响。对于中国社会产生深刻影响的太平天国运动和义和团运动，都与早先传入的西方宗教有直接关系。在这一意义上，一般认为是鸦片战争爆发之后西方帝国主义的坚船利炮轰开了中国的国门，这实际上是倒果为因的说法，应该说，没有西方宗教势力提前三百年进入中国，将中国的国门一步步推开，鸦片的进入，帝国主义侵略势力的进入，也许就不会是这样的阵势与规模。因此，中国的近代，中国文学的近代化，中国被动地向西方开放的近代性，应该从澳门说起。"朱寿桐：《从澳门说起》，载《澳门日报》"镜海"2011 年 12 月 7 日，F5 版。

入澳门而形成中国的被动开放格局，西方传教士以澳门为起点一路北上，甚至进入中国宫廷——政治与思想的核心，借助西方器用层面的先进性来宣扬西方的宗教、文化，特别是思想价值体系，由此缓慢开启中国认识世界的近代性进程，这比武力驯服的鸦片战争要更早。事实上也确实是因为先有鸦片的输入，才产生了后来的中西武力冲突。如果在此思想基础上展开细致扎实的梳理，将文学现代性问题超越语言变化的形式层面，结合澳门开埠到《中葡和好通商条约》（1887）签订后葡萄牙获"永驻管理澳门的权力"之前的华洋共处分治历史，阐释澳门文学为何是中国现代性进程不可或缺的一部分，就具有了重写中国近代思想史、文学史和学术史的潜在价值。哪怕仅仅对王德威等学者提出的中国文学现代性起源于晚清的话语体系构成思辨对话，也是意义非凡的，更何况这是澳门自身走过的历史，无须虚构。如何在澳门文学研究中参考并使用澳门史研究的已有成果，成为建构这一文学史叙事的关键所在。

这样，澳门文学的殖民与后殖民性不再是一幅抽象的整体性的模糊面孔，澳门新文学作为中国新文学的认知镜像，也不再是一个与此无关的"他者"，而是在同一个母体中孵化出来的同胞亲体。考虑文化共同体与命运共同体的相通相异之处，恰恰是当代澳门文化人士警惕生搬硬套后殖民话语的情感与理智基点，这一基本事实必须得到尊重。

## 二 "过渡"的政治诗学与文化面孔

"过渡期"作为一个政治概念正式出现在中葡两国关系的表述中，始于《中葡联合声明》（1987年3月26日草签，1988年1月15日正式生效）；但在社会政治、文化、意识、观念等层面，"过渡"早已开始。进入20世纪80年代以后，不论是文化界人士还是澳门本地居民，都已意识到澳门历史将翻开新的一页，因此，文化、文学意义上的"过渡"显然不止1988~1999年这段时间。过渡期的文学创作表现为两个方面的基本内容：一是本土身份认同，即"澳门性"；二是民族身份认同，即"中国性"。后者是澳门过渡期政治诗学的核心,"澳门性"植基于"中国性"之中。

与香港相比,澳门文学的本土自觉起步较晚。这与澳门在周边的历史变迁中成为移民中转站的地缘政治处境相关。澳门新生代诗人懿灵将澳门定位为一个"流动岛":"澳门从不留人。因为澳门有出入境自由,也因此而流失人才。澳门人是流离的,这里多的是过客;澳门政治是流离的,一时偏左一时又偏右;而整个岛是流动的,流动的岛不但向外流,还有以内圆心为目标的不断向内倒流的特性。"① 与之相应,澳门在相当长的历史时期内没有形成完整的文学平台,如纯文学刊物、纯文学媒体、纯文学出版机制等。澳门文学的本土意识在20世纪80年代初的社会经济大发展时期方始萌芽,经创作与批评的双向互动,逐渐自觉。

澳门的民族意识在诗学领域的折射,与香港等其他殖民地既同又异。其共性在于对政治—民族身份认同的焦虑,虽然认同诉求到"过渡期"已不是问题,但百年以来"事实属于"西方"宗主国"的历史遭际已深植于澳门的集体记忆,一旦遇到突破口便可能爆发;特殊性在于它是以更温和、更折中、更少对抗性和二元对立性的方式生成的,关于这一点,澳门文学叙事可资佐证。澳门重要的华文媒体《澳门日报》从创刊起即肩负神圣的文化使命,在"中国性"问题上一直政治立场鲜明,50~60年代甚至受内地影响而出现过"红色"倾向②。70年代以后延续到过渡期,由于华人与葡萄牙当局矛盾的缓和,"红色"倾向消失了,作品更加贴近现实、更加生活化,但其中的地域意识、民族意识并没有改变。例如那些生活类专栏散文,它们或描绘澳门的风物人情,或寄托故乡、故国之思,诸如《十六的月亮》(沈尚青)、《澳门新

---

① 懿灵:《流动岛·后记》,诗坊,1990。

② 廖子馨:"比如五十年代的散文深受内地社会、文学思潮影响,很重视对社会现实的批判,同时,爱国主义精神高涨,宣扬爱国精神、歌颂祖国的富强成为思想主流。"廖子馨:《澳门文学与报纸副刊》,《世界华文文学论坛》(澳门研讨会特辑),2000年第1期。摘要刊于《澳门日报》"镜海"1999年12月1日,D7版。

八景随想》（徐敏）、《澳门的秋天红叶》（张裕），这类作品几乎统领报端，单从题目即已见其旨趣。"过渡期"的历史契机唤起澳门对"中国性"的强调。缘源指出，"随着澳门回归祖国日近，作家们自觉地赋予作品爱澳门爱祖国的文学主题"①，当然也包括被这一特殊历史契机所重新唤起的东方身份焦虑。如余行心的《丝士咖啡室》、鲁茂的《白狼》，反映出华人、土生葡人与葡人三大族群的冲突，其中有着格式化了的殖民与反殖民、西方与东方的权力关系模式。江思扬写于1992年的新诗《向晚的感觉》之（二），民族和历史意识更为直白："亚美打庐大马路奏着四十年代的慢板/它西端的大钟仍指着一九四八年十二点/要焦急的行人驻足、回忆/西洋水手的趾高气扬。"② 在这里，西方被反定义为与自身对立的"他者"，是东方殖民地普遍出现过的表达身份焦虑的政治诗学。

以西方为他者的身份焦虑并非过渡期澳门政治诗学的全部基调。无论创作还是批评领域都出现了"温和性"，曾有学者就一本澳门文学评论集指出其整体倾向："《濠海丛刊》之《澳门文学评论选》上篇收录了21篇文章，全部是澳门作家论澳门文学特点及发展方向之作。这些文章所指出的澳门文学的特点主要有三，其一是采用现实主义表现手法为主，现代、后现代派的作品很少；其二是作品主题大多基于作者个人生活体会和遐想，具有深厚社会体验和广阔历史背景的很少。其三是抒情性的作品多，批判性的作品少。"③ 不仅如此，20世纪70年代后出现的散文，地域意识、民族意识多表现为描绘澳门奇丽的景色、宁静的生活、温暖的人情等美好的一面，或者寄托对故国、故乡、故人之怀思，"写事抒怀""怡情益智"的倾向较为突出。与此同时，70年代后的小说主要是以宣扬忠于家庭、重视人情、勤劳互助、知足隐忍等传统道德

---

① 缘源：《澳门文学现状窥探》，《澳门笔汇》1992年第5期。
② 江思扬：《向晚的感觉》组诗之《驱车登古原》，载同名诗集《向晚的感觉》，五月诗社，1992，第27页。
③ 黎熙元：《1960年以后澳门文学叙事中的澳门意识》，《当代港澳》2004年第2期。

为主,即使带有批判性的、反映族群冲突的作品,也常有一个大团圆的让步式结局。如《白狼》固然写了作为葡人私生子的主人公在其葡人高官父亲的庇护下为非作歹的故事,但对华人群体和土生葡人群体的恶劣之处也有批判,主人公最终由于被华人黑社会集团出卖而幡然悔悟,至少在人性上表现了足够的妥协。这种特性除了与澳门的地域狭小、民风淳朴、社会宽容的传统有关之外,也与澳门过渡期较少采用对抗的思路展开文学书写密切相关。

"过渡"与"回归"唤起的民族意识,交织着西方现代性尤其是政治文化的诸种复杂心态,警惕与反思成为其间文化主体性和现代命运的书写的重要内容,甚至呈现出强烈的批评姿态。懿灵对台湾诗人向明的引述可能折射了这种复杂心态:"后现代反思的形成是缘于今日所谓'进步'生活方式的结果,是针对现实冷酷律则和科技高度发展淹没人性,破坏自然律动的一种反弹。据西方一位科学家杜明的看法,后现代的思想当有两面,一是重视人性自我反省和重建的'白色哲学',二是重视人与天地调合的'绿色哲学',两者都是强调天人和谐关系和人自由自主的哲学思想。"① 这个"进步"的"冷酷律则"显然指发轫于西方并随着殖民活动而扩展到全球的现代性文化,而作者抬出"天人和谐"作为救赎之道,这个概念恰恰来自中国传统的诗性理想。她的新诗《牌坊上的窥探》也可以作为上述心态的注释:"记不起是个怎样的日子,/思想穿上洋装的人,/开始把轩辕文化,/幽禁在墙隙里,/无根的苦藓,/在石板的暗影下苟且偷生//……囚室里的不是圣像,/是被绑的活人,/耻笑着'自由的'人。/四十根柱子,/四十个叹号,/在回忆的大典里,/又岂能写尽/民族枝叶的枯萎……"这里,像在其他前殖民地常出现的一样,东西方文化被构入二元对立的模式中,用以传达东方的焦虑。

---

① 懿灵:《90年代澳门诗坛发展斟探》,载李观鼎编《澳门文学评论选》,澳门基金会,1998,第176~177页。

　　这种文化意识折射在文学领域，特别是在澳门华文文化圈以及部分意见领袖那里，体现为对华语文化/文学的指引。在话语和思想共同体的作用下，澳门文学也在思想层面体现出对中华文化的自觉书写。这种文化靠拢包含了两个层面，第一是联系和影响的重新发现，澳门文学界强调内地文学对澳门本土文学产生的关键性的作用，重视与内地的文学交流与互动，将澳门文学定位为世界华语文学的一部分。这几乎构成了澳门文学的重要载体——《澳门日报》副刊的主导文化策略，立场鲜明的"议程设置"与香港媒体的众声喧哗是不同的。第二是中华文化传统的继承与再造。澳门文学是中华文化的产物，它既在内涵上承载着中华传统的与现代的文化精神，也在审美范式、艺术趣味、形式追求上呈现着中华文化、中华美学的风貌。澳门小说家似乎比同时代的内地作家更加倾向于宣扬中国传统伦理道德。在澳门现代诗中，澳门诗人中醉心于中国古典文化的"神韵""性灵"的比例也比同时代的内地诗人要大。像胡晓风、汪浩瀚、江思扬、玉文、凌钝等诗人，他们"大抵都爱读古人诗，所以，自己写起诗来，虽出之以白话，也还是或多或少带些古意"①。诸如"把卷长吟于林下塘边老屋/二三子清溪濯足载欣载奔/春寒时典衣买酒风流如昔/蚕纸背临怀素帖和基本法/澳门也者也无风雨也无情"（汪浩瀚《近事》），"一灯如豆的日子里/你感慨稼轩酗酒/深山无松谁与扶？又叹息山中寂寞/无人闻鸡起舞。/我笑了……/你终于下山去了/带着崇山峻岭的胸怀/而我的心境依旧/爱看青山自青山/白云自白云"（凌钝《山居》）等，诗歌从意象的选择、意境的营构、典故的运用，到审美范式的追求、文化内涵的积淀，都渗透着中国古典诗学的意蕴。

　　从刊于《澳门日报》"镜海"副刊的文学评论看，澳门文学界也很珍惜这些中国传统文化特质。以作家作品评论和访谈为例粗略分析，《一部澳门的爱莲说——评周毅如先生的长篇小说〈阿莲〉》（司晨，

---

① 云惟利：《十年来之澳门文学》，《澳门笔汇》1994 年 5 月。

2008 年 1 月 2 日）与《忧国忧民，不是胡说——胡悦访问记》（黄文辉，2002 年 8 月 28 日）是对儒家传统文化人格的礼赞；《人淡如菊——专访区仲桃》（邹家礼，2002 年 11 月 27 日）与《花草虽微自见缤纷》（汤梅笑，2000 年 6 月 23 日）传达了对道家审美化人格的向往；而《含蓄诗风的典范——〈横琴秋霁〉》（杨成监，1999 年 8 月 27 日）与《情之所至，自然成诗——读刘家璧诗集〈山行〉》（庄文永，2006 年 12 月 27 日）则高度评价了诗人对中国古典诗学乃至古典美学范式的继承。澳门作家对中华文化传统的亲和，或可看作长期异族征服——也包括文化冲击下，对自身的中华文化身份的反拨式坚守。

作为中西文化交流的桥梁，澳门文学的文化策略有开放兼容的一面，这构成了澳门文化面孔的另一个侧面，它们集中表现在对土生文学创作的态度上。土生葡人在西方文化影响下产生的文学创作，历来被接纳为澳门文学的重要组成部分；"回归"不但不会中断这种接纳，反而可能由于政治身份焦虑的缓解以及中国文化主流的包容态度，澳门社会会以更冷静更包容的态度来对待西方文化。考察"回归"前后的中文报纸副刊，关注土生创作的评论所占的分量就不小，如《澳门日报》"镜海"刊出《澳门土生文学的两个文本——个人意味和集体无意识》（刘月莲，1999 年 12 月 1 日）、《〈澳门新娘〉舞剧与飞历奇小说——打海盗与中葡青年爱情题材的文化评析》（纪修，2001 年 8 月 15 日）、《澳门中葡作家笔下的青年土生》（李淑仪，2006 年 7 月 5 日）、《我对澳门土生文学的表述——〈奥戈的幻觉世界〉的创作旅程》（廖子馨，2006 年 7 月 5 日）等文章，它们以比较视角来探讨中葡文化的差异与融合，其中包括对澳门本土文化建构的意义，同时从文化视角对土生创作进行了分析，肯定了它是澳门文化不可或缺的组成部分，实际上也是中华文化容纳和吸收异质文化要素的进一步实践。值得注意的是，与香港、东南亚等亚洲前殖民地相比，澳门文学对西方文化的亲和度较小。截至目前，澳门文学对南欧文化之精华的阐释和叙述并不多，相反是反西方、反殖民倾向的作品更多见。这可能意味着澳门对于几百年来一直与之比邻的西方文化还缺少深入了解，因此"华洋杂处"的景观仍然是马赛克式的嵌入。当未来的澳门文化/文学建构立足于"中华性"基础之上做进一步创新，如何充分融汇西方文化，发挥澳门作为中西文化交流桥梁的区域优势，可能是澳门文学及其文化策略上一个值得探讨的话题。

## 三 "回归"：模糊的文学地平线

澳门主权的收回为澳门政治史、社会史、文化史添上了浓墨重彩的一笔，开辟了澳门的新纪元；然而在文学场域中审视"回归"，我们却无法清晰明确地找到一个历史节点或文化"标记"。原因大体如上所述，澳门文化的边缘性、复合性、兼容性使得孕育其中的澳门文学从诞生之日起便具备了强大的文化认同功能，其所处的边缘地位迫使澳门（华文）文学在20世纪80年代初开始寻求自我形象的构建。众所周知，文化主体性作为现代性追求的一部分，是一个未竟的课题，加上澳门受外部环境和内部客观条件制约，文学形象建立的实质立足于自主形象塑造，这注定是一个长期的过程。可以说，澳门文学将一直行走在路上。因此，以"回归"作为讨论21世纪澳门文学的起点，这条模糊的地平线并不意味着澳门文学就此告别过去，一劳永逸地踏上一条拥抱未来的坦途。与澳门历史相关的集体无意识将成为澳门文学传统的一部分，书写澳门命运共同体新的喜怒哀乐、悲欢离合。即便如此，选择"回归"作为展开澳门文学研究的新起点仍有学术理性，一方面，文学史划分对特定历史事件具有依赖；另一方面，虽然"回归"前后的澳门文学并未发生明显断裂，但无论是从文学主体遭遇的文化心态转型，还是从澳门文学所处的政治与文化条件变革来看，"回归"作为一个新的起点具有显而易见的问题空间。

因此，选择澳门回归以来"十年"作为研究范畴自然有其不可替代的参照意义，从时间切片来看，布罗代尔的"长时段"理论提出一种全新的"历史时间"概念，他认为时间是有层次且是多元性的，他尝试用三种不同的时间来量度三种不同的历史。它们分别是: "短时段"(偶然)——适用于个体事件的时间量度,强调的是短时段内发生的、个别的人物和事件,这与我们日常生活中的时间概念相对应,对人类社会造成的影响是短期的、不持久的; "中时段" (周期性波动)——适用于描述特定时间段和特定空间内的"局势",一般变化速度相对较慢;而"长时段"——是对长时期历史现象进行深入全面研究的一个时间层面,关注人与大自然不断重复对话的长时段历史,强调地理、气候和生态环境对历史运动的作用。布罗代尔强调, "长时段"构成了历史的基础,是一切历史现象的引力中心。受这一理论的启发,将澳门文学与副刊互动研究置入一种全新的时间层面上进行研究,以此摆脱以往"短时段"研究的局限,从而获得一种整体性的新思路——当然,它又与书写文学史完全不同。换句话说,以"回归"作为澳门文学研究"长时段"的一个起点,借助历史学中有别于日常生活时间经验的一种新的时间观念,对澳门文学研究进行人为的"时间界定",目的是让研究对象在新的缓慢时间层面获得新的历史意义。

> 对于一个历史学家来说,接受长时段就必须准备改变自己的风格、态度,必须彻底改选(引者按:此处译文为"改选",疑为"改造"之误)自己的思维,而采用崭新的思考社会事物的概念。这意味着逐渐习惯一种比较缓慢的、有时近乎停滞的时间。在这个层面上,而不是在其他任何层面上(对此,后面将详述)。人们能够正当地从苛求的历史时间图式中解脱出来,以后有了其他的关注和问题,便可以用新眼光再回顾这一剧式。总之,相对于这种缓慢的、层积的历史而言,整体的历史可以重新思考,正如要从底层结构开始一样①。

---

① 〔法〕费尔南·布罗代尔:《历史学和社会科学:长时段》,载《论历史》,刘北成、周立红译,北京大学出版社,2008,第36页。

"回归"作为澳门历史时间的一个自然分界点，同时又可以被看作澳门媒体或整个澳门当代史的现代性开端，在中国政治范畴内预设一个未来澳门社会文化发展的新背景，并在这种意义上打破历史时间对人文社会科学发展的束缚，坚信和祝愿澳门文学及其传播事业由此进入新的历史阶段。

尽管有理由将"回归"作为澳门文学研究的新起点，但必须澄清一点，无论是在"回归"前后的文化心理差异方面，还是文学主体对"回归"后澳门文学的渊源进行重新确认的努力方面，都没有与20世纪30年代以来的澳门新文学观念形成异质性对立，只能说是一种"承接"和"开拓"，而并非"断裂"和"重建"。澳门的回归促使从事澳门文学相关实践的作家和学者更加深刻地思考其未来发展方向，以及如何进行澳门文学自我形象建构以适应新的历史背景等问题。另外，从文化自身所具有的文化特质和惯性的角度看，澳门文化主要是以岭南文化为主调的中华传统文化，兼容葡萄牙文化及其他西方文化，在澳门特殊的历史、地理、社会、政治背景下，澳门文化形成了其独特的文化框架与发展模式，是一种宽松、兼容、互补、独立的文化形态。这种兼容文化的独特品格促使澳门文学具备了文化融合的能力。一直以来，澳门文学都体现出一种中西混融交错的样态，那么这种文学样态会不会因为政治主权变更而产生根本性的"突变"，仍然需要我们在一个"长时段"内对其进行综合性、立体化的考察。也就是说，澳门文学属于一种边缘文化中的边缘文学，身份认同的问题从它诞生伊始就始终存在，从未消失。如果回归之前的身份问题体现为中华性的不断确认，那么"回归"之后，澳门文学的身份困境则指向以文学史书写为代表的价值追问。因此，"回归"作为澳门的一个全新历史时期的开端，对澳门文化的发展产生方向性的推动或影响，但它显然不是对传统文化的一种全盘否定。同样，"回归"对澳门文学的重要载体《澳门日报》来说，也并非文化身份和文学观念的"断裂"，因为编辑、作者、读者仍然与此前保持一致，尽管部分葡人因工作等原因可能选择离开澳门，但是华文文化场的秩序并未形成根本性的调整。进入"新纪元"之后，澳门文学形象建构的步伐不曾放缓，这得益于特区政府的大力扶持，条件亦今非昔比，从这个角度来说，这条原本模糊的文学地平线又变得清晰起来。

虽然"回归"并没有使澳门文学获得凤凰涅槃般的重生，但它对澳门文化观念的影响却不容忽视。文化的回归、文学主体的文化心态转型最终必然会影响到文学的发展。因此有必要对"回归"这一历史变革产生的文化影响进行深入研究，一方面为我们研究"回归"十年的澳门文学进行必要的文化场域铺垫，另一方面也能以"回归"为起点进行整体文化考察，尤其是它与过渡期因议题变化而形成的微妙区隔。虽然进入过渡期之后文化转型潜隐而缓慢，但作为文学的驱动力，这种文化转型实际上已经决定了回归后澳门文学的整体走向。由于涉及政治、经济、文化等盘根错节的方方面面，各方利益互相博弈，文化回归未必在中华性的统率下越来越快。

在通常情况下，一个民族的文化是在长期的历史积淀中不断积累、不断融合而成的，这种积累和融合最终会形成一种超稳定的心理结构，澳门虽然长期处于中西文化的夹缝之中，但其文化的主体和内质依然是中国传统文化。也就是说，即使经受了西方文化的洗礼和浸润，澳门文学所蕴含的文化心理结构仍然能在中国传统文化中找到它的"根"。而主权的回归恰好给这种"寻根"提供了一个合理的契机，于是，文化回归作为主权回归的附属品和重要表征，成为一种历史的必然。

澳门文化与中国传统文化的亲缘性早已众所周知，因此文化回归与中国文化传统之间的因果关系问题无须赘述。值得注意的是，文化回归的一个重要表征即是文化心理的主体性重建，在这种主体性重建的过程中，作为澳门文化结构中的一个重要主体构成，澳门的土生群体却呈现出身份认同的焦虑，这是其他同样经历文化转型的地区不曾遇到的问题，具有特殊性。澳门土生葡人的出现是中西文化交流的一个重要特色和结果，土生葡人是今日澳门本土上特殊的一个群体，他们虽然有着葡萄牙人的身份，但澳门才是他们真正的故乡。于是在文化寻根的过程中，这一群体既无法疏离这种文化转型的整体趋势，又不可能在中国传统文化中寻到他们真正的"根"，因此对这一群体及他们的文学进行专题研究，无疑具有典型性和特殊性意义。虽然以前有汪春等学者开展过相关研究，但是随着新的历史时期到来，关注他们的命运已经成为体现中国文化与学术人文关怀的重要方式。包括报纸在内的相关媒体机构如何向这样一个命运"异乡人"敞开话语关注及其言说空间，将成为突破单一民族主义立场的公共媒体需要思考并切实行动的现代性课题，这对于澳门建设多元文化交融的国际大都会具有新的战略意义。

与此同时，文化回归同样激发了文学主体的本土意识，如何实现本土意识与世界意识的包容并举，也是澳门文化转型需要思考的可能性向度。澳门基金会吴志良先生在"千禧澳门文学研讨会"开幕式上的致辞就特别提到这一点，他说："我们亦充分意识到，澳门文学面临着很大的挑战。首先，在强调地方特色和个性化的同时，我们不能回避信息时代下与日俱增的全球化问题，澳门作家必须具有全球视野，具有终极关怀的心胸；其次，澳门作家，尤其是青年作家挖掘本地题材时，既要有创新思维和精神，又要对澳门深厚的历史文化底蕴有客观、理性的透彻认识，才能深化其作品的思想性和艺术性……"① 澳门这座半岛以其特有的文化兼容能力使得身在其中的澳门作家在这种多元化的社会语境中深刻地意识到，只有具备独特的个性与价值，才能在华文文学中占有一席之地，才能真正立足澳门本土建构起具有"澳门性"的"澳门文学形象"。在过渡时期，这种本土意识的觉醒与坚守成为回归后澳门文学生命力得以延续的强大的文化心理基础，在吴志良看来，这种文化心理基础一方面表现在对本土澳门的热爱和憧憬，另一方面也隐含着对寻求未来澳门文化发展方向的困惑和忧虑，然而无论是期盼还是隐忧，这种复合型体验都意味着"回归"对澳门文化的深刻影响和文化转型的

---

① 吴志良：《立足本土，放眼全球——"千禧澳门文学研讨会"开幕词》，《澳门日报》"镜海"2001年1月17日，C6版。

必然。与之相应的本土意识觉醒，为"后回归"时代澳门文学的发展奠定基础，但是本土意识并非文学意义的全部，澳门文学面临的现实问题是与中国文学取得某种视域融合，虽然我们对中国文化中心主义保持警惕，但是必须看到中国内地深厚的文学/文化传统土壤培植出来的文学参天大树，只有以此为文学性的对照坐标，才能更好地促进澳门本土文学的发展。由于澳门所处地理环境比此前更具世界文化交流优势，立足本土，面向中国，拥抱世界，应当成为澳门文学界打造文学形象、提升文学理想与品格的远大抱负。因此，在塑造本土意识的基础上，兼怀中国和世界意识，将人文精神的折射、文化精神的自觉、生命意识的彰显等纳为文学自身发展的重要内容，澳门文学将在真正体现价值多元、美学多元、思想多元的语境中得到发展。至于"回归"十多年来取得的实绩如何，仍有待细致考察。

## 四 小结

"回归"作为一个预设的起点，暗示了澳门文学所有的可能性，而这些可能性之所以变得合理，是因为澳门已经书写、正在书写并将继续书写属于自己的辉煌历史。如果说澳门文学形象建立是一个基本任务，那么"澳门性"不仅与其自身发展轨迹相适应，也是为了更好地实现澳门文学与其他华文区域文学的现代性对话，在全球语境下展现澳门文学的独特魅力。其作为承担澳门文学建设重要的载体，也在新的历史语境中肩负光荣而艰巨的历史使命。从这个角度说，将澳门文学重置于报纸传媒空间并考察二者之间的互动，不仅具有重新阐释澳门文学的学术意义，也具有副刊/副刊文学研究应对新背景和新要求的个案微观史价值。

# 第二章　中文报纸副刊与澳门文学场之建立

20 世纪 90 年代至今，澳门有包括《澳门日报》《华侨报》等在内的九家中文日报，形成了以《澳门日报》《华侨报》为主体的报业格局。重要的中文报纸一般都设有刊载文学作品的副刊，如《澳门日报》的"新园地"、《华侨报》的"华座"等综合性副刊和《澳门日报》"小说"与"镜海"、《华侨报》"华青"等文艺副刊。澳门回归之后，虽然有《澳门笔汇》《中西诗歌》等纯文学期刊定期出版，并且为文学创作、传播、研究提供了相对安静的空间，但是副刊作为澳门文学最主要的文学园地这一特征并未根本改变，因此，所谓"框框文学"仍然是澳门文学最为鲜明的特点。

## 一　副刊：文学语境的语境

作为澳门文学最主要的传播媒介，报纸副刊既是澳门文学的载体和中介，也构成了澳门文学存在的一种语境或者"场域"，因此必然影响澳门文学作者群、读者群的培植；副刊编辑的用稿理念及其社会反响又在无形中对文学体裁、题材与主题的发展变革以及文学观念的更替产生决定性的制约作用。如果我们以近 30 年来澳门中文报刊作为整体考察对象，便会发现"回归"对于中文报纸可能只是一个意义盛大的"节日"，虽然伴随澳门身份变化它们也经历了某种意义的"洗礼"，但澳门《基本法》致力于保障的，正是"回归"之后市民的生活方式及其相关权益的维护与加强，一切实业运转也一如既往，如经营权、价值理念这些决定报纸根本面貌的情况并未出现"断裂"。所以，大部分中文报纸在"回归"之后与90年代相比，没有什么令人感觉生硬的明显差异。

副刊作为联结澳门文学与作者的重要平台，在书写、见证、认识澳门的历史过程中，不仅培养、扶持、巩固了一大批作者和读者，为澳门文学场的建立和壮大立下了汗马功劳；同时也受世界文化思想潮流深刻影响，尤其是90年代以来由审美意识形态多元化催生的青年亚文化所向披靡的号召力，文学及其出版平台也面临自我身份与社会功能的重新确定。国内副刊面对生存语境的变化纷纷做出调整，比如砍去诗歌栏目、增加生活随笔和其他更能吸引大众的版面是比较流行的做法；但《澳门日报》在坚持文学本位方面，不论是放到港澳台还是整个中国报纸副刊文学参照系里，都能赢得我们的尊敬。与80年代相比，副刊的生存语境确实发生了根本性的变化，这一点自然会反映到文学中来。"回归"前不久，江苏哲学社会科学界联合会、澳门基金会等单位于南京合作举行"澳门文学研讨会"，《澳门日报》副刊编辑廖子馨就副刊与澳门文学发表了一番意味深长的讲话：

> 从报纸的作用来说，重点是在新闻处理上，尤其随着社会商业化的压力，副刊在走向资讯化生活化的趋势下，在发挥推动地方文学的功能上有时也显得有心无力。以香港文学为参照，大多的香港报章副刊文学味道已经越来越淡薄，不及早期的繁荣，也不及澳门的副刊还能负起相当的文学责任。……因着篇幅和读者面，框框文学无法推动区域文学进一步健康壮大。以小说的困境为例。六十年代以来，本地作家便占据了相当的连载小说市场，然而，众多的作品中，精品欠奉，关键因素是每天连载数百字，为了吸引读者，最好是每日有个"悬念"，结

果：许多故事在有了漂亮的开头和丰富的中段后，后半部分往往情节拖拉，结局更是一条烂尾巴。这就是连载小说的弊端①。

相信"有心无力"是文学遭遇由商业带来的全方位挑战而产生的真实感受。报纸本来就不是文学生长的天然土壤，副刊在读者面前陷入趣味迎合与思想启蒙的迷茫，因此《澳门日报》对文学使命的承担，既有主动的选择，也承载了社会道义和文化理想的沉重希望。报纸副刊在澳门文学中扮演至关重要的角色，有点众望所归的味道。

报纸平面媒体的传统审稿机制决定编辑在处理文学稿件时握有生死直接判处权，因此，编辑自身的文学素养和价值观会在一份报纸副刊中打下深深的烙印。我们不必也不会试图追踪编辑个人的社会交往关系、阅读兴趣等这些看起来很有解读空间的东西，但必须意识到这些方方面面的客观存在，正是人的因素构成了副刊的风格，从这个层面上，我们就可以把编辑理解为副刊的一部分。正是因为副刊编辑充当澳门文学的看门人，所以，整个澳门文学的发展也具有强烈的副刊文学症候。

廖子馨在上述发言中想表达的一个观点是，副刊只是报纸系统中的一个附属部件，虽然《澳门日报》对 80 年代（以前）尤其是到 90 年代前期这段时间的澳门文学意义重大，但是随着时代变迁，副刊会以走向普罗大众为价值诉求，离纯文学可能会越来越远。造成此种局面并不单单是编辑的主观意志，更重要的因素是作者来稿。90 年代中后期以来，数码影视、互联网的迅速发展宣告"读图时代"的来临，审美越出艺术畛界渗入日常生活的方方面面（或曰"日常生活审美化"），文学作品阅读不再在市民闲暇时间中占据重要地位。因此，如何根据时代变化来调整副刊的文学承担，不仅是编辑个人的道义选择，也是报纸媒体回应读者需求谋取自身文化地位与市场价值的整体战略结果。

---

① 廖子馨：《澳门文学与报纸副刊》，《世界华文文学论坛》（澳门研讨会特辑）2000 年第 1 期。摘要刊于《澳门日报》"镜海"1999 年 12 月 1 日，D7 版。

正如副刊编辑汤梅笑、廖子馨所说:"文化副刊的开设,提高了澳门日报的格调,得到读者肯定,尤其是受到青年读者和文化素质高的专业人士所支持。文化副刊已经成为澳门日报一个无形的大广告。"① 文化品牌在澳门这样一个彻底商业化的城市里,直接意味着对文化消费的指引,文化号召力又会推动报纸影响力不断上升,二者之间的同盟关系是商业与文学/文化彼此依靠、各取所需的基本奥妙。毋庸讳言,港澳华文媒体只要是以面向市场求生存和发展的企业模式运行的,商业利润必然是社长、总编优先考虑的根本问题。社长李成俊在一篇庆祝《澳门日报》40周年的文章里自豪地回顾了报社"二次创业"的艰辛历程:

> 七十年代末,我们向银行贷款,加大报社的资金投入。搬迁新址,增添设备,革新版面,丰富内容。为了争取早日摆脱负债的困境,我们以办报为主,实行多种经营,自力更生,运用市场规律,参与市场竞争。到八十年代初,我们已将银行贷款全部清偿。经过几番起伏的磨练,本报发行数字和广告量扶摇直上,屹立于港澳大报之林,一步一个脚印,终于走上了一条康庄大道②。

1997年8月5日,澳门日报在全澳中外文日报中率先接入互联网络,向世界各地传送电子版。用李成俊的话说:"它标志着本报的发展水平和国际化程度的新里程,向全球提高澳门与《澳门日报》的知名度,开本澳报业先河。"③ 经过半个多世纪的奋斗与创新,《澳门日报》

---

① 汤梅笑、廖子馨:《总述:文化的足迹——副刊五十年的成长》,载廖子馨主编《我们——〈澳门日报〉五十年成长足迹》,澳门日报出版社,2008,第172页。亦见廖子馨《华文媒体和中华文化的传承》,《澳门日报》2011年9月26日,E5版。

② 李成俊:《迈向新世纪,再创新辉煌——纪念〈澳门日报〉创刊四十周年》,载李鹏翥主编《澳门日报四十年》,《澳门日报四十年》出版委员会,1998,第2页。

③ 李成俊:《迈向新世纪,再创新辉煌——纪念〈澳门日报〉创刊四十周年》,载李鹏翥主编《澳门日报四十年》,《澳门日报四十年》出版委员会,1998,第1页。

在澳门本地媒体中确立了龙头老大的地位，当然，传媒领域的统治性地位也会创造诸多有利因素反哺报社，使她获得更多发展机会。事实上，90年代港澳传媒给内地带来的最大启示，就是现代传媒必须充分借助市场自身蕴含的无限活力才能真正壮大，然后再去考虑承担更多的社会责任。市场"看不见的手"创造了无数财富的神话，通过渲染"需求与供应"的功利性模式，来开发、塑造社会的消费欲望与潜能，这是"回归"后澳门所处的总体性中国语境，它构成了澳门与内地中国直接关联的时代脉搏，也是澳门文学进入"历史新阶段"面对的挑战和机遇。

相比于新闻报道的隐性价值定位，商业广告从侧面反映出报纸自身所处的价值理念和语境，尽管广告背后可能是某种有待暗示、开发的消费心理。《澳门日报》刊登五花八门的广告一方面确实是为了满足澳门市民生活全方位、多层次的需要，证明澳门特区政府和文化管理机构对信息传播持兼容并包的开放态度；另一方面也表明媒体在面对集团利益和公共利益的权衡方面保持某种暧昧性。"回归"之前曾有学者针对《澳门日报》大量刊登色情广告、猎奇、绯闻类的内容表达出强烈的不满，认为报社一味迎合在西方价值观成长起来的读者趣味，格调过于"低俗"。

为了获得经济上的支持和充足办报经费，《澳门日报》不得不接受一些品味较为低级的广告。如刊出各个影院播放三级电影播放时间表，用低级、庸俗的笔调渲染三级片的内容。在刊登夜总会和浴室、桑拿广告时，版面以艳色泳装女郎来招徕、吸引读者的视线等等。这些都反映了《澳门日报》低级、庸俗的一个侧面。此外，大多澳门年轻一代受西方个人价值观的影响很深，追求个人生活的随意性和个性，喜欢阅读一些颇具刺激性和满足个人好奇心的新闻，因此，为了迎合读者的猎奇心理，《澳门日报》力求在做到版面活泼生动、丰富多彩，增加彩色照片，刺激读者的视觉的基础上，还大量刊载暴力犯罪、桃色新闻等内容，采用耸人听闻、低俗的标题，追求轰动效应。例如，娱乐版面——《艺海》，虽然内容丰富，但是四个专版中，主要追踪内地、台湾、香港艺员的绯闻、私生活，以及演艺界的无聊花边新闻，而鲜有健康、提高读者文化欣赏水平和明辨是非的客观报道。香港歌星王菲与北京歌艺人窦唯的婚变，成为近期《艺海》的主要内容，长篇累牍地渲染婚变的前因后果。为了追踪窦唯和王菲，狗仔队十八般伎俩全都用上了[①]。

　　上文的表述可能存在对"经济城市"自由与开放的语境误读，毕竟澳门报纸与内地党报党刊和生活类晚报相比是如此截然不同。翻阅自 90 年代以来的《澳门日报》，类似浴室、桑拿、夜总会这些娱乐机构发布的广告确实连篇累牍，配上祖胸露乳的女技师照片，根据服务内容和技师来源明码标价，这些内容的"格调"当然高不起来。不过，在色情服务业合法的澳门，此类广告与其他商业广告并无本质区别，报社刊登某种广告纯粹是一笔由销售部门负责的生意而已。如果剥离思想教化功能，"艺海"作为满足市民文化消遣欲望而专门打造的一道娱乐快餐，亦无可厚非。"艺海"创办于 1976年 3 月，原来主要报道香港娱乐界的最新动态，80 年代澳门旅游、娱乐产业兴起后，才逐渐把中心转移到与港澳相关的娱乐新闻上来。事实上，自 19 世纪开启工业革命进程到今天的信息爆炸时代，印刷技术和传播方式的突飞猛进给现代传播带来了深远影响，在注意力即意味着经济财富的宏大背景下，没有谁能比媒体更懂得"眼球经济"的意义及其打造途径。1981 年 7 月 6 日《澳门日报》用哈利士彩色印报机首次出版彩色"艺海"；1988 年 5 月 1 日，《澳门日报》进入彩色世界，每日有彩色版出版，其中"艺海"版率先刊登港台

_____

① 　方丽、彭伟步：《澳门日报办报特点探微》，《国际新闻界》1999 年第 4 期。

娱乐明星的彩色图片，这种技术变革当然不是为刊登明星而专门准备的，但还是能说明很多问题。

因此，副刊作为澳门文学赖以生存的重要阵地，俨然充满了"澳门镜像"的寓言意味：它通常在厚厚一沓报纸中选择一个偏僻的地方坐下，扫开不大于一个版面的地盘，小心翼翼地演绎自己的狂欢。当然，在思考澳门文学的人文理想承担时，我们也必须在现实话语语境中看到副刊文学的自身局限。众所周知，在实现文学的有效性方面，读者是不可缺席的重要一环。在澳门这样一个典型的现代都市环境中，文学接受不能寄予过高的期待，这种情形在中国内地城市和农村也已司空见惯，借助网络无远弗届的神奇能力，文学替代品的大量涌现，文学阅读群体及其阅读时间肯定会不断被蚕食。真正有多少读者会在看完新闻时事、明星绯闻这些内容之后，再去认真阅读散文或诗歌作品，从中获得审美体验或世俗批判的呢？我们显然需要保持谨慎的乐观。

我们很少看到因为阅读而产生的论争、商榷或其他互文性文章，尽管不能由此证明文学阅读与探讨的氛围存在问题，但至少还是不太活跃。假如文学接受希望获得良好的效果，一定离不开读者群体的有效参与。理想读者是文学创作的内在驱动力，但是借助副刊来讨论澳门文学时，我们不能把读者的因素设想得过于完美，虽然《澳门日报》在澳门本地的发行量首屈一指，但毕竟调动读者已经成为我们这个时代难以破解的难题。

## 二　副刊对澳门文学的塑造

澳门华文报纸副刊对澳门文学的塑造主要体现在以下几个方面：

### 1. 报纸副刊巩固、培养了澳门文学作者和读者群

报纸副刊作为联结澳门文学与作者、读者的中介，长期以来巩固和培养了一大批作者和读者，为澳门文学发展奠定了厚实基础；然

而，副刊文学由于自身的统一性和倾向性，也出现了一个无法避免的悖论：澳门中文报纸在塑造澳门文学作者的艺术个性和读者的审美趣味的同时，在一定程度上又限制了作者艺术个性的创新和读者审美趣味的提升。

长期以来，众多的澳门散文作家在澳门中文报纸副刊所提供的各种专栏里辛勤地耕耘，这种"小方块"性质的细细耕耘容易使专栏作家们产生一种惯性和惰性，伴随而来的就是对创新的忽略和对已有特色的自足，汤梅笑曾说专栏也是"双面刃"："它能使散文作者因循地生产（其中包括劣质品），它令散文扩大影响力的同时，却忽略了文学的色彩。"① 所以，当我们考察某个专栏短期内的散文时，往往会为专栏散文独特的审美风格而欣喜；但是，一旦我们把考察的时间范围扩大，就容易产生一种"审美疲劳"，因为专栏美学风格过于"稳定"。

**2. 副刊引领、规约了澳门文学体裁、题材与主题的发展变革**

前面我们简要谈及报纸副刊的附属地位，这种文学与商业媒体之间的尴尬"中介"角色，决定它在发挥作用时必然呈现出优劣明显的二元对立特色。在长期发展过程中，副刊奠定了目前澳门文学体裁、题材与主题的基本面貌，但受商业传播原则的严格制约，又束缚了澳门文学体裁、题材与主题的自我变革。

从体裁方面看，澳门的诗歌、散文与小说的发展不平衡。无论是20 世纪80 ~ 90 年代还是"回归"十年期间，诗歌、散文与小说的不平衡发展是澳门文学无法回避的事实，有研究者在总结澳门文学的独特性时指出，"本来，文学发展不平衡乃举世皆然，大陆、台港亦不例外。可是，澳门文学发展的不平衡却自有其独特之处：在文学诸品种中，诗歌、散文一路领先，小说反而滞后，戏剧则相当活跃、成绩不俗。这种格局就与大陆、台港迥然有别了"②。澳门文学各文体之间的不平衡发

---

① 汤梅笑：《托身大众传媒的澳门散文》，《澳门日报》"镜海" 2000 年 2 月 16 日。
② 王宗法：《澳门文学的独特性》，《江苏社会科学》2000 年第 1 期。

展不仅指数量上的不平衡，更重要的是艺术质量上存在明显落差。"与诗和散文相比，澳门的华文小说就逊色多了。无论是在反映生活的深度广度，或者在表现主观世界的强度厚度方面，还是在艺术形式的创新方面，澳门小说都很贫弱。"①

诗歌在澳门的繁盛有诸多原因，比如诗人多，据说一万个澳门人中就有一个诗人；诗歌团体活跃，经常举办诗歌活动；此外，澳门的诗歌发表园地也多。除专门的诗歌刊物和综合性刊物如《澳门现代诗刊》（2000 年停办）、《镜海诗词》（澳门中华诗词学会会刊）、《湖畔》（1999 年 12 月创办，季刊）、《中西诗歌》（2002 年创办的纯新诗刊物）、《澳门笔汇》（澳门笔会会刊）等外，澳门报纸副刊也经常刊登诗歌，如《澳门日报》"镜海""新园地"、《华侨报》"华青"等，尤其是"镜海"和"华青"刊登了大量诗歌，为澳门诗歌的繁盛做出了重要贡献。

在澳门所有中文报纸副刊中，散文园地最多，诸如"新园地""镜海""新儿童""澳门街""新书刊"等《澳门日报》副刊，"华青""华座""华圃""芝兰""斑斓"等《华侨报》副刊，等等，这些栏目都揭载了大量散文。那些活跃于澳门文坛的散文作者都是澳门报纸副刊的专栏作家，无一例外。他们出版的散文集大部分收集自各大副刊的专栏散文。

首先，澳门小说的贫弱的确是一个耐人寻味的现象，小说园地的匮乏和澳门小说依赖的生存语境是造成这一状况的两个重要因素。2000年到现在，澳门报纸专门刊登小说的园地只有《澳门日报》的"小说"版，与散文和诗歌遍地开花的情况相比就显得特别稀缺了，这一点直接导致澳门小说数量的稀少。另外，澳门作家的小说基本上都在"小说"刊登过，这意味着以《澳门日报》为代表的澳门中文报纸是澳门小说严重依赖的生存场所，当然小说也就要受到报纸运作模式和版面格局的

---

① 刘小新：《1980 年以来的澳门华文文学掠影》，《华侨大学学报》1998 年第 1 期。

影响，换句话说，小说直接受制于编辑的文学认知理念。2007年《澳门日报》"小说"副刊改版，由原来同时刊登长篇连载和短篇小说改成专刊短篇和微型小说，可以想见，未来澳门小说仍将以短篇小说和微型小说为主。不过，把原因推到外在客观因素显然不合理，毕竟小说首先是一个书写问题，然后才是发表的考虑。小说家寂然（邹家礼）在澳门大学举行的"澳门文学的历史、现状与发展"研讨会上指出，澳门小说的未来需要从争取、迎合读者的思维模式中走出来，保持相对超脱的写作心态、开阔的视野，才能获得小说的突破。此外，文学教育的重视，也有相当大的影响①。

其次，现实题材与情感题材的文学获得巨大发展。题材创新一直是澳门作家努力的内容之一，相比之下，现实和情感题材似乎更受澳门作家青睐，从80年代以后以周桐、林中英、廖子馨等作家为代表的身份寻找、男女婚恋等，是反映澳门文学独特性的一面旗帜，"回归"十年来的澳门文学创作仍然延续了这一趋势，但是在开掘的广度和深度上一些作品较之以往有了很大发展：它们透过一个个社会问题或情感话题，深入探讨文化、身份、存在以及人性等诸多内在要素。现实题材的盛行有许多方面的因素，比如中国古典小说写实的"大传统"，另外加上澳门地理空间的逼仄造成现实回旋余地小，管治带来的遗留问题和移民面对维护切身利益的问题很多，只要缺乏使人超脱的现实可能，现实题材自然就会成为作家的首要书写对象。但是，我们不能忽视以报纸为媒介的传播语境，以报纸为基地发展起来的澳门华文文学当年应民族危机而生，现实性可以说是澳门报纸副刊文学的"小传统"，因此先天地具有新闻性和文学性的双重属性；报纸以传播新闻为主这一特性，也要求它所刊载的作品与现实生活形成或显或隐的呼应关系，甚至在表现手法和主题意旨方面接近于新闻。情感题材的兴盛与报纸同样关系密切。读者

---

① 邹家礼：《澳门小说的未来》，载李观鼎编《澳门文学评论选》，澳门基金会，2002，第187～192页。

是报纸的生命，谁抓准了读者的阅读心理，意味着谁在激烈的报业竞争中立于不败之地。情感是每一个读者都熟悉的内容，当然，报纸副刊编辑更懂得这一点。

最后是主题与意蕴创新问题。20世纪80～90年代的澳门文学集中反映身份认同的寻觅和探索，"回归"使这个问题从政治层面获得根本解决，尽管对于新移民来说还存在文化融合的实际挑战，但是身份认同问题已经不再迫切。作为一种普遍性的主题，身份认同当然会被继续书写，并且面临文化与哲学层面升华的空间，不过更多作家选择关心"回归"之后澳门社会的发展和面临的种种现实困难。以现代诗为例，2000年以后，陶空了、懿灵等中生代诗人创作的诗歌作品不再是标志性的身份追问和往何处去的归属困惑，他们有了一个自觉的身份、政治、文化、心理的定位，大概也明白了"我是谁"。纵然仍有心理上的游离，正如懿灵所说的，那只是"诗的领域"的特殊状态而已。而在姚风、贺绫声、陆奥雷等"新生代"诗人的作品中，我们更能体会到澳门文学主题的创新与求变：贺绫声的诗歌充斥着对爱情理性而冷静的思考；陆奥雷虽是土生土长的澳门人，但是作品中却有一种自觉的本土寻根意识，对各种社会问题的思考，使他的诗歌更有深度和内涵；作为一个评论家兼诗人，姚风的诗歌相对更成熟些，在意象运用以及在诗歌符号选择上非常讲究，他的诗从生活出发，努力还原出生活的本真意义。

澳门文学"回归"十年致力于主题的创新求变，并且取得了可喜的成绩，但是我们也看到，一些作品仍然在张扬那类司空见惯的庸常主题，而缺乏对人性、存在、文化等深沉意蕴的思考，这一点在一些散文作品和小说作品中表现得较为明显。我们不禁要问，是什么原因造成了这样一种状况？

从澳门文学依赖中文报纸这一角度，或许能够发现一些线索。托身于中文报纸的澳门文学，对社会热门话题往往保持着极度的敏感，社会上一个热点话题的出现，总能够吸引众多澳门作家的目光。究其原因，可以归结为大众传媒的"议程设置"作用，媒体通过主导相关议题来主导大众的注意。"议程设置效果在极大程度上是由媒介报道的特点决定的；只在极小程度上是由这些消息的接收者的特点决定的。大众传播是一个社会的过程，在这个过程中，相同的信息通过印刷、音频或视频方式被散布到广泛的人口中。这些信息的许多特点会影响许多人去关注信息，而且至少理解信息的部分内容。"① 因此，正如话题不同于社会问题本身，新闻热点可能并非真正的社会热点，同类文学题材的同时出现，某种程度上说明作家受舆论左右，与自己个人的现实发生脱节。即便是针对真正关注的社会现实及时发声，也有商榷的余地，迫近社会问题固然能够体现作家极强的社会责任感，并且有可能部分地实现文学所具有的"干预现实"功能，但它也往往使作家很难沉下心来进行深度思考，这种状况下创作的作品自然难以雕刻出古老深沉的意蕴。学者蔡江珍认为澳门的"专栏"散文抹去了私人写作的隐秘性和个人风格，成为一种公共常识的轻率批发，实际上消解了开掘现实的可能性："'专栏'作品的一种隐晦的公共风格通常是：贴近生活、直抒胸臆、文风琐碎、下笔草率。当某种公共风格趋于明朗时，也就意味着它正在抹去私人写作的隐秘性和独特的个人风格；个性的遮蔽无疑意味着卓越品质的晦暗。事实上，当写作变得过于随意时，它消解的正是作者意图中的真实品格：当写作者无暇深入思索时，那些习以为常的内容和经验之谈，除了表明一种平行记录现在生活的准真实性外，又如何能为现实开启新的维度？"②

另外，报纸副刊的版面特点也极大地束缚了澳门作家深入开掘作品主题的可能性。报纸副刊上的版面往往被切割为一个个框框，并冠以专栏的名称，每一个框框所能容纳的文字多则几百，少则百十来

---

① 〔美〕马克斯韦尔·麦库姆斯：《议程设置：大众媒介与舆论》，郭镇之、徐培喜译，北京大学出版社，2008，第57页。

② 蔡江珍：《在寻常中追索新的可能——澳门近年散文随感》，《世界华文文学论坛》2000年第1期。

字，一篇上千或数千的作品则需要占据副刊版面的大半篇幅甚至整个版面，而编辑者们出于各种考虑却往往不愿意用一个版面的篇幅来刊登一两篇作品。于是，澳门文学的许多作品尤其是散文和小说，往往还没深入地展开，就因版面限制而不得不匆忙结束。而那些专栏作家和长期为中文报纸撰写小说的作家，在创作的过程中也会考虑到版面篇幅并形成一种创作惯性，久而久之就流于惯常的那些东西，而未能深入哲学、文化的层面，正如有学者在谈论澳门散文时指出的："许多散文都是发表在报纸的副刊上，受到版面的制约，'气'发挥不出来。"① 确实如此，许多文学作品的深沉意蕴多被报纸版面制约，未能获得充分开掘。

**3. 报纸见证、推动了澳门文学观念的更替**

澳门中文报纸与澳门文学观念关系密切，它生动地记录了 20 世纪 80 年代以来澳门文学观念的更替变化。1983 年 6 月，澳门历史上第一份纯文学副刊《澳门日报》"镜海"的创办，是澳门文学史上的重大事件，其意义不断被诠释；之后是韩牧在"港澳作家座谈会"上提出建立"澳门文学形象"的构想；随后很多年，以《澳门日报》为代表的中文报纸副刊一直为"澳门文学形象"的建构助力，成为积极推动这一文学理想实现的主要阵地。我们不再重复讨论有关"澳门文学"概念与形象探讨的过程，从 20 世纪 80 年代到"新世纪"的十年间，这个形象是否建立起来，意见可能人言人殊，但是在努力建设的过程中，报纸副刊都发挥了重要作用。正是借助于诸种文学平台的积极参与，"澳门文学"形象才日渐变得清晰和丰满。

澳门中文报纸通过开展广泛的文艺批评，影响澳门文学观念的更替。"镜海"是澳门本土重要的文艺批评阵地，1999 年至 2008 年间，刊登各种文学批评和研究文章计 200 多篇，它们从不同角度对澳门文学的历史、现状和未来进行讨论，不论见解如何，至少会起到引导人们了

---

① 范培松：《澳门女散文家述评》，《世界华文文学论坛》2001 年第 1 期。

解和认识澳门文学的作用。此外,报纸副刊通过影响作家的艺术个性和读者的审美趣味改变澳门文学观念。这一点往往不易被人们所察觉,因为这种影响不仅是间接的,更主要的是它是一个漫长的过程。20 世纪 80 ~ 90 年代,陶里等在澳门中文报纸上提倡现代主义诗歌,影响了一大批诗人和读者,使他们逐渐习惯现代主义的各种表现手法,从而为澳门诗歌现代主义观念的形成产生了重要作用。进入"新世纪"以后,越来越多的诗论家和诗人在澳门中文报纸上提倡后现代主义诗歌,虽然它目前并未成为澳门诗歌广为采纳的艺术观念,将来一定有更多诗人从事后现代主义诗歌的创作探索,带动更多读者去接触后现代主义诗歌,这肯定是极具认识意义的知识推介。

## 三  文学的改造

从传播学角度说,文学与媒体互为依托,在澳门这样一个难以支撑纯文学商业运转的都市空间,报社即使通过亏本的方式也要办好副刊,因为它是塑造媒体文化影响力的组成部分。所以,问题的关键不在于副刊的有无,而是如何将副刊做得更好。澳门文学作为支撑报纸副刊的重要主体,有效地提升了媒体的文化品位,比如对澳门文学倾注心力最多的《澳门日报》,不仅在澳门本地市民中深入人心,也在外省获得良好声誉。此外,文学拓展了中文报纸的新闻表达空间,重构了报业的文化队伍,加强了澳门中文报纸的媒体竞争能力,以下简要分述之。

### 1. 文学拓展了新闻表达空间

文学与媒体之间的相互关系,并不单纯表现在媒体对文学的限制与规训,在媒体实际运转中,文学也从某种角度对平面媒体起着积极的改造作用。这种作用首先体现在新闻作品的文学化和文学自身的现实性调整上,关于后者,我们在前文已有所述及。路善全在分析报刊媒体对文学的渗透时指出,报刊主要是发布新闻信息的,因此报刊上的文学应该体现这种新闻价值和由新闻引发的深度思考。也就是说,报刊文学加强了新闻的渗透①。我们说报刊文学具有新闻属性，依赖澳门中文报纸的澳门文学从一开始就带上了报纸主导的因子，报纸副刊上的许多文学作品，有时是主报新闻的一种回应与延伸，或者说是一种具有文学性的"软新闻"，对主报新闻引发的问题进行补充和深化，这在散文、随笔类文学作品中经常出现。澳门"回归"后，每年12月份的副刊文学都会以各种形式参与"回归"活动的纪念。为纪念"澳门回归五周年"，2004年澳门基金会联合中国作家协会、百花文艺出版社、《澳门日报》和澳门笔会等机构发起了"我心中的澳门"主题征文活动，到2008年为止已成功举办三届。《澳门日报》"新园地"专门为此开设专栏"我心中的澳门"登载获奖散文和其他同类作品。"我心中的澳门"专栏中的不少文学作品是与"回归"相关的历史事件记忆，我们可以将这些文学与历史折中的作品视为纪念澳门"回归"相关系列报道的文化延伸，激励作者以个人的视角观照澳门，加强读者对"回归"之后澳门的情感认同和文化认同。新闻与文学的互文书写有效拓展了新闻的表达空间。

路善全将报刊文学新闻化概括为四种主要表现形式："一是关注选题的即时性、贴近性、显著性。二是要求传播内容的构成主体必须体现真实存在的人和事，并抓住事件本质的'真'，让受众读后觉得可信可亲可读。三是在传播效果上，提高对受众的约会力、亲和力和诱惑力，为受众提供其想获得而未获得的衣食住行等各方面信息，增加动态的信息含量、知识含量、文化含量和科技含量。四是在视觉效应上有独特的版面风格和语言。"② 澳门文学基本采用以上四种形式拓展中文报纸新闻的表达可能，第一种和第二种形式通过澳门文学现实题材盛行即可看出，第四种形式在《澳门日报》"新书刊"（后改为"阅读时间"）的版面语言和风格上也有明显反映，限于篇幅的关系这里仅仅分析一下第

① 路善全：《中国传媒与文学互动研究》，中国社会科学出版社，2007，第70页。
② 路善全：《中国传媒与文学互动研究》，中国社会科学出版社，2007，第86页。

三种形式。新闻的核心是信息，一种有效的传播应该是让受众充分地获得信息。自 2000 年后，副刊开辟了旅游专栏和文化专栏，专栏文章采用游记、介绍等多种方式，为读者提供了澳门衣食住行的信息。"新园地"长期或固定发表旅游散文的专栏有"中华揽盛""域外见闻""海外寄柬"，刊发旅游散文的专栏则有"二弦""美丽街""优质混沌"等。这些旅游散文视野开阔，所介绍的景致涵盖澳门岛内和岛外，是澳门读者了解岛内及岛外世界的重要窗口。

**2. 文学重构了报纸的整体文化队伍**

当前，包括澳门中文报纸在内的众多报刊都在积极提倡打造和提升报纸的文化品位，即软实力，而澳门文学在这一进程中所能起到的作用是非常明显的。

由于澳门不存在所谓的"专业作家"，文学作者来自各行各业，加上人际关系相对紧密，文化相关从业人员大都与文学具有或多或少的关系。澳门文学是报纸副刊乃至整个报业集团的有机组成部分，它直接参与中文报纸文学品位的建构，同时，因文学创作而进入报馆的人大有所在。《澳门日报》还有一个"澳门日报作家群"，组成了一支规模壮观的作家队伍，包括林中英、廖子馨、寂然、黄文辉等中坚力量在内，从年长的李成俊、李鹏翥到年轻一辈的贺绫声，他们都是澳门文学界重要的作家代表。

"回归"十年来，文化内涵成为各大报纸着力打造的内容，中文报纸的文学品位有了大幅的提升，这一提升最关键的要素，则是文学对报社人文底蕴特别是编辑、记者的文学素养的影响，其中又以文人入驻报馆为直接有效的方式。

报纸的文化品位主要指文化上的分量和文化的价值取向。为了打造和提升报纸的文化品格，报纸积极加强对综合性副刊和文学副刊的建设，创办、扶持了大量文化专栏，比如《澳门日报》"新园地"就有如穆凡中的"东柳西梆"，陈怀萱的"夜航船""饮墨斋杂记"，冬春轩的"笔雯集""摩登漱玉"，常宗豪的"思玄阁随笔"等大量的文化专栏，而《澳门日报》为了彰显其文化追求，2007 年改版时，甚至在各大副刊名字前均冠以"文化"二字。澳门文学是中文报纸文化品位的支撑，从文学创作中发现人才，是澳门本地报纸实现人才更新的重要途径，这样一种良性循环不仅对于平面媒体的发展建设有利，重要的是让澳门文学本身获得更有力的支持。网络时代给平面媒体带来了前所未有的挑战，这种处境同样发生在传统文学领域，显然，澳门中文报纸在推动澳门文学向纵深发展方面开始表现出某种保守的姿态。未来澳门文学应该借鉴周边区域文学发展的经验，改变以澳门中文报纸为主的传播方式，积极探讨综合运用纸质媒体、电子媒体与数字媒体的多元传播方式。在积极应对网络时代的文学创作及其传播方式方面，活跃于双重平台的这批澳门文学编辑和写作者，首先被赋予了更加具有时代意义的使命。

### 3. 文学加强了报纸的竞争力

正如廖子馨所说，文学副刊作为中文报纸着力打造的一项品牌资本，在加强澳门中文报纸竞争能力方面起着免费广告的作用。

文学作品与报纸其他内容的巨大差异，赋予了报纸独特的文化内涵，这对于澳门本地文化修养较高的群体具有强大的吸引力，提高了报纸的媒体竞争能力。"新世纪"以来，随着生活节奏日渐加快，都市中的人们开始寻找精神和心理抚慰，副刊文学正是发挥了其独特的审美与娱乐功能，使人们在紧张的工作之余获得休闲和陶冶，提升精神文化品位，排遣澳门人在现实社会中积压的各种情感和心理郁结，这就必然能够吸引更多的读者，进而增强中文报纸竞争力。

澳门文学庞大的读者群是澳门中文报纸的重要消费对象。不同媒体之间的竞争归根结底是读者群体的争夺，谁能够拥有更多的读者就意味着谁占有了更大的市场份额。"回归"十年来，澳门经济走上飞速发展的轨道，吸引着越来越多的技术移民和投资移民，因此读者群体也在不断扩张。文学副刊培植了一个庞大的读者群体，这一群体涵盖澳门社会各个阶层和各个年龄段，比如《澳门日报》"镜海"就拥有一批稳定的高素质读者；"小说"副刊则吸引广大市民阶层和学生群体；"新园地"

由于内容包罗万象，不同兴趣和口味的读者都可以找到阅读对象，读者群体的来源更加广泛。

## 四 "副刊能寄托些什么希望"

虽然我们在上面谈到文学与副刊之间相互促进，这种关系在某种意义上说剥离了复杂的现实操作背景，从纯文学的角度看，报纸副刊与文学理想无疑存在无法破解的内在悖论。关于这一点，沈从文的体会可能最多。从 20 世纪 30 年代进入《大公报》编"文艺"开始，副刊耗费了他大量的创作时间。40 年代后期沈氏曾经同时主持三家重要报纸的文学副刊，投身于组稿、逼稿、审稿、改稿、转稿、退稿、复信（即"废邮存底"）等琐碎事务中，全力以赴地实践通过"重造文学"达到"重造青年""重造社会""重造国家"的文人理想。其中，又以《益世报》"文学周刊"耗费精力最多，创刊伊始，他就提出："希望它能有作用，即在年轻一代观念情感中能消毒，能免疫，能思索，能独立，不至于还接受现代政治简化人头脑的催眠，迷信空空洞洞，'政治'二字即可以治国平天下，而解决国家一切困难与矛盾。"① 一周年后在摘引"编者言"而改为"一个副刊能寄托些什么希望"的宣言中，他再次声明副刊不凑热闹，鼓励作家加深学习兴趣，超越近功小利而作寂寞的长远跋涉。"要使副刊像个副刊"，他将副刊定位为"对作者将为一个自由竞争表现新作的据点，对读者将为一个具有情感教育的机构，作者与读者间能建立那么一个新的关系"②。同时他也提醒作者和一般读者不必因寄予过大希望而失望，这说明通过具体行动，他意识到副刊自身能发挥的实际作用很有限，更不能以竿立影见的功利心态来期待。时代不同，某些使命已经无须文学副刊承担，即使只寄托作品自由竞争、

---

① 沈从文：《编者言》，《益世报》"文学周刊"1946 年 10 月 20 日，第 6 版。
② 《一个副刊能寄托些什么希望》，《益世报》"文学周刊"1947 年 11 月 1 日，第 6 版。

情感教育、作者与读者新关系塑造这样一些比较现实的希望，在不少内地报纸那里可能也不太容易了。

澳门长期以来缺乏定期准时出版的文学刊物，文学作者严重受制于文学发表场地，只能把希望寄托于报纸副刊，文学副刊在 80 年代临危领命，逐渐成为塑造澳门文学场的决定性力量。正如上文所述，副刊必须在它自身能力上体现出某种品牌价值以吸引读者，这种附属地位决定澳门文学在创作、发表等诸多方面体现出对副刊局限性的包容和尊重，换句话说，文学场的自主性必然会受商业因素的干扰和侵蚀。廖子馨坦承 90 年代以后《澳门日报》连载小说减少的原因，首先是编辑们认为"九十年代澳门的生活节奏亦趋快速，连载小说渐渐失去昔日因缺乏消遣而能吸引住读者的因素"，其次则是编辑认为"新一代小说作者不满足写实效果，跃跃欲试新的小说创作技巧，在人物、事件安排、时空等各个元素上都想摆脱传统手法，用全新的叙述方式来说故事；可是，如果在连载中大玩这类艺术技巧，故事就会显得凌乱破碎，不但得不到艺术效果，还会造成反效果，又影响读者的阅读兴趣，作者也吃力不讨好"[1]。显然，她给出的减少或者拒绝长篇连载的两个理由均是从读者的阅读兴趣出发，并非完全出于对澳门文学根本发展的考虑。

所以，我们面对极度依赖《澳门日报》《华侨报》等以新闻为主业、副刊为附庸而搭建的文学场，必须理解其脆弱性，从版面限制的硬性条件来看，澳门的"大文学"类别就很难说受益于报纸副刊，更多作者愿意把小说交付《澳门笔汇》发表，或者寄给香港、台湾以及内地的相关文学期刊。60～70 年代"离岸文学"的产生，固然有特定时代背景中的难言之隐，但被副刊所规训的写作，不论是篇幅还是艺术手法，必须设身处地地考虑副刊编辑的立场甚至对其言听计从，不然就会

---

① 廖子馨：《澳门文学与报纸副刊》，《世界华文文学论坛》（澳门研讨会特辑）2000 年第 1 期。

失去在文化空间发声的机会，这种发表渠道单一造成的精神压抑，是澳门文人成长过程中不得不面对的处境。但是，作为安顿生命的生存地，澳门面积可以用标尺衡量，意义却不能用某种外在的标准去判断，只要有人选择栖居这里，对他来说这里就意味着百分之百的家园。因此，文化/文学场的苦闷也会化身文学场的建构材料，成为写作的对象。当苦闷转化为对城市地理的文化思考，小城最直接的现实就在文学中获得了表达与阐释的契机。正如寂然在系列散文《点解澳门咁 Q 闷》（大意是"为何澳门如此闷"）中表达的"闷"一样："我经常问自己：身为澳门人，我们生活上最大的问题是什么？我的答案多年未变，只有一个字，就是闷。我的闷，从头到脚，自小至大，由形而上至形而下，由外到内再到外，总之，好闷。那是一种气氛，一种情绪，一种死结，一个困局。"① 寂然可能是澳门文学圈里最具有存在感的青年作家之一，与新移民闯入澳门遭遇生活移植、文化适应的直接痛苦不同，他所有生命感性皆深深扎根于澳门母土，疼痛与快乐因而是内敛的；他一边借用文字的途径不断向读者提出问题，一边又希望读者把世界当成问题来理解，这是个体与空间之间的内在紧张而产生的诗性超越。

　　并非所有的苦闷都可以化为写作的动力和内容。生产机制之所以能产生规模效应，是因为制度具有重建秩序的话语权威，对于文学作品来说，发表意味着被制度审核与评估体系认可，为了达到这一基本目的，文学创作首先需要体现出对制度的敬畏，而不是对文学自身的思考。按报纸副刊的要求控制篇幅，注意雅俗共享，看起来是作者与编辑因默契达成的契约关系，在这样一种看似合理的标准面前，作家实际上交出了文学的艺术个性来兑换制度的认可。在商业媒体强力意志面前，作家与文学处理的自主性必然很少，作家需要做的就是按规格批量生产，并及时交货。这种失去自主性的苦闷大概是专栏写作者尤其难以避免的，所以，黄文辉一针见血地指出：

---

① 寂然：《点解澳门咁 Q 闷》，《澳门日报》"新园地" 2007 年 3 月 14 日，F2 版。

汤梅笑小姐呼吁"澳门散文作家要拿出大气、有深度的作品"，我却以为澳门的文学一天没有摆脱副刊文学的影子，就一天都没法达到这要求①。

黄文辉想表达的不是副刊不能刊载这些作品，而是因为副刊的运行不是由文学来带动的，只要副刊存在于报馆、商业体系中，它就必定无法按照文学的标准择汰作品。在笔者看来，当副刊以"为商业而文学"或"为宣传而文学"作为自身的安身立命原则时，自然无法兑现真正意义上的文学使命。在编辑权力控制发布和传播机会的文学场域中，如果是一个平庸的编辑牢牢把持一个副刊，那些超出编辑"法眼"的先锋作品，即使是真正的优秀之作也很难有出头之日。所以，副刊决定性力量的介入并成为澳门文学场各构成因素中"资本力量"雄厚的一极，从某种意义上说，副刊可以左右澳门文学场的运行状况。根据目前的境况来看，澳门文学的主要阵地仍然在副刊，仍然是"框框文学"在主导澳门文学的基本生态，"副刊能寄托些什么希望"这一穿越半个多世纪的终极性问题，此刻构成了澳门文学的全部疑问、困惑与希望，除了副刊自身，还没有谁能替它做出回答。

---

① 黄文辉：《胡悦胡阅——兼论澳门文学与报纸副刊之关系》，《澳门日报》"镜海"2000 年 7 月 12 日。

# 第三章 持续的文学激情："回归"十年文学分类考察

## 一 澳门新生代诗人主体变迁与"诗城"再造

在澳门文学诸文类中，诗歌历来被视为成就最高的一种，其中云惟利当年赠予澳门"诗城"的称谓，更是批评家谈及澳门诗歌发展状况时乐于提及的[①]。较为理直气壮的解释是李观鼎先生的"密度说"："澳门是名副其实的诗城。四十万人口，四十多位骚客，平均一万人中就有一位诗人……城小诗多，已经成为澳门文化的一大特色。"[②] 更为实证的说法，则是邓骏捷统计 1976 年至 1994 年间"澳门华文文学书目""澳门华文文学作品选辑篇目""书刊论文篇目"后得出的结论："从数量上看，无论是结集出版或被海内外杂志选辑的作品，以及评论文章，新诗类都稳占前列；所以说澳门是诗的基地，应是毋庸置疑。"[③] 无奈

---

[①] 云惟利在回顾十年澳门文学（从 1983 年算起）的一篇文章中以"澳门是个诗城"作为小标题，并且解释说："一九八三年，何达先生来澳门讲诗，听者众多。他于欢喜之余，盛赞澳门是'诗的基地'。近十年来，澳门诗人和诗作都为数不少，使诗界于澳门文坛最为活跃。澳门确是个诗城。"见云惟利《十年来之澳门文学》，《澳门笔汇》1994 年第 7 期。

[②] 李观鼎：《边鼓集·后记》，澳门基金会，1996。

[③] 邓骏捷：《澳门华文文学研究资料目录初编》，澳门基金会，1996，第 3 页。

此类文化标签不能申请专利，在中国内地，诸多城市被赐予或正在积极争取被赐予"诗城"的封号，充斥在各种宣传材料中的地方就有白帝、江油、洛阳、常德、淮安、泉城、阳朔、马鞍山、岳阳……随着各地以文化建设为名目的资金大力加注，这个名单必定将不断延伸。所以，我们谈论澳门诗歌，首先要拆解"诗城"这顶华冠，以及由诗人队伍、诗歌数量堆积而成的繁华外表，转而寻找"诗"与"城"之间的精神文化关联，从尝试诗意栖居的可能性维度出发彰显文学空间/媒体与生存空间/城市的默契互动。

至少就诗歌经典与经典化一项而言，这么做是有理由的。澳门当代诗坛显然不能让现代诗人闻一多作持续之代言，在各种描述澳门诗歌发展的理论文字中，《七子之歌·澳门》庶几成为见证异族管治命运甚至有关澳门诗歌记忆的唯一经典，而这一段历史已经随"回归"而彻底终结。因此，重建澳门诗歌经典意味着"诗城"的再造，不仅与澳门文学形象打造获得文化与政治意义上的精神契合，也是考察自20世纪80年代以来澳门诗歌高速发展所取实绩以及相关反思的必要。如果要使有关澳门诗歌的表述溢出小城的地理畛界，不再以一种自娱自乐的地方知识或技艺而存在，需要接受巴赫金所说的文学"外位性"原则①。从某种意义上说，外位性原则不仅是一种建立有效维度判断文学他者的方式，而且是基于不同文学的对话可能寻找新的

---

① 巴赫金提出的文化"外位性"原则，简单地说就是理解者不抛弃自身的时间、空间、文化立场去理解他人的文化与文学。只有植基于自我的理解，才能使理解他者的过程不至于陷入他者的思维局限，在文化之间展开富于创造性的对话。"在文化领域中，外位性是理解的最强大的推动力。别人的文化只有在他人文化的眼中才能较为充分和深刻地揭示自己（但也不是全部，因为还会有另外的他人文化到来，他们会见得更多，理解得更多）。一种涵义在与另一种涵义、他人涵义相遇交锋之后，就会显现出自己的深层底蕴，因为不同涵义之间仿佛开始了对话。这种对话消除了这些涵义、这些文化的封闭性与片面性。我们给别人文化提出它自己提不出的新问题，我们在别人文化中寻求对我们这些问题的答案；于是别人文化给我们以回答，在我们面前展现出自己的新层面，新的深层涵义。"巴赫金：《答〈新世界〉编辑部问》（《巴赫金全集》第4卷），钱中文译，河北教育出版社，2009，第411页。

意义空间的途径，通过交互理解和阐释充分发掘出文学赋予世界的价值。

## （一）澳门诗歌空间成为问题

由于葡澳当局对澳门华文文学长期持不资助不反对的态度，澳门文学的处境极为艰难，澳门诗人在 20 世纪 80 年代面临的最大困境是发表空间的逼促。因此，1983 年《澳门日报》"镜海"副刊的开辟，有效地缓解了作品发表的困难，但是发表问题的真正解决，无疑有待于 90 年代文学社团与同人刊物的组建。除《澳门日报》《华侨报》等大型报纸定期推出的文学副刊之外，文学期刊如《澳门笔汇》《澳门现代诗刊》《澳门写作学刊》《蜉蝣体》等相继问世，与 80 年代相比，空间本身不再构成某种压迫性的难题，甚至还会出现约稿困难的情况①。正如廖子馨所说，出版不定期是约稿难最为重要的因素，但也从另一个方面说明，文学必须通过慢节奏来打磨，作家手里没有太多积压的存货，加上出版周期的不确定，部分地解释了澳门本地作品一稿多刊的情况。同时，90 年代澳门文学与内地的交流更为频繁，以集结的方式刊发作品的内地期刊就有《作品》《特区文学》《四海》《诗刊》《诗歌报》《台港文学选刊》《广州文艺》等等，而个人投稿自然更加灵活、方便。此外，五月诗社、澳门基金会、澳门日报等文化机构还推出了系列文学丛书。概言之，由此组建的多元文学空间，数量上大体可以维持"诗城"诗歌的生产与发表平衡。

由于文化共同体的客观关联，90 年代澳门诗歌的遭遇与内地纯文学的命运大致相似，知识分子遭受现代性反思、外部生存条件变革、市

---

① 廖子馨对比了编辑《澳门笔汇》与《澳门日报》的区别："近几年我参与《澳门笔汇》的编委工作，便亲身体会到要组织一期会刊的稿件实在辛苦；我本身又是在报馆工作的，对比起来，投稿报纸副刊的文章每天像雪片纷飞而来，但为文学会刊集稿却要三番四次的打电话约稿、催稿——为什么会这样？主要原因恐怕是不定期出版的缘故。"廖子馨：《澳门文学与报纸副刊》，《世界华文文学论坛》（澳门研讨会特辑）2000 年第 1 期。

场经济兴起等一系列因素的严重冲击，价值"断裂"、理想失落在给澳门诗人带来空前困惑的同时，也为反省文学与自我提供了一个难得的历史机遇，当然，也正是这样一种无情的社会价值体系重构，促使文学返回到自身的位置。

作为与报纸副刊相对照的一个纯文学空间，《澳门现代诗刊》的自身遭遇无疑具有作为思想文本解读的意义。从陶里撰写的文章中不难发现，《澳门现代诗刊》是五月诗社承担澳门90年代诗歌理想的平台与方式："诗社理监事的共同愿望首先是培养出澳门诗坛的新一代，其次是把澳门的诗创作繁荣起来并把她送出澳门，提高澳门文学的国际地位。在条件许可下，我们将作更广阔、更大规模的现代诗交流活动。"① 刊物前后持续十年（1990年12月至1999年12月），编出17期，其中1997年至1998年间出版的第10、11期，第12、13期，第14、15期为合刊，共计14本，发表诗歌598首，评论文章110篇②。诗刊的"编后语"为人们传递了更多充满"时代情绪"意味的信息。据黄晓峰先生透露，《澳门现代诗刊》是被澳葡政府资助的（一期一万澳门币），如果是在80年代，这些钱可以轻松解决相关开支，甚至可略付稿费让"哥们儿"去"随便叫点心"消费一顿，到90年代就难以对付了③。诗刊印数规模基本保持在1000册，开始定价澳门币20元，后来调整到澳门币30元，自第16期起定为澳门币35元。《澳门现代诗刊》虽然获得了定额补贴，还可以销售出一小部分，但是自开办之日起似乎就面临着经费和稿源的双重不足。

稿源不足影响到刊物的定时出版，不能定时出版又影响诗人的寄稿兴趣，于是陷入恶性循环之中。第16期的"编后语"向读者全面交代了诗刊面临的困难，呼吁本地诗人踊跃投稿，不论是语气还是信息披露

---

① 陶里：《五月诗社的成立和发展》，《澳门现代诗刊》1990年创刊号。

② 数据来源于吕志鹏《澳门中文新诗发展史研究（1938~2008）》，社会科学文献出版社，2011，第249页。

③ 黄晓峰：《编后还想噜嗦几句》，《澳门现代诗刊》1992年第5期。

的程度，皆大大超出此前只言片语的范围，证明刊物面对持续生存的压力越来越严峻：

五月诗社度过十个既艰辛又愉快的岁月。踏入第十一年即1999年，诗社面临更具挑战性的时刻。

首先，由于我们出版工作上不应有的疏忽，致使有关部门搁置赞助出版经费，直到四月尾才有条件地恢复对诗刊出版工作的支持，所以拖延了出版期。

第二，征稿工作困难。现代诗是较高层次的文学艺术，就算是老诗人或成熟的青年诗人，不是说要写就可以挥笔成章的。有了激情或题材，还需要经过沉淀，升华和艺术加工之后才可以过自己的一关的，因此，要完成一首现代诗，需要有一个过程。

第三，五月诗社的"老"诗人大都忙于个人业务，"淡出"诗坛已有一段日子，要他们"重操故业"，谈何容易！"新生代"已经成长，诗社的前途完全寄托在他们身上。但是，他们都已经踏上了社会，分别在不同的岗位上发挥应有的作用，写诗成为业余兴趣；而且，随着时代的需要，他们追求着一个又一个学位，学术的成就成为他们眼前的当务之急，对诗的热情，今非昔比；支撑诗社出版工作的朋友，肩负着沉重的担子！

本期诗刊，原拟于八月初出版，但一拖再拖，到了今天才与读者见面，虽然迟了些，但总算有了个交代。

我们虽在百忙之中仓卒组稿、编辑、排版、校对，但自问并不抱着应付了事的态度。写稿的朋友虽知是义务的，但总是努力做到最好才把诗稿交给我们，在质量上得到了保证。这保证，我们认为不仅是眼前而是有历史意义的。五月诗社十年的业绩已经得到国内外文学界的肯定和赞扬，我们将坚持下去，就算我们的出版工作被迫停止了，五月诗社同仁们努力创下的业绩，也将光辉地长留在澳门的文学史上。

　　本期的社员作品分明少了些，我们不得不补充一些外地诗人的作品。借此可以让本地读者作个比较，并非比个高下，而是观摩各地现代诗风格的特色，它们有相同的面貌，也有不同的性格。这都由于社会条件、历史背景和文化角度的不同造成的。尽管它们有这样那样的不同，但我们保证，这些作品都经过我们细心阅读之后精选出来的。

　　澳门喜欢现代诗的人越来越多，写现代诗的人也越来越多。但每当我们征稿的时候，总是困难重重。据说，大家过分重视《澳门现代诗刊》，不敢遽尔投稿，那顾虑使我们喜愁参半，喜的是读者看得起诗刊，愁的是长此以往，诗刊永远只属于五月诗社成员的刊物，不属于澳门爱诗的人的，那就可哀了。我们借此呼吁大家今后踊跃赐稿，让《澳门现代诗刊》真正属于澳门爱诗的人的①。

　　因此，《澳门现代诗刊》在出版到第 17 期即宣告"放假"，看起来是经费资助不到位的原因，不如说它反映了在澳门这样一个小城发展纯文学的现实困境。李观鼎先生强调澳门诗人比例很高，其实忽略了诗人与读者基数很小的关键问题，人们可能会以"麻雀虽小，五脏俱全"来为澳门开脱；但如果换一种思考角度，"五脏虽全，麻雀太小"，想必会增添更多忧患意识②。可以说，这种"小格局"对于整个澳门文学都是一种无法改变的面貌，而不仅仅是诗歌方面。因此，澳门文学对于理想读者的期待与想象，同样需要有现实、冷静的认识。

　　诗歌是一种体现拒绝性的语言艺术，读者在挑选它的时候，它也同

---

① 《编后语》，《澳门现代诗刊》1999 年第 16 期。
② 较先使用"麻雀虽小，五脏俱全"来形容澳门文学的是缘源："澳门地方逼仄，但'麻雀虽小，五脏俱全'，历史悠长，几百年间沧海桑田，包含着许多令人回味无穷的人间故事，犹如一部历史传奇。"缘源：《澳门文学现状窥探》，《澳门笔汇》1992 年第 5 期。

时在挑选适合自己的读者。从陶里在第 14～15 期代编后语的《是诗人反思的时候了》一文隐约可看出《澳门现代诗刊》销售不太理想的原因可能是诗刊里登出的诗歌不太受澳门读者注意。不过，反思本身不是因为迎合读者的胃口，而是从语言本体出发，避免他所理解的"现代诗"误入语言迷信的歧途："这一次专辑，我们并没有要求澳门现代诗人改辕易辙，写出让读者'读懂'的作品。但笔者有个期望：愿诗人们不再把自己的语言方式与现代汉语完全对立起来，而诗的含义也尽量鲜明些。面对新形势，我们有必要重温传统，调整思维方式，甚至从头再来，以新姿态步入二十一世纪，摆脱'贫乏'困境，力挽'艺术准则'狂澜于既倒，则诗坛幸甚。"① 庄文永发表在诗刊最后一期的回应文章中，专门谈及新时代普罗大众精神生活多样化的现实变化，但他主要把问题归结为"诗歌的高高在上"，并且失去美感，所以偏离了读者群体："当代诗歌缺乏美感，诗以美为特质的美学观念在当代日益淡化，诗美世界里并非是一片晴空，而是到处飘飞败枝残叶。毫无疑问，诗已失去了美的特质，继之而来的是一堆堆语言魔块，充塞在人们的审美空间。使读者望而兴叹，难怪有人说诗正在走向死亡！"② 不难理解读者对于诗歌的重要意义，即使不考虑诗歌的社会效益，有效的诗歌文本接受也会影响诗人创作的激情，这正是五月诗社同人以及澳门诗坛、中国诗坛乃至纯文学在 20 世纪 90 年代面临的挑战。

在笔者看来，《澳门现代诗刊》的衰落诚然值得惋惜，但是尚不足以成为代表 20 世纪 90 年代澳门文学处境的文化符号，因为它自身的命运并不能证明时代的好坏，正如在一个好时代里同样需要充足的外在资源才能维持一份刊物正常运转，经营刊物与创作诗歌是两个专业里的不同分工。一个刊物的关门往往意味着一批人、一个团体、一个思想文化空间退出历史舞台，而看似失败的理想也让作家收获更多的启示，即如

①　陶里：《是诗人反思的时候了》，《澳门现代诗刊》1998 年第 14、15 期合刊。

②　庄文永：《诗歌创作的思考》，《澳门现代诗刊》1999 年第 17 期。

何去认识诗歌对于社会的意义，解决时代变化带来的精神困惑。具有对照意义的一个事实是，90 年代的诗集很少自费出版，而 2000 年以后，这方面就有很大不同。当把写作与出版看成为自己所做的事情，在力所能及的范围里努力，内心的感受和实际的境况都会发生变化，这是年轻一代在诗歌美学追求方面呈现出来的艺术自足性。

## （二）副刊与澳门诗人的代际转换

诗歌专门刊物的难以为继进一步证明纯文学期刊无法独立在澳门获得生存与发展的机会，事实上，即使是中国内地有财政补贴的文学期刊，也面临妥善经营的严重挑战，1994 年安徽《诗歌报》停刊，情况与《澳门现代诗刊》的停办相似。2000 年以后，受科研评价机制影响，寄生于各种科研机构与高等院校的学术期刊不断出现权力寻租、收取高额版面费的负面新闻，这既反映出纯文学、人文科学如何在经济社会寻找自己位置的问题，也引起人们对精神与物质供需关系的基本思考。搭载《澳门日报》报纸媒体平台的副刊文学之所以能顺利运转，至少获得了一种表面上的双赢局面，我们认为，关键之处是媒体有能力将文学/文化产品融入其他消费，"捆绑"给人留下的印象是，消费者没有为纯粹的精神需要付出专门代价，但是又能满足对文学的内在需求。因此，以《澳门日报》文学副刊的成功为例，最大的启示是如何将文学纳入消费链条，并成为其中不可缺少的一部分。文学作者与读者通过接受/消费保持间接关系，读者又通过消费者的权力反馈表达对产品的价值评估（尽管这一点在《澳门日报》那里尚无法得到体现），建立这样一种动态关联，才能使文学场保持活力。

纯文学刊物的专注性和专业性追求，对于区域文学发展的深远影响不言而喻，但是因为澳门特殊的社会环境，其运转并不景气。2002 年创立的《中西诗歌》又不专门针对澳门作者，《澳门日报》"镜海"作为澳门诗歌最为重要的诗歌园地这一地位没有改变。据我们初步统计，1999 年 1 月到 2009 年的 12 月止，十年间"镜海"刊载新诗数量达

2300 多首，没有其他任何一个平台可以与之相提并论。虽然这些诗歌可能不足以代表澳门新诗发展的全部面貌，但是从所刊诗歌还是可以看出澳门新诗的整体发展方向。甚至可以说，澳门新诗的发展依托于"镜海"，诗歌与副刊两者在互动与相互扶持中共同成长。副刊与诗歌或许具有某种天然亲缘关系。诗歌最直观的优势，表现在形式的规则。因为诗歌排版由诗句长短不一留下的空白是被允许的，所以只需要考虑行数，不必过于顾及总体字数，这给诗歌刊发带来了便利。虽然诗歌在版面结构中难免给人留下"填补空白"的价值次等印象，所谓"头条"的优势位置，在诗歌进入阅读过程之后，并不能给作品带来真正有决定性的影响。与文学期刊相比，报纸副刊的优势无疑是拥有快速刊发的便利条件，因为诗歌本质上是一种捕捉瞬间感受的艺术形式，诗歌生产快，诗人渴望及时流通的愿望也很强烈。"镜海"副刊最快一周出版一期的周期，能满足诗人的"情感时效性"要求。所以，二者彼此迎合，创造出诗歌的繁荣局面。

澳门本地坚持发表诗歌的报纸副刊主要是《澳门日报》和《华侨报》。《华侨报》"华青"创建于 1981 年 11 月 28 日，是一份双周刊。"华青"一开始就明确了自己的作者定位——面向广大在校学生，鼓励青年读者踊跃投稿，同时也开设各种专栏，探讨青年的各种问题，介绍交流学习文化科学知识方面的心得经验。创刊至 1989 年间发表的诗歌数量不多，尽管诗歌专栏"新芽诗草"已出现，但是整体质量不高。自 90 年代以来，"华青"发表了大量诗歌，尤其是大中专学校学生的校园诗歌，因此在澳门诗坛培育文学新人方面具有独特的贡献。2001 年《华侨报》副刊全面改版，包括"周末派对""娱乐""华座""华青""校园""华林"等在内，采用同一版式，即统一标明"副刊"字样，每个版面的名称放在整个版面的最上端。经过改版之后，诗歌刊发重要阵地"华青"版面比较稳定，诗歌分量大为增加，同时由于学生的踊跃投稿，"华青"还特意开设网上投稿特别通道。正如一枚硬币的两面，由于突出扶持校园作者的倾向，其他作家和诗人的作品在"华青"副刊发表的数量受到严重削减，这种刻意的经营模式受到教育界和青少年的高度认同，但无疑也导致了其在澳门文学总体地位的下降。因此，本书主要通过《澳门日报》"镜海"副刊考察"回归"以来新诗与副刊的共生与互塑，从中可以发现本土文学观念与对话世界华语诗歌之间的关系处理，以及其中所包含的文化选择与文学视野。

1999 年"回归"之后，"镜海"延续了 80 年代以来展示诗歌实绩、扶持诗歌新秀的历史性责任，因此"十年镜海"基本囊括了澳门当代诗坛精英，也承载着澳门诗歌的希望。其实澳门诗坛给人印象很深的一点，就是诗歌创作几乎没有受到年龄的困扰，不论是在思想内容还是在艺术手法上，老一代诗人都在不断寻求自我突破。90 年代澳门诗坛的中坚力量如陶里、淘空了、懿灵、黄文辉、林玉凤、王和、高戈、流星子等诗人看起来创作数量有所减少，但仍有作品发表，甚至非常活跃。当年的"新生代"不再属于"新生"行列，他们通过人生经验、思想阅历的不断积累沉淀，作品呈现出一种沉郁稳重的格调。

需要指出的是，"镜海"以培养本土诗人、塑造澳门诗歌形象为要务，虽偶尔刊发内地诗稿，但基本还是以本土诗人的作品居多，这种特色对扶植本土文化和本土作家、推广澳门本地文学繁荣具有重要意义；但如何寻找恰当的方式与外界尤其是内地诗坛加强有效交流，为澳门本地诗人和读者提供更加宽泛的诗歌阅读视野，也值得考虑。"姚风读诗"专栏的开设，可以部分地传递中国当代诗坛的发展状况。毕竟个人的阅读兴趣是单一的，不如让优秀的诗人诗作直接呈现，并置于同一版面而产生对比效果，这是网络阅读方式达不到的。2007 年《澳门日报》酝酿全面改版，"镜海"取消了"新苗"专栏，开设投稿邮箱，适当增加了内地、香港和台湾的诗歌作品的录用。平台的开放不仅有利于促进华语诗歌互动，也是扩大《澳门日报》影响力的重要举措。

李观鼎在 2007 年重编澳门诗选的序文中回顾了郑炜明编选《澳门

新诗选》以来的澳门社会变化,但是无论怎样变化,澳门诗人仍然心存诗歌理想,这对于全球化过程中的澳门本土关注意义重大。他说:"十三年来,澳门诗坛发生了很大变化。尽管一些颇有影响的诗人因种种原因淡出诗界或离开澳门,但小城并不乏坚持者、后继者和新'入伍者'。一个十分可喜的事实是,许多人仍怀着'诗性智慧',致力于对有限世界的无限超越。"① 随着老诗人逐渐淡出,新诗人必定会替代老诗人踏上表演舞台,这是无须阐释的老生常谈。自 2000 年以来,"镜海诗歌"最为鲜明的特征是新世代(亦沿用"新生代"称谓)诗人集体登场,也再一次证明诗歌是属于青年的。从 90 年代新生代诗人在争议声中的缓慢成长,到"新世纪"(新世代)诗人队伍的蔚为大观,虽然所指群体对象已经发生根本性变化,但也意味着澳门诗坛代际转换基本完成。正因如此,结合"回归"十年《澳门日报》"镜海"副刊来探讨新生代诗歌,也就有了见证诗歌与诗人双重成长过程的现象学意义。

### (三) 澳门新生代:不断后退的地平线

"澳门新生代"作为一个诗学概念的提出,源于 1991 年黄晓峰、黄文辉选编的《澳门新生代诗钞》,黄文辉编选该诗集时尚为大学三年级学生。根据黄晓峰先生在序言中的介绍,"澳门新生代"只是指"八十年代后期和九十年代初期在澳门热衷于学习创作现代诗的年轻作者群。他(她)们几乎都是中学生,一群纯情的少男少女。这本诗集定名为《澳门新生代诗钞》,只不过是想预告一个澳门新生代诗作的成熟季节实已为期不远的讯息"②。这本收入 49 位校园诗人并且旨在鼓励诗坛新进的诗集,由于使用了"新生代"的代际称谓,引起了批评家的关注。至少在郑炜明看来,澳门青年诗人还不具有这种文学史本身需要

---

① 李观鼎:《澳门诗人的回答》,《澳门日报》"镜海"2007 年 9 月 19 日,E5 版。
② 黄晓峰:《澳门校园文学的新芽诗草》,载《澳门新生代诗钞》,五月诗社,1991,第1 页。

的诗学品质，所以不能以文学史方式的"代"来定位①。相比于黄晓峰对"新生代诗人"的坚决呵护姿态和庄文永、懿灵、陶里等人的具体理论支持②，当事人之一的黄文辉在十年之后表示当初启用该概念有着"权宜"的考虑："本文所谓的'新生代作者'指的是王和、林玉凤、寂然、梁淑琪、郭颂阳、冯倾城、黄文辉、齐思、谢小冰等。以'新生代'来命名这批作者，不过是为论述方便而作的权宜之计，一者他们相对比较年轻，是新生的一代，除王和外都出生于一九七〇年代；二者'新生代'一词已为许多评论者用来概括上述作者群，本文不过袭用而已（引者按：原文此处加注，黄文辉先生对'新生代'的来历进行了介绍）；三者本是最重要的，就是上述诗人是当前澳门文学界较活跃的一群，且已有专集或合集出版。"③ 但是他提出的理由以及专指这批出生于 20 世纪 70 年代的诗人表述，则隐约反映出将"新生代"历史化的冲动，这恰恰是郑炜明不愿贸然接受的。

康德认为概念的使用本身意味着使用者对概念的理解，而概念的形成是一个理解过程，正如福柯所分析的，它不是个体运作的结果，而是借助于错觉、偏见、谬误、传统而被逐渐揭示出来："概念的形成规

---

① 郑炜明：《澳门到底有没有新生代》，《澳门日报》"镜海"1992 年 5 月 13 日。

② 黄晓峰后来在《镜海妙思》（五人合集）代序中重新阐释了澳门新生代的共同特色，并且间接回应了郑炜明的批评："这个集子收集了澳门新生代五位年轻朋友近年来的代表作品。它们主要是在 20 世纪 90 年代伊始写下的诗篇。五人合集还可以显示澳门新生代共有的创作特色，那就是表现为个性强烈，感情纯真，对生活和理想追求的全身心投入，极具探索精神，然而也多少也染上了过分敏感的怀疑主义色彩，或者由于早熟而患上了不同程度的忧郁症。这五位青年朋友的诗作显然比他们在《澳门新生代诗钞》（1991 年出版）一书所收的作品成熟多了。有人对澳门新生代这个称谓格格不入，非要扯上五十年代台湾的'新世代'和八十年代大陆的'新生代'来对比不可，好像小不点儿的澳门不该有自己的特色那样，澳门文学非要永远淹没于台港文学的阴影里不可，弄得澳门人谁也不敢大胆地往前走。这真是在澳门制造的完全缺乏幽默感的笑话！"黄晓峰：《代序》，载舒望编《镜海妙思》，五月诗社，1993，第 3 页。此外，庄文永有《从〈镜海妙思〉看澳门新生代诗人》，懿灵有《后现代的足迹——从新生代诗作看澳门后现代主义诗歌的实践概况》，二文皆收入李观鼎编的《澳门文学评论选》（下编）。

③ 黄文辉：《论澳门新生代作者》，《澳门日报》"镜海"2002 年 6 月 12 日，E3 版。

律,无论它们具有什么样的普遍性,都不是被置于历史或在厚重的整体习惯中沉积由个体进行运作的结果。"① 在黄晓峰看来,"澳门新生代"概念的历史生成并不代表文学史意义上的定位,而是对一种新进诗人与诗歌现象的描述。可能他意识到"新生代"诗人尚无法被寄予代表一个新的诗歌群体崛起的厚望,因此后来挑出更为成熟的诗人加以重点推介,让其夫人舒望来编选,在封面标明"澳门新生代五人合集"与具体诗人名字,这是《镜海妙思》五人集的大概由来。黄文辉在《论澳门新生代作者》结尾中明确指出,当年黄晓峰先生只是预告澳门新生代诗作的成熟季节实已为期不远,而现在报告于读者的是:"澳门新生代作者已经成熟独立,是收获的时候了。"② 正如吕志鹏意识到的那样,不论澳门新生代是否专指自70年代出生的诗人(包括生于60年代的王和),这一概念都面临着一个年龄下限的问题。如果没有特定的年代下限,就会出现"永远的新生代",如《澳门现代诗刊》创刊号的"诗苗"和第4期开始设立的"澳门新生代"栏目,它与《澳门日报》自2007年开始推出的"澳门新生代写作人大展"形成的互文关系,消解特定概念的历史意义。可能是出于对"新生代"认知的历史化,或许预感会出现过于泛化的问题,邹家礼(寂然)曾在2000年使用了"超新生代"或"后新生代"的命名:"令人担忧的是当年一班'新生代'诗人今年步伐放缓,前辈们从前开阔的诗歌王国今天面临萎缩。如何重燃诗人的热情,怎样培养出一班更年轻的'超新生代'或'后新生代',是这次研讨会值得大家探讨的问题。"③ 但是"澳门新生代写作人大展"活动的策划,意味着这一个被概念歧异而赋予诸多意义的能指终于发生了偏移。

澳门本地青年学者吕志鹏、卢杰桦的博士、硕士学位论文呼应了对

---

① 〔法〕米歇尔·福柯:《知识考古学》,谢强、马月译,三联书店,2007,第68页。
② 黄文辉:《论澳门新生代作者》,《澳门日报》"镜海"2002年6月12日,E3版。
③ 邹家礼:《澳门文学 昂首阔步——关于"千禧澳门文学研讨会"》,《澳门日报》"镜海"2000年11月29日。

"澳门新生代"的历史确认，并且总结出属于新生代诗人的历史特征①。值得指出的是，吕志鹏认为"澳门诗坛新生代并非一个流派划分的概念，故其内风格和审美观可谓千差万别"②。但是他在后面的行文中又概括出五个只有流派才能拥有的特点，这种表述逻辑的矛盾，可能证明了新生代本身的暧昧性。限于课题本身的讨论范畴，我们无法对其中的具体内容进行详细评述。我们的忧虑是，如果澳门"新生代"（或"澳门新生代"）命名指《澳门新生代诗钞》《镜海妙思》《澳门现代诗刊》涉及的这些"诗苗"，他们作为中学生或大学生时的创作实绩显然无法承担代际变革的美学诉求；如果专指所讨论的"学院知识分子"诸诗人，那么又是什么理由排斥《澳门现代诗刊》"澳门新生代"栏目中规模壮观的"非学院知识分子"？他们后来的写作是否出现了"黑色意识的延续""叙事性与抒情性的角力""社会批判意识的抬头"等诸种特征？在笔者看来，这些牵涉思想与美学"断裂"的复杂问题，需要系统全面的专题研究才可能得出更为客观的判断，尤其是身居澳门诗歌现场的青年学者有更好的条件针对诗歌思潮、写作流派、代际更替等具体诗学问题展开持续研究。因此我们暂且搁置对"新生代"诗人群厘定的讨论，在谈论"新生代"时采取一种更为折中的处理方法：既尊重90年代初"澳门新生代"诗人群体作为呈现文学史知识谱系化的客观存在，又考虑把原本不同于大陆与台湾的权宜命名还原为对澳门文学新生力量的描述——此部分诗人在不同的文学空间中被称为"新世代"。这样，两个名义上的"新生代"便有可能并置于当下的澳门文学空间，甚至会产生一种饶有趣味的时空对话效果。

---

① 吕志鹏先生认为新生代具有如下五个特征：一是学院知识分子为主，二是黑色意识的延续，三是叙事性与抒情性的角力，四是社会批判意识的抬头，五是后过渡期新生代的意识演变。见吕志鹏《澳门中文新诗发展史研究（1938～2008）》，中国社会科学出版社，2011，第310～315页。卢杰桦则从作品研究出发，从"新生代诗歌的基本主题是漂泊与回归""从历史的批判到社会现实的介入""诗歌语言形式上的探索"几个方面展开讨论。见卢杰桦《论澳门新生代诗人作品》，澳门大学硕士学位论文，2009年。

② 吕志鹏：《澳门中文新诗发展史研究（1938～2008）》，中国社会科学出版社，2011，第274页。

## （四）重建新生代诗人的身份表述

"澳门新生代写作人大展"始于 2007 年 1 月，结束于当年 12 月，先后有贺绫声、陈志峰、乐水、卢杰桦、丝纱罗、陆奥雷、太皮、李卉茵、凌谷、小曦和未艾等 11 人的作品登上"展台"。根据此次集体推介的这批作者来看，"新生代"大致可以确定为生于 20 世纪 70 年代后期、80 年代或 90 年代初的一代人。如果采用我们上述的折中处理方法，像黄文辉、林玉凤、冯倾城这些当年的中学生"新生代"，就可以纳入"回归"以来的澳门新生代诗人讨论范围。而如自由落体、吕志鹏、卢杰桦、贺绫声、陆奥雷、毛燕斌、凌谷、许文权、甘草、邢悦、陈淑华、吴诗婷、S、杨海一、翼、袁绍姗、玮岚、刘洁娜、心雨、再旭、小曦、凝、丝纱罗、太皮、毛燕斌等人，包括在澳门其他报刊上发表过诗歌的青年诗人，就构成了"新世纪"（或新世代）澳门新生代诗人。在笔者看来，不同代际或许因为经历的时代与社会思潮有所区别，但是如果我们愿意借用形式主义文学理论来理解诗歌的自足性，题材与思想并非构成写作意义的必要因素，换句话说，观念本身对于诗歌并不关键，关键是观念在诗歌中的传达。从这个意义上，与其说我们集中精力关注体现于"新生代诗歌"的某种新的诗歌美学，不如说是在探讨一群年轻人在澳门新的历史背景中展开的思考或思想方式，以及在"回归"以来十年中如何走过一个属于他们的时代。在这种表述过程中，逐渐建立起与澳门息息相关的文化身份，这正是新生代诗人书写新传统的重要基点。

20 世纪 90 年代初出现的"澳门新生代"诗人大多生于 70 年代，他们的生命成长离不开殖民语境，关于"过渡"与"回归"的理解到 90 年代已经清晰。这在"回归"之前出版的《澳门青年文学作品选》里有系统的展示，像王和的《天使的化石——参观大三巴宗教博物馆有感》、邹家礼（寂然）的《让我倒下——一个澳门青年的心声》、黄文辉的《站在历史的渡口》、冯倾城的《过程》等，字里行间能看出历史给个体心灵打下的深刻烙印。正如编者所说，从这些作品可以看出年轻一代对澳门社会的观察与思考的深度，特别可以看出他们对澳葡政府管治的态度①。80 年代前后出生的新生代对于澳门这座生命之城现实与情感的双重体认，主要与"过渡期"有着直接关联。虽然从他们开始接受启蒙教育之时起基本上就拥有了"回归"的认识，但内心可能并未形成一种到底何谓"回归"的认知参照，毕竟"国家"的抽象概念离他们的理解能力过于遥远。"回归"之前，澳门本地居民面临这样一种充满悖谬色彩的现实境况，亲人近在内地咫尺，但是代表政治与权力的"国家"在万里之外的欧洲，所以，国家观念对于跨越"过渡期"迈入"后回归时代"才长大成熟的年轻人来说是非常淡薄的。生于1986 年的"新生代诗人"陈淑华在一篇文章中表达了"书写澳门"的愿望："生在澳门，家、国的观念毕竟太薄弱了。我们年轻一辈，根本无法在生活中察透此观念的存在，一条与生俱来的红丝快要断了。然而，我们有否自省：到底，是生活遗弃了人们，还是人们放弃了生活？生活妙在微处，不用心去感受我们的地方，文思何在？"② 年方 18 岁的少女写出这种貌似沉重的文字，不免让人觉得矫情，然而恰恰是文字显示出与年龄不相称的早熟，让人从一个侧面看出"澳门"作为思考资源的作用，即使是"装腔作势"，也是具有文化意义的。

"回归"十年中出现的新生代诗人对于澳门的切身体会，应该是生命栖居与行走空间的狭窄。运用对照手法来表达空间之于诗歌意境需要，是诗歌常用的策略，如"一个你来不及流泪/就已淡漠的地方"③。

---

① 《编者前言》，载黄文辉、林玉凤、邹家礼编《澳门青年文学作品选》，中国文联出版社，1999，第 13 页。

② 陈淑华：《写我澳门，写我生活》，《澳门日报》"镜海" 2004 年 4 月 7 日，C12 版。

③ 全诗如下："一个你来不及流泪/就已淡漠的地方/所有炮弹已被锈封存/就像你被爱或恨封存/一棵树被锯掉/你才会想起/它曾独自把无数/广袤的黄昏拉近/从群山雾霭那里/从情人的热情与纷乱那里/据说/有人迟早会被黄昏砸死/那几位菲籍保安/总有一位沉默地眺视着大炮台下/零落楼房间的不平/一位石凳上的老人白发已不足掩盖他对生命的无知/旗杆被自己的身影和早起的月亮/扯紧/游客在他们和我之间穿过/川流不息/像各国的流通货币。"凌谷：《大炮台上的一个黄昏》，《澳门日报》"镜海" 2006 年 2 月 15 日，C10 版。

凝在《随感：M 城步行纪》中感受都市节奏："城市步行极其急速/不过我们都习惯迟。"① 这种对照大抵是为了表现小城对现代生活造成的现实压抑。通过空间建筑来感知停驻的苍老时间，在历史直观意象中激发诗兴，又是另一类抒情的方式。忆古思今从来都是一个具有永恒意义的书写主题，比如毛燕斌对红街市的直观印象："这是一筐澳门最大的菜篮子/可以盛进海鲜/可以盛进鲜肉/可以盛进更多的是我们/盛进肚子后不知不觉消化掉的历史。"② 与凌谷此前写的另一首《澳门情怀之海边小巷》比较，并没有太大的不同③。类似的诗歌还可以举出很多，总体而言，这类诗歌对澳门的描述是以自然景物的方式来处理的，澳门并不是诗歌的目的，诗人需要营造一个与"美丽新世界"相关的意境④，于是就写到了相关风物。

同样与历史相关，《龙环葡韵》展现出另外一种宁静的文化韵味："让烦闷这个词稍憩在小凳上/老化的建筑装满贾梅士的诵言/随意的鸟鸣覆盖前面空旷/然而当思绪掀开草眼帘/昔日枷榳早已迁徙未见。"⑤ 郑宁人这首诗借助返视管治地区风景，与当下生活构成一种既拼贴又交融的后现代景观，然后再厕身其中，在对澳门文化韵味的诗意发掘过程中，轻松抵达历史本文的思想内核。相比之下，林玉凤有着更为警醒的历史意识，如她获得 1999 年第三届"澳门文学奖"诗歌一等奖的组诗

① 凝：《随感：M 城步行纪》，《澳门日报》"镜海"2006 年 8 月 2 日，D8 版。

② 毛燕斌：《红街市》，《澳门日报》"镜海"2006 年 2 月 15 日，C10 版。

③ 凌谷：《澳门情怀之海边小巷》，《澳门日报》"镜海"2004 年 8 月 11 日，E2 版。"沿着一条葡式的小巷/走向码头/行走/像被抬进这条小巷的船桅/野心告诉我们/胸口翻滚的就是海洋/两旁的窗叶半闭/安静如两行对仗的格律诗/工整地吃掉了我没有动词的往事//炊烟叫黄昏进入了唐朝/冷月独自在秦代等我/那段被我带到小巷的殖民主义的历史/卡在我的喉咙/像一根鱼刺/跟理想一同软化/落霞不飞/自是有人在历史的一方/思恋着这段多情的石卵路/或是一只孤鹜/未被忘怀//船桅上面就是天空/人生的尽头就是码头/小巷外面就是大海/大海翻滚着的霞光/自然不是/刚才没喝完的罗宋汤。"

④ 借用达非诗歌的命名。达非：《美丽新世界》，《澳门日报》"镜海"2003 年 7 月 23 日，C6 版。

⑤ 宁人：《龙环葡韵》，《澳门日报》"镜海"2006 年 2 月 15 日，C10 版。

《我来自这样一个城市》，在对照历史的思想维度中，充满更为自觉、强烈的现实反思。其中《峰景酒店的最后一夜》以"回归"前夕作为平常背景展开，细致入微的心理模拟，轻松中透出沉重，如本诗开头："我来自这样的一个城市/来的时候/城市高处/幽幽的望海古楼/有西洋人在缅怀历史/华人和洋人在争拗/是回归还是政权交接/我们举起手中的半杯红酒/为叫峰景的酒店致哀/想起百年老店/要在历史新篇/为一个国家的一个代表/守身如贞洁的小媳妇……"① 自 2002 年赌权开放之后，博彩业到 2006 年收益达到 73.7 亿美元，压倒拉斯维加斯的 65 亿美元成为世界第一赌城；政府收入由 1999 年的 195 亿澳门元至 2008 年突破 500 亿澳门元。赌博在创造税收神话、"金沙神话"、"银河神话"的背后，同时制造了人性的沉沦与贪婪。这虽然是"回归"之后澳门融入世界后产生的经济变化，但当时作为享誉世界的"东方蒙特卡罗"，赌城澳门已经引起诗人的忧虑。在诗人眼里，这是个具有多重面孔的世界："我来自这样的一个城市/来的时候/城市深处/以暮色为刀/劈成两个不同的世界/世界以角子机为起点/却无法找到终点/世界之内/有人接上黑夜的信管/敲响毁灭的大门/红火一闪/黑夜已然烤成炼狱。"② 林玉凤的诗歌与该次获奖的其他作者黄文辉［《峰景酒店的下午》（组诗）］、邹家礼（《让我倒下——一个澳门青年的心声》）以及钱浩程（《粉墨登场》）等的作品③，构成一种强烈的文本与历史互文性：从这些"澳门新生代"诗人作品里能看出对历史与现实的强烈"介入"（借用陆奥雷语）。

同样是对澳门的感受与思考，贺绫声更注重从日常生活细节入手。

---

① 林玉凤：《我来自这样一个城市》之二《峰景酒店的最后一夜》，首刊于《澳门笔汇》1999 年第 14 期"第三届澳门文学奖专辑"，后刊于《澳门日报》"镜海"2003 年 7 月 16 日，C6 版。

② 林玉凤：《我来自这样一个城市》之一《两个世界》，首刊于《澳门笔汇》1999 年第 14 期"第三届澳门文学奖专辑"，后入选李观鼎编《澳门现代诗选》，澳门基金会，2007。

③ 皆载于《澳门笔汇》1999 年第 14 期"第三届澳门文学奖专辑"。

他用"M 城"淡化栖居地的确切身份,这种微妙的间离手法,有意给读者留下似曾相识的印象①。组诗"在 M 城"系列共 12 首,这些作品以个人情绪为起点,通过历史相关性依次再现 M 城的生存场景,如《让诗人走在前面》:

> 她确实美丽过,又悲哀过/形象超越了诗人塑造的光芒。/在大三巴牌坊前,除了怀念/并没有佩索亚的行踪/黄昏城市,好像叫 M 城/升落了百只哀荣鸽子/我知道,莲花升起的镜子下/有浪在变化,有/海永恒象征。//我成不了诗人了:阿贺,悲愤的读者。/在 M 城里,殖民地言语倦于用形容词来/描述过去。有关/葡萄牙的事,我略有所闻/至于邻居风俗习惯/我甚像个刚刚到来的异国旅客/正努力摄影古老楼宇间喧嚣//请问贾梅士在哪里/陶里在哪里/苇鸣在哪里/让诗人走在前面,/我听到导游朗读一行行诗/夜,沉静地潜入了板樟堂的人群中/这一天,又失去了方向②

陶里曾指出贺绫声的诗歌表露出令人意味深长的沮丧,他说:"贺绫声的诗的可读还在于他对自己生长的土地 M 城(澳门)的陈述。一个诗人对自己的城市的观察和感情,是他的人生观和诗质的重要组成元素。M 城对于贺绫声,贺绫声对于 M 城,他说:'我只是从板樟堂来回板樟堂/在这里用疲倦了的鞋子,耗尽了承诺'(《如果路过,请为我……》)。这不是表露了贺绫声对 M 城有所承担却因自己是澳门街的踽踽过路人,兀自沮丧吗?"③ 这种感觉确实从《让诗人走在前面》不难读出,贺绫声思考澳门的方式与林玉凤等人已经有所不同,他对于澳门的深刻情感关联,不仅是管治地区政治与历史的追溯,当他强调此刻

---

① 推测起来,M 用来替代澳门,既是 Macau 的简写,也是澳门"地标"西湾大桥双塔吊的形状。
② 贺绫声:《让诗人走在前面》,《澳门日报》"镜海"2005 年 1 月 5 日,F4 版。
③ 陶里:《落海城堡一住客心事》,《澳门日报》"新园地"2011 年 3 月 26 日,E9 版。

与将来的存在，个体命运与生存空间之间也有了更难割舍的切肤之痛。"偶然看见后视镜里湿了又朦胧了的路线／才想起我和 M 城早已相爱了一万年"①，需要提醒才能记起与这座城市的联系，从日常的使用到理性的认知，对于澳门青年人来说是一个不小的困难，人们常常因为熟视而无睹。家园与希望全寄托在澳门街，爱也好恨也好，这是唯一，甚至无处可逃。因此，他的"在 M 城"系列澳门叙事升华为对生存与命运的思考，在对象与自我的双重反思中，建构一种富于现实穿透力的生存诗学。

当然，贺绫声写得更多的是个人情感经历，它们可以见证诗歌对于作者的重要意义，语言与时间的紧迫感相互交织，制造出源源不断的语言机锋，读来令人莞尔，又不禁掩卷沉思。姚风指出："诗人必须摆脱个人私密性的纠缠，从而抵达境界的深入和旷远，否则写出来的不过是娱乐自我的私人日记。澳门太小，这种'小'不仅仅是地理意义上，一个长期居住在这里的诗人，更应该眺望大地和海洋，从而为自己的诗歌注入宏大的背景和空间。"② 虽然诗歌的体验只能从所处的空间获得，但是这种提醒是必需的，并且也不仅针对贺绫声这一新生代个案。

新生代诗歌表明"回归"不仅改写了诗人的政治身份，而且也改变了诗歌的表述方式和话题中心，或者说，改变了诗歌的语言身份。自出版《流动岛》以后，被贴上后现代标签的懿灵对于澳门的思考，即从身份追问、地理隐喻逐渐转移到政治文化层面，发展为某种激愤的知识分子式批判，这说明澳门诗歌在与自身语境对话的同时，也在话语姿态上保持着思想资源的开拓③。澳门太小了，正如贺绫声《于一个盛夏

---

① 贺绫声：《于一个盛夏午后在高士德 55 号遇上了太皮》，《澳门笔汇》2005 年第 29 期。

② 姚风：《寻找适合翅膀的地方》，载《时刻如此安静》，2005，第 17 页。

③ 关于懿灵诗歌的政治性，云惟利曾经在 20 世纪 90 年代那篇著名的文章中有所提及："懿灵是澳门土生土长的诗人。他（按：应为她）在大学主修政治。也许正因此，他特别留心政治气候和澳门的政治病征，而敢于言说，并发而为诗。所以，他的诗集中，以社会政治为题的诗特别多，以诗议政，形成她独特的风格。"云惟利：《十年来之澳门文学》，《澳门笔汇》1997 年第 7 期。

午后在高士德 55 号遇上了太皮》所写的一样，偶遇朋友或同路人不值得惊讶，无法改变城市融入现代化的步伐，也无法改变周围的细微秩序。对小城与他人的无能为力感，是澳门新生代诗人内心无奈的重要来源，如吕志鹏的《在小城马路上看见的交通事故》：“小城没有了马/换来的是另一种铁的危险/这里是勇气的竞技场/为了逃避神或者恶魔的呼唤/我们用了最快的速度跑完最完整的一生/就在我们的时代/根本是没有甚至好谈的了/尤其是那些禁止超速、禁止调头、禁止过线等等/一切只会禁止的腐朽规则/只有/起来/革命！革命！革命!"① 这道属于都市现代性的难题，只有让敏感的诗人首先做语言承担，才可能引起治疗的注意。

事实上，空间构成了澳门人最直观的现实，不唯新生代诗人，所有澳门人都在历史的当代性重构中经历作为一个特区居民的政治与文化认同。简要的描述总是蜻蜓点水，即使是在空间与时间的维度中，卢杰桦、陆奥雷、丝纱罗、太皮等诗人的作品皆有鲜明的美学特质，虽然限于论题与篇幅只能暂且以现象学方式搁置讨论，但是他们无疑将以各自的感知完善一个新的经验世界。需要表明的一点是，如果我们将澳门深厚的诗歌传统作为参照，“回归”以来出现的新生代诗人已经显示出思想视野与艺术传达的主体自觉，随着新老更替、代际转换的初步完成，他们将以更加成熟的诗歌方式编写新的澳门表述史，同时建造属于他们的“诗城”。

## 二 内在体验、社会诉求与本土书写——散文巡礼

散文是澳门报纸副刊文学的重要文类。用陶里的话说，散文是澳门文学的主流，在被视为文学基地的报纸副刊里，散文是阵容鼎盛、人强

---

① 吕志鹏：《在小城马路上看见的交通事故》，《澳门日报》“镜海” 2007 年 9 月 19 日，E5 版。

马壮、旗帜鲜明的劲旅①。"回归"十年来，依托《澳门日报》"新园地"和"镜海"等副刊，澳门散文获得了长足发展：冬春轩、鲁茂、沈尚青、林中英、林玉凤、穆欣欣等澳门回归之前就已成名的散文作家在副刊提供的园地上继续耕耘，并保持着旺盛而强劲的创作势头；同时一大批新人也在这块文学园地上逐渐成长起来，并日渐成为澳门散文界的新生力量，如爱玛、乐水、翠菊、阿丝、李卉茵、吉吉、花语、来迟、子婴等作者；经过长期经营，"新园地"等综合性副刊出现了一批颇受文坛好评的散文专栏品牌，如沈尚青、林中英等主持的"美丽街"，冬春轩主持的"笔雯集"，沈实等主持的"西窗小语"，寂然等主持的"笔成气候"等。这些散文专栏品牌打造了副刊的文学形象，奠定了散文在澳门散文发展中的地位，某种程度上也保证了澳门散文的繁荣态势。

综合考察"回归"十年澳门报纸副刊的散文创作，不难看出这样一些体现出文学性的变化趋势：对琐碎生活的絮叨少了，更多的作家侧重展现对生活的内在体验；对个人情感的宣泄少了，不少作家乐于张扬社会公众的诉求；另外，作家对生命在场的寻求也促进了本土书写的深化。就书写内容和整体美学特征而言，澳门散文有如下方面值得认真关注。

第一，生活感性与内在体验的结合。相对于小说与诗歌，散文与作家本人的生活相关度最高，大多数的散文都直接取材于作家本人的生活，这就使散文具有浓重的生活气息，但是，在艺术上也往往会出现这样的缺陷：作家满足于对琐碎生活的絮叨，停留于生活的感性层面，而缺乏理性思考，最终导致一种深沉韵味的缺失。"回归"十年来澳门副刊上的散文创作，有不少也出现了这样的问题：过度书写生活感性，特别是一些新晋散文作者的作品；但是，我们也发现，经过20世纪80～90年代的

---

① 陶里：《澳门文学丛书概说》，载黄文辉、林玉凤、邹家礼编《澳门青年文学作品选》，中国文联出版社，1999。

积淀，进入 21 世纪，许多澳门散文作家在艺术上趋于成熟，他们不再满足于摹写自己生活的表状，更注重将自己的内在体验注入文本中。

"美丽街"是澳门最重要的女性散文专栏，由梦子、林中英、沈尚青、穆欣欣、谷雨、水月、胡悦、凌之八位女作家共同经营，是澳门女性散文的重镇。"美丽街"上的散文，在专栏提供的有限空间里，事无巨细地描写着澳门的社会生活——世态百相皆纳入笔下；同时，作家们不仅专注于对外在琐碎生活的描写，而且更加注重对内心生活、对所感所思的书写，因此，这些散文不仅具有一种别致的灵动美与细腻感，而且还深具理性维度。水月是"美丽街"里擅长描摹女性心理、表现男女情感的女作家，她的此类题材的创作，较少脂粉味，在感性的话题里往往能够辅以理性思考，在美学风格上呈现为刚柔相济。例如她发表于2007 年 9 月 8 日"新园地"上的《爱情选择题》，将男女对爱情的选择比作考试时做选择题，形象地反映了男女在面对爱情选择时的艰难。

除了女性散文，"回归"十年来澳门副刊上的大量旅游散文和文化散文同样呈现为一种向"内"转的趋势：无论何种题材，作家们都尽量辅以内在的理性观照。这里仅以旅游散文中描写澳门旅游景点的作品为例。外来旅游者多停留于澳门的遐迩风光，澳门作家的目光却多落在这座城市少有人知的"细节"上，是一种蕴含着澳门本土记忆的对内在"细节"的审视。他们笔下的景物不仅有现在，还包含了过去与未来，其中凝聚了童年经历、生存记忆，以及对自己脚下一方土地的浓浓情谊，同时又囊括了澳门的历史记忆与生活背景，从不同的角度揭示了蕴藏在旅游景点之下的澳门"风情"。概括地讲，这类散文摒弃了以描述、介绍为目的的传统旅游散文陋习，在对澳门地方风物的书写中融入作家们长期以来在澳门生活所获得的内在体验，这种体验在大量的此类散文中表现为一种浓重的"澳门情结"或"小城情结"。我们前面谈论过澳门诗歌呈现的"小城"特点，事实上，这一种植根澳门长期生活所获得的地方性体验，已在许多澳门作家心中成为一种特殊的地域文化心理印记，生存空间深刻地形塑了主体的审美体验。散文创作中的

"小城情结"一方面表达了作家们对澳门"麻雀虽小，五脏俱全"的自豪，另一方面也是对澳门封闭性的内在焦虑与反思，这样一种双重悖论恰恰反映出澳门文学的思想特质。

副刊散文对内在体验的张扬，一定程度上弥补了澳门散文"极少有古老深沉、高亢辽远的歌唱"① 的缺失，一些散文也具备了浑厚的深沉意蕴；但是由于受到专栏篇幅的限制，不少作家为了追求"深沉意蕴"，在作品中刻意加入一些"不合时宜"的议论与阐释，最后也难免落入了说教的深渊。

第二，个人情感与社会诉求的平衡。散文历来被人们视为最适于用来表达真情实感的文体，因而，抒情性或情感性也成为散文最为显著的标志之一。20 世纪 90 年代以降的澳门副刊散文空间发达，无论是女性散文、旅游散文、文化散文还是其他类别的散文，都具有很强的抒情意味，贴近作家内心生活，反映作家的真情实感。但是，我们也注意到，部分副刊散文，在情感的抒发或表达上，不再沉溺于个人的私性宣泄，许多作家包括女性作家趋向于选择公众题材，反映社会的群体性诉求。例如谷雨就把目光转向了对现代人精神追求和走向的关注："生活在被战争、污染、暴力和丑陋的东西渐渐侵蚀的地球上，还有值得庆幸的事情。我们有音乐，有美术，有好的电影，有好的小说和散文，我们还有诗。"② 在《异乡人的歌声》③《无题》④ 这些作品里边，读者几乎已经看不到个人的情感宣泄，字里行间充满对底层民众的同情和悲悯。而沈实在"西窗小语"专栏中发表的系列散文，所关注的题材和诉说的情感也几乎全是公众性的。

可以说，澳门副刊散文在题材和情感表达方面的"向外转"，改写

---

① 饶芃子：《澳门散文角——〈澳门散文选〉序》，载饶芃子等《边缘的解读：澳门文学论稿》，中国社会科学出版社，2008，第 293 页。
② 谷雨：《回归土地》，《澳门日报》"新园地" 2005 年 7 月 3 日。
③ 《澳门日报》"新园地" 2006 年 10 月 15 日。
④ 《澳门日报》"新园地" 2006 年 4 月 2 日。

了澳门散文的美学呈现面貌，对作家本人的艺术拓展是不无益处的；但是，我们也必须指出，这种"外转"，某种程度上也不免削弱散文的文学性与情感性，其结果就是许多文学性散文过度"杂文化"，导致思想锋芒有余而文学韵味不足，而一些女性作者和不适宜大题材的男性作者，在专栏提供的有限空间里，勉强以公众话语书写宏大的社会题材，就实在不能说是很完美的"表演"了。以旅游散文为例，旅游归根结底是一种私人性的行为，游记之所以不同于介绍类文章，也就在于它的意义不光是风景描绘和文化铺陈，而在于蕴藏其中的私人体验与生命感受。古语有云：读万卷书，行万里路，这说明旅游或者行走不仅仅是一个身体经历的过程，也是一个不断发现世界的过程；不只是一个观赏对象的过程，更是一个领悟自然结构及其历史演变的过程。个体在生命行走中不是被动地接受既定的现象，而是必须从世俗经验的积累中发现属于主体的生命意义。相对而言，《澳门日报》各栏目中存在不少以旅游为题材的散文，它们偏重于公众话语经验表达，因此平铺直叙的写作手法较多，过于朴实的交代使作品缺少咀嚼与回味的空间。另外，公众经验与叙述也带来一种重复性和模式化的趋向：许多旅游散文的手法类同，题材重复，如此等等。究其实，大概是专栏模式的写作限制了作者的深度思考，使之难以在一种努力向公众"再现"与"介绍"的模式之外寻找新的话语表达空间。即使是"镜海"上侧重于个人经验的散文，其个体经验也没有超越寻常的都市视野，再加上相似题材、主题和经验的叠加，一些旅游散文在美学面貌上流于庸常。

第三，生命在场与本土书写的互涉。鉴于澳门独特的历史原因和多元的文化环境，对文化身份的探讨一直是澳门文学创作的重要母题之一。澳门回归的重要意义有很多方面，在文化上，它成为澳门人对自我身份重新定位的一个契机。无法否认，即使在澳门回归已逾十年的今天，一些澳门人对自己的身份尤其是文化身份仍存在焦虑；但是我们也能清晰地看出，随着 1999 年澳门回归成为历史现实，身份的焦虑已经不再是萦回在澳门作家头脑中一个"无解"的命题，他们对澳门这块交织着殖民烙印和中西文化印痕的土地产生了深深的认同感。从身份焦虑到身份认同，澳门作家身份意识的这一转型，使他们对澳门及其文化具有了一种很强烈的生命在场感，本土书写包括文化书写的热潮也伴随着这一转型进程而出现。

这种变化可能在"南来"作家身上体现得较为明显。林中英（原名汤梅笑、广东新会人）在《澳门的声音》中，以主人的口吻叙述着澳门的变化："澳门不比从前那样安静了"，"从前为什么没那么多的声音？因为从前是殖民统治"①。透过她坚定的语气可以感受到作家浓浓的生命在场意识：作家已经不再把自己当作过客——身在澳门，心系澳门。穆欣欣是山东蓬莱人，作为为数不多的内地作家，她对自身身份的体认有着独特的体验。当有些作家满足于对日常琐碎生活做些素描并纠缠于情感的生发时，穆欣欣将自己的心境打扫得清清爽爽不染尘埃。在《龙年吉祥》②中，表达对过"中国年"的欣喜；在《全城人的梦想》③中，表达对澳门生活理想的展望。穆欣欣已经超越了对身份焦虑的纠缠，自觉地把澳门当作自己的家园。

生长于澳门的本土散文作家更多地书写了居于澳门的自豪感和对澳门回归的认同。如凌棱（又名林蕙，广东新会人，生于澳门）、周桐（笔名沈实、沈尚青，祖籍广东新会，生于澳门）等，以及新崛起的一批散文作家，他们对澳门的书写，都是建立在对澳门的高度认同的基点上。林蕙的《重游七星潭》④，通过书写对海边美丽风景的沉醉，抒发对今日澳门的热爱；《延艳的鲜花》⑤，通过对鲜花的描绘，衬托出今日澳门浓浓的人情。沈尚青在《澳门病了》⑥中对澳门的公共设施规划的

---

① 《澳门日报》"新园地" 2006 年 5 月 5 日。
② 《澳门日报》"新园地" 2000 年 2 月 2 日。
③ 《澳门日报》"新园地" 2001 年 7 月 11 日。
④ 《澳门日报》"新园地" 2008 年 7 月 2 日。
⑤ 《澳门日报》"新园地" 2008 年 7 月 23 日。
⑥ 《澳门日报》"新园地" 2007 年 9 月 24 日。

担忧，林玉凤在《澳门拼图》①中对澳门旅游业发展的关注等，都是家园意识与主人心态不自觉的流露，是对生于斯、长于斯的澳门的由衷认同与关注。

　　文化书写是本土书写的重要方面，"回归"十年来澳门中文报纸副刊上的文化散文，在追问和反思澳门文化的丰富内涵的同时，也把思考引向深入，试图去寻找和探索澳门文化的内在精神，另外，澳门文化在这里也成为作家解读澳门和澳门人的一个重要方面。寂然是 21 世纪澳门文坛重要的诗人和散文作家，他在《澳门日报》"新园地"主持专栏"笔成气候"，逢周三刊出。寂然的专栏散文立足澳门本土，以文化镜像，透视当下澳门及澳门人的"性格特征"。他曾在"笔成气候"专栏以专题的形式刊登了大量的系列散文，如"阅读，无以名状"系列（2007 年 1 月至 3 月）、"点解澳门咁 Q 闷"系列（2007 年 3 月至 6 月）、"青春残酷物语"系列（2007 年 6 月至10 月）、"事物的核心"系列（2008 年 1 月至 5 月）等。其中的"点解澳门咁 Q 闷"系列尤具典型性，它以澳门的"闷"为主题，深入分析了"闷"的表现形式、形成原因及解决方法，指出"闷"与澳门文化的内在关联，并将它推演为当下澳门及澳门人沉寂、封闭的"性格特征"。这样的作家作品有很多，如严忠明的《澳门，一个海风吹来的城市》②，在对澳门文化形成的解读中回顾了澳门古老而又略显陌生的历史；谷辛的《岁月留痕澳门街》③，透过澳门的旧街展现了中西文化交汇的格局，以及本地人浑朴融达、平和淡然的心境；徐城北的《朴素的澳门人》④，描绘了澳门淳朴平和的民风，从"小"与"质朴"两个侧面感悟澳门的日常人文情调。生命在场与本土书写是"澳门性"的题中之义，极大地深化了"回归"十年来澳门副

---

① 《澳门日报》"新园地" 2007 年 9 月 13 日。
② 《澳门日报》"新园地" 2005 年 4 月 2 日。
③ 《澳门日报》"新园地" 2006 年 10 月 10 日。
④ 《澳门日报》"新园地" 2005 年 11 月 12 日。

刊散文的人文内涵。

以上我们扼要地对"回归"十年来澳门副刊散文进行了巡礼，通过这种回眸我们发现，"回归"十年间澳门散文取得了很大的发展。但是我们也发现，由于受到副刊专栏性、娱乐性、消费性等的钳制，澳门散文在欣欣向荣的文学景象背后，也存在着许多不尽如人意之处，回归前澳门散文存在的诸多问题，即使经过十年时间的发展，仍然没有得到彻底的解决。概括地讲，"回归"十年间澳门副刊散文主要存在这些缺失：美学变革滞后带来审美疲劳，深沉意蕴缺失导致"大方之家"与"大气之作"难以"生长"。这些缺失，或多或少都与澳门散文所依托的场域——报纸副刊有关联。长期以来，众多的澳门散文作家在副刊所提供的各种专栏里辛勤耕耘，这种"小方块"性质的细细耕耘容易使专栏作家们产生一种惯性和惰性，伴随而来的就是对创新的忽略和对已有特色的自足。所以，当我们考察某个专栏短期内的散文时，往往会为专栏散文独特的审美风格而欣喜；但是，一旦我们把考察的时间范围扩大，就容易产生"审美疲劳"，因为这一专栏的美学风格过于"稳定"。同时，托身于报纸副刊的澳门散文，对社会热门话题往往保持着极度的敏锐性，社会上一个热点问题的出现，总能够吸引众多散文作家的目光。对社会现实的"过度"切近，固然能够体现作家极强的社会责任感，并且能够实现文学干预现实的功能；但是，它也往往使作家很难进行深度思考，难以"具备古老深沉的意蕴"。"散文家们期待于散文的很多，也努力将视野中的一切纳入专栏文字，但当'专栏散文''反映现实，直接快速地与时事新闻挂钩'时，它的时效性在另一层面上也意味着深入思索的不可能，常给人'草率'和'随意'之感，甚至由于诸多作者同时针对一件时事而写，缺少时间的沉淀而视角雷同，故有千篇一律、个性不足之感。"①蔡江珍表达的这种阅读感受，无疑值得作家们思考。

---

① 蔡江珍：《报纸副刊与澳门散文》，《海南师范学院学报》2002 年第 3 期。

## 三 艺术的虚构与虚构的艺术——小说观察

澳门小说副刊出现较早,20世纪60年代《澳门日报》就开设了"小说"栏目,这也是《澳门日报》较早创刊的一个文学版面。经过几十年的探索,到21世纪初,澳门中文报纸的小说副刊有《澳门日报》"小说"和《星报》"副刊",其中尤以《澳门日报》"小说"最具代表性。"小说"副刊是澳门文坛最主要的小说园地,据统计,澳门作家出版的小说基本都在《澳门日报》"小说"上刊登过①。21世纪前七年,《澳门日报》"小说"基本沿袭了90年代的编辑方针,连载台港及澳门本地作家的武侠、言情类长篇小说,以及一些短篇小说,整体美学风格偏于通俗。2007年,《澳门日报》对副刊进行全新改版,"小说"也在这波改版潮中调整了略显老旧的编辑方针:加重副刊文化内涵,在副刊名称前直接冠以"文化"二字;重塑副刊美学面貌,改通俗为雅俗共赏;取消长篇连载,改刊短篇小说;每日一版变成每周一版。改版后的《澳门日报》"小说"面貌一新,翻开了21世纪澳门小说发展的崭新一页。

综观"回归"十年来澳门副刊上的小说创作,在许多方面焕发出新的风采,尤其是短篇小说,非常活跃,取得了丰硕的成果。短篇小说大多只有一千字,但大部分作品却能做到选材精细、结构巧妙、含意深刻。作者多从澳门现实生活取材,表现出强烈的批判精神,例如,叙说赌场与赌文化病毒的作品,叙说偷渡者"失身"的作品,都充满了对社会、对人性之恶的批判,同时也充满对弱者的同情。作者的女性意识与道德意识,也出现了新的变化:在叙说现代爱情悲喜剧时,女性意识从怨恨转化为和解;书写"同志"之爱时,表现出对"异类"情感的

---

① 廖子馨主编《我们——〈澳门日报〉五十年成长足迹》,澳门日报出版社,2008,第183页。

理解与同情。与之同时，短篇小说的创作风格也逐渐走向多元化：以写实为主流，魔幻现实主义、后现代主义等探索性作品不断涌现。

第一，取材现实与批判精神。澳门现代小说自诞生以来，就有十分鲜明的现实主义倾向，"回归"十年间的澳门小说，继续发扬了这一优良传统：从澳门当下的社会现实生活取材，反映澳门的社会变化和澳门人的精神面貌，具有很强的现实批判意识。"赌"与"偷渡"是澳门作家十分热衷的两大现实题材，"回归"十年间也产生了许多以此为题材的优秀作品。

作为一个世界知名的赌城，澳门的赌场业在长期的发展过程中逐渐形成了一种赌场文化。这种赌文化一旦与梦想、财富等联系在一起，就必然会上演一幕幕人性扭曲与癫狂的惨剧：他们或付出自己的生命，或徘徊于自己心底的道德底线，或不惜铤而走险。澳门作家听过、见过甚至经历过太多与赌文化有关的"澳门故事"，他们也乐于以艺术的方式将这些"澳门故事"呈现到小说中，于是就出现了大量以此为题材的创作。海南闲人的《重金属病毒》[1]、钜鹏的《医生招牌下的鬼魂》[2]、亚信的《生活》[3] 等，都是叙说赌场与赌文化病毒的小说。这些小说，一方面表现了澳门赌场业的繁荣，不管是澳门本地人，还是外来人，赌场都成了必去的地方；另一方面也反映了赌博文化对澳门的影响，特别是作为一种特殊的文化，它已经渗透澳门人的骨髓，并对澳门人的日常生活产生了重要影响。许多的小说并没有直接写赌场，而着眼赌文化病毒对日常生活的侵蚀，读来让人触目惊心；另外，作者也将笔触指向在赌场文化影响之下人性的扭曲，具有很强的现实警示意义。

"偷渡客"是澳门社会的一类特殊人群。"回归"之前，内地人偷渡到澳门生活、赚钱的事情屡见不鲜；"回归"之后，内地人还是不能很方便地进入澳门工作、居住，一部分人想要进入澳门，却没有证件，

---

① 海南闲人：《重金属病毒》，《澳门日报》"小说" 1999 年 9 月 2 日。

② 钜鹏：《医生招牌下的鬼魂》，《澳门日报》"小说" 2000 年 1 月 11 日。

③ 亚信：《生活》，《澳门日报》"小说" 2007 年 2 月 2 日。

就只能偷渡。他们在澳门没有自己的身份，无法成为澳门市民，在澳门只能靠做体力活来维持生计；还有一部分女性，只能靠出卖自己的身体来换取生活资本。这样两种"失身"的组合，便形成了澳门另外一道独特的风景线——"失身者"。在许均铨的《胡可的无奈》① 中，主人公胡可是一个偷偷在斗室中生存的没有"身份"的工人，澳门高楼林立，却没有一块真正属于他的地方。胡可与澳门两者互为"他者"，每天他只能躲在暗室中，用望远镜观察别人的生活。一次，胡可在偷偷下楼买面包时，被警察捉捕，最后他只能看着这个不属于自己的城市，百感交集。胡可的悲剧在于"偷渡客"的身份使他在澳门一直无法获得认同。此类题材的创作还有很多，如漏庐居士的《起点和终点》、风尘子的《一个洗头仔的故事》、风尘女的《午夜女郎》等。

从澳门现实生活中取材，书写具有澳门味道的本土故事，反映澳门世态百相，是"回归"十年间澳门副刊小说的重要特征，这对于打造澳门文学特别是澳门小说的"澳门性"，以及使澳门小说在世界华文文学版图内获得更多的认同具有重要意义。

第二，诉说情爱与现代伦理。情爱是文学的永恒主题，"回归"十年间的澳门副刊小说大多都与情爱有关，包括不少的同性恋小说。这些小说不再以才子佳人式的浪漫爱情故事为主，而由张扬风花雪月转入对现代情爱伦理的重新解读和阐释，开拓了澳门情爱小说一块新的天地。

"回归"十年来，澳门副刊上那些以爱情和婚恋为题材的小说，多从女性的角度入手，反映女性在面对爱情和婚恋时的艰难抉择，凸显她们的女性意识，肯定她们的独立自主观念。刘武和的《立秋》② 讲述的是一对夫妻去离婚的路上发生的故事。整篇小说最突出的就是对女主人公心理变化的描写，细致入微，又完整地交代了整个故事发生的原因，结构安排非常巧妙。从中也可以看出女性对独立意识的重视，对

---

① 许均铨：《胡可的无奈》，《澳门日报》"小说"1999 年 5 月 13 日。
② 刘武和：《立秋》，《澳门日报》"小说"2009 年 5 月 8 日。

男性的态度也由一味地怨恨走向了虽有怨恨也有和解的可能。丁汀的《叶子》①，一个由大树、叶子和风的关系引出一段三角关系的爱情故事，女主人公感动于大树和叶子之间浪漫的爱情时，男友小杨却做出了撇清关系的抉择，而学弟的出现又让她开始憧憬一种缥缈的爱情。此时，另外一个版本的"叶子、树和风"的出现，让她忽然明白男友小杨说的"不可挽留"的真正含义。最终，她勇敢地离开了小杨，因为知道那不是自己可以拥有的幸福。这篇小说肯定了女性对爱情和婚姻的自主，鼓励女性挣脱男性的束缚，获得一片属于自己的天空。

　　"回归"十年来的澳门副刊小说，有不少书写"同志"之爱的作品。在这一类题材的作品中，作家并没有用一种鄙视的眼光去看待这种特殊的情爱现象，而是认为"只要是人，就有权选择"，从中也可看出澳门作家对情爱伦理的先锋阐释。许芊芊的小说《学姐学妹》② 是一篇典型的女同性恋小说。女主角 16 岁时，已经有了男朋友，却又不知不觉喜欢上了自己的师姐。在发现师姐也喜欢女孩子后毫不犹豫地和男友分手，但师姐这时已经有了女友。后来，她遇到了之前和师姐恋爱的女孩子，于是两个人带着共同的怀念交往了起来，最后却发现，初恋的男友在和自己分手后去了香港，最后还和师姐结了婚。这时，两个人不禁陷入了疑惑：到底师姐一直喜欢的就是自己的初恋男友，还是这是男友的报复？这篇小说最大的亮点在于作者的叙述态度，女主角先后与两个女孩子的恋爱故事，在作者的笔下都当作普通的男女恋爱故事来讲述，这就在叙述上首先破除了同性恋题材的"特殊性"；小说最后的结局，也十分值得玩味，师姐和初恋男友的结合，是否在暗示当下社会同志之爱的艰难？师姐的选择是否也是对现实社会世俗情爱伦理的妥协？这些都值得我们深思。贺绫声的《爱到杀死你》③，从一起同性恋命案讲起，反观"我"身边的同性恋故事，反映了当代社会同性恋的普遍。

---

① 丁汀：《叶子》，《澳门日报》"小说" 2009 年 5 月 22 日。
② 许芊芊：《学姐学妹》，《澳门日报》"小说" 2002 年 5 月 17 日。
③ 贺绫声：《爱到杀死你》，《澳门日报》"小说" 2003 年 5 月 18 日。

第三,创新探索与艺术多元。长期以来,现实主义的创作方法在澳门小说界占据着主导地位,"回归"十年间的澳门副刊小说,整体而言仍然没有完全摆脱现实主义的"牢笼";但是,我们也注意到,许多具有先锋意识的作家开始积极探索,创新创作手法,以艺术多元为旨归的小说实验也在澳门中文报纸副刊上悄然展开,产生了一些具有先锋实验性质的小说。

承钰的《魔术师的女儿》① 讲述了一个发生在魔术师女儿身上的故事。小说叙述视角十分独特,它以小女孩琪琪的视角来讲述所发生的故事:她不知道她所居住的这座城市的名字;魔术师爸爸经常不在家,回家的时候都会从莫名其妙的地方跑出来;妈妈不见了,等等。这些事情如果站在大人的角度来写的话,只会给人一种荒谬感,但从小孩子的角度来看,却展现出一种与众不同的天真。会将南瓜变成车的爸爸、年年都带着不同的婴儿过来的阿姨、河童、人狼、蛇女,这一系列带有魔幻色彩的形象,就像童话故事中的人物,也给小说蒙上了一层神秘的面纱。在李志伟的《超级洗面奶》② 中,人的五官可以用洗面奶洗下来,并重新组合到脸上,组成新的面部。身为学生的主人公不经意间使用了妈妈的洗面奶,五官的脱落让他恐惧,但当他将五官按自己的意愿粘到面部,形成新的面部形象时,他变得更加帅气,开始充满自信;本来长得不好看的女同学也在洗面奶的帮助下,重组器官,变成了充满魅力的女孩子。小说所采用的手法显然是非现实主义的,但它却深刻地反映出当下社会以貌取人、不重内涵的弊病。

作为澳门小说发表的主要园地,以《澳门日报》"小说"为代表的副刊在艰难中不断前行,对"回归"十年来的澳门小说创作产生了重要的影响:一方面,《澳门日报》"小说"等副刊团结和聚拢了一批澳门优秀的小说作家,为繁荣澳门小说创作起到了不可替代的作用;另一

---

① 承钰:《魔术师的女儿》,《澳门日报》"小说"2002 年 2 月 16 ~ 19 日。
② 李志伟:《超级洗面奶》,《澳门日报》"小说"2004 年 8 月 12 日。

方面，虽然小小说、短篇小说和中长篇小说等各种小说类别在澳门中文报纸副刊提供的园地上竞相驰骋，都取得了可喜的成绩，但总体上呈现出发展不平衡的面貌；最后，副刊园地对文学创作的规约作用在"回归"十年间的澳门小说创作上也有明显的体现，澳门小说的艺术特征、美学面貌、成绩与缺失都或多或少地与澳门中文报纸副刊园地有所关联。

第一，团结作者队伍，繁荣小说创作。《澳门日报》创刊伊始就在"新园地"辟出一角刊登小说，至今《澳门日报》刊登小说的历史已近50年，其间虽然也有过不少的波折，但经过几十年的不断探索和苦心经营，小说和"小说"副刊已经成为《澳门日报》副刊上的重要文学门类和副刊品牌。

"回归"十年来，《澳门日报》"小说"利用其园地的各种优势，不断培养和团结澳门小说作者，至今已经形成了一支庞大而又独具特色的作家群。能够列入这一名下的小说作家几乎涵盖了近十年澳门文坛所有从事小说创作的老中新三代作者，比如：柳惠（即鲁茂）、周桐（即沈尚青）、林中英、陶里、苇鸣、梁淑琪、沙蒙、郑重、廖子馨、梯亚、吕平义、寂然、钟伟民、许均铨、钜鹏、方学雕、亚信、竹薇风、贺鹏、丁小姐、李柯杉、风尘子、许芊芊、贺绫声、清水河、阿兆、陈志峰、太皮等。

《澳门日报》"小说"上的作家群大致可分为三类，第一类是以柳惠、周桐、陶里等为代表的老一辈作家。他们大都在20世纪70年代就开始在《澳门日报》上发表小说作品，至今已经是澳门小说界的重量级作家。比如柳惠，自《澳门日报》"小说"在1969年9月创刊开始，就在其提供的园地上辛勤地经营他的小说创作，几十年来刊载了大量的小说作品，仅在《澳门日报》"小说"上连载的长篇小说就有《星之梦》《小兰的梦》《恩情》《黑珍珠》《谁是凶手》《路漫漫》《白狼》《早熟》等二十多部，其中《白狼》更是在澳门小说界产生了很大的反响。周桐虽然要比柳惠稍晚一点开始小说创作，但几十年来，周桐依托

“小说”这块宝贵的园地同样取得了丰硕的成果，连载过《半截美人》《幻旅迷情》《赤子情》①《晚情》《流星》《澳门假期》《再生缘》等十几部长篇小说。进入 21 世纪以后，这些老一辈作家虽然已经不再保持 20 世纪 80 ~ 90 年代的那种旺盛的创作激情，但我们在“小说”上仍然不时能够看到他们发表的一些短篇小说，这些作品对建构他们在澳门小说界的地位或许已经不起什么重要的作用，但是，他们作为澳门小说界的一种象征对“小说”的经营起着一种精神支持的作用，同时也对年轻一辈的小说作者起到了一种鼓励的作用。

第二类是以沙蒙、廖子馨、梯亚、吕平义、寂然等为代表的中年一代作家。他们大多在 20 世纪 90 年代开始小说创作，经过近 20 年的艺术磨炼取得了一定的成就，成为当前澳门小说界的中坚力量。廖子馨既是澳门小说界的一位知名作家，同时也是澳门一位优秀的传媒人，现任《澳门日报》副刊部常务副主任、文学版主编，澳门笔会秘书长，澳门文学刊物《澳门笔会》编委，《澳门日报》副总编辑。1989 年开始发表作品，2009 年加入中国作家协会，著有文学评论集《论澳门现代女性文学》、散文集《七星篇》《美丽街》。小说《命运——澳门故事》、《奥戈的幻觉世界》（Les Hallucinations d'Ao Ge）。获 1996 年第二届澳门文学奖小说组冠军、1999 年第三届澳门文学奖小说组优秀奖，其中《奥戈的幻觉世界》还被改编成电影《奥戈》作为澳门回归十周年的献礼片在 2009 年上映，产生了一定的影响。寂然是 90 年代以来澳门小说界非常活跃的一位作家，他从高中时代就开始坚持给《澳门日报》“小说”投稿，十多年来发表了大量的小小说和连载小说，取得了喜人的成绩，成为受青年读者欢迎的作家。

第三类是以亚信、贺鹏、许芊芊、贺绫声、陈志峰、太皮等为代表的新生代作家。他们是澳门小说界的一支新生力量，多为 20 世纪末或 21 世纪才开始进入文坛从事小说创作，虽然创作的时间并不是很长，

---

① 后易名为《错爱》。

但他们的作品所表现出来的巨大潜质却是让人感到欣喜的。2007 年，"镜海"曾开设"澳门新生代写作人大展"专栏，集中介绍了 11 位当前澳门文坛较为活跃的新生代写作人，在这 11 位作者中，就有多位是从事小说创作的，比如贺绫声、陈志峰、太皮等。这些青年一代小说作者的创作，虽然目前为止还不能与澳门小说界老一代和中年一代作家的作品相抗衡，但是他们代表了澳门小说未来发展的方向，也是澳门小说未来腾飞的希望。作为一种新生力量，以贺绫声、陈志峰、太皮等为代表的青年一代作家把一种新的气息带入了文坛，对澳门小说的更新换代必将起到重要的作用。

第二，小小说、短篇小说与中长篇小说的发展不平衡。小小说、短篇小说和中长篇小说在"回归"十年间的澳门中文报纸副刊上都有刊载，但从《澳门日报》"小说"版面的发展历史来看，小小说、短篇小说和中长篇小说的刊载经历了一个发展变化的过程。在《澳门日报》创刊初期，"小说"版面几乎都是连载中长篇小说，比如 1961 年 4 月《澳门日报》开设"小说丛"时，刊登的五部小说全部都是长篇小说：蕊韵的《风尘人语》、余福崇的《阿福自记》、何耿刚的《风雷夺魄剑》、张璧的《死亡采访》、麦思远的《铁掌情仇》。中长篇小说独占《澳门日报》"小说"版面的情况持续了很长的一段时间，直到 90 年代初"小小说"专栏的增设才开设改变这一状况。从这一时期开始，《澳门日报》"小说"削减中长篇小说连载的版面，由原来的五部减为四部，腾出来的版面空间用以刊登小小说和短篇小说。这一变化极大地推进了澳门短篇小说创作的发展，《澳门日报》"小说"也由此进入了小小说、短篇小说和中长篇小说在同一个版面竞相驰骋的发展阶段。2007 年《澳门日报》在对副刊进行全面改版时，考虑到经济、社会以及小说自身的各种情况，编辑部将"小说"归入"文化"版面，由每日六条字改为每周全版十八条字，并且只刊登短篇小说。这是 21 世纪以来《澳门日报》"小说"最重大的一次变革，这一变革改变了小小说、短篇小说和中长篇小说在同一个版面竞相驰骋的面貌，同时也改写了小小说、短篇小说和中长篇小说各自的命运：中长篇小说完全退出了《澳门日报》"小说"的历史舞台，丧失了自《澳门日报》创办以来在"小说"版面的霸主地位；而相应地，小小说和短篇小说却开始主宰《澳门日报》"小说"的所有版面空间，并且进入了一个全新的发展时期。

中长篇小说连载几乎是报纸副刊开始刊登小说的时候就出现的一种现象，早期的《新小说》《月月小说》《礼拜六》《小说月报》等著名的中文报刊都是以连载中长篇小说而驰名于报坛和文坛的，澳门报纸副刊同样如此，柳惠和周桐等的中长篇小说就是报纸连载的产物。进入21世纪以后，直到2007年《澳门日报》"小说"改版之前，中长篇小说依然在澳门的中文报纸副刊上占据着很重要的位置，但是，受到版面空间的限制以及读者阅读趣味的影响，《澳门日报》"小说"无论在数量和质量上都与小小说和短篇小说有一定的差距。首先，一部中长篇小说要在《澳门日报》"小说"连载完，往往需要一年甚至数年的时间，虽然每一期的《澳门日报》"小说"都划出大部分的空间来刊登3～4部中长篇小说，但多年下来，《澳门日报》"小说"刊登的中长篇小说却屈指可数、十分有限，比如从2000年到2006年底，《澳门日报》"小说"连载的中长篇小说就只有几十部，这样的数量和小小说与短篇小说是无法相比的。其次，当深入分析21世纪以来《澳门日报》"小说"所连载的中长篇小说时，我们会发现，它们都是武侠和言情类通俗小说，总体所呈现出来的美学面貌并不是很高，大多数都有很明显的媚俗倾向，而且在艺术手法等方面也陈旧有余创新不足，近些年来在澳门短篇小说创作中所表现出来的一些艺术新质在连载的中长篇小说中往往难以见到。

小小说和短篇小说是在20世纪90年代初增设"小小说"专栏时才开始大规模登陆《澳门日报》"小说"版面的。但由于其篇幅短小、结构精巧等优势适应了都市生活短、频、快的节奏，小小说和短篇小说的发展极其迅速，特别是在2007年改版之后，澳门的小小说和短篇小说更是迈入了发展的黄金阶段。小小说和短篇小说的创作队伍十分庞大复杂，而且还包括许多进入澳门文坛不久的新生代作者，所以在考察《澳门日报》"小说"上的小小说和短篇小说时，"活跃"是一个很重要的版面特征，各种年龄段的作者齐集于此，并且也把他们各自的创作特色带到了《澳门日报》"小说"上。与中长篇小说相比，小小说和短篇小说无论在内容上还是在艺术手法上都呈现出不同的面貌。在内容上，小小说和短篇小说在武侠和言情类通俗题材之外，更多地向澳门社会生活的方方面面延伸，比如：赌场与赌文化、偷渡故事、"同志"之爱等内容；许多的小小说和短篇小说在描写这些内容时，不再仅仅关注故事本身的曲折性和传奇性，而是尽可能地在有限的篇幅中去触及人性和身份等深层的问题，因而，这些小说更能带给读者一种心灵的震撼。在艺术手法上，小小说和短篇小说也在不断地尝试和创新，近些年澳门小说创作中表现出来的散文化尝试和先锋实验也多能从它们的身上找到例证。

第三，副刊园地对澳门小说的规约。澳门小说以副刊为主要的发表园地，那它必然也会受到副刊园地的各种约束。副刊园地虽然无法从根本的创作意图和艺术追求上作用于澳门的小说创作，但可以通过对作家构思环节和操作程序的影响，促成和调节作家对某些题材和表现方法的运用，从而对澳门小说整体的美学面貌产生影响。一方面，为了最大限度地满足读者的阅读趣味和消费需求，副刊园地往往会要求作家尽可能地选取一些为大多数读者所喜欢的题材；另一方面，在内容上贴近读者的同时，副刊园地往往也会要求作家在表现方法上使用一些能被大多数读者所接受的形式。具体而言，主要包括以下三个方面。

其一，澳门中文报纸副刊与澳门小说创作中的情感题材。这里的"情感题材"主要有两类：爱情题材和婚恋题材。在 21 世纪以前，情感题材在澳门小说创作中就大量存在，那些为大家所熟悉的小说如《错爱》《恋姐情愫》《云和月》《勿忘草》《遗失的年代》《石卵之恋》《水仙花开的时节》等都是以情感为题材的小说；进入 21 世纪以后，情感题材依然在澳门小说界极为盛行,考察 21 世纪以来的《澳门日报》"小说"时就可以发现,情感题材的小说占据了整个澳门小说创作的大部分。造成这一状况的原因较为复杂,除了社会、文化等方面的因素之外,也与澳门小说赖以生存的副刊园地有很大关联。读者是澳门所有中文报纸的生命,谁抓住了更多读者的阅读需求,就意味着谁能在激烈的报业竞争中立于不败之地。情感是每一个读者都必然会有的一种心理体验,爱情和婚恋也是绝大多数读者梦寐以求的两种财富。自古以来,情感题材就在读者中具有非常广泛的消费基础,尤其是现代都市中的女性阶层、学生阶层和白领阶层。澳门的中文报纸副刊对这一点显然是非常明了的,满足了这些阶层读者的阅读需求就意味着抓住了澳门读者群体中大部分人的心。虽然澳门中文报纸副刊上登载的情感类小说可能没有多大的新意,有些甚至在模式上出现重复的现象,但是,这类小说却一直没有从副刊上消失或者衰落,相反,倒是呈现出一种长盛不衰的景象。当然,在为数众多的澳门情感类小说中也有一些是在严肃地探讨两性之间的关系,但是总体而言,为大部分一般读者所接受的通俗的情感类小说还是最主要的。情感题材的小说是副刊在激烈的市场竞争中的一种必然选择,这种选择很难用一种简单的对与错的标准来评判;只要在尺度上把握适当,情感类小说仍然能够引导未来的澳门小说向良性的方向发展。

其二,澳门中文报纸副刊与澳门小说创作中的写实倾向。21 世纪以来,澳门小说界虽然也出现了越来越多的进行先锋实验的小说,但是总体而言,澳门的小说创作还是以写实为主。有研究者在探讨这一问题时曾指出:"文学思潮的影响,现实处境的刺激,作家的文化、心理结构,共同促成了澳门文学作家的写实与文化关注选择。"[①] 如果联系澳门小说的刊载背景,我们会发现,澳门小说的写实倾向与副刊也有很大

---

① 莫嘉丽:《澳门汉语小说的"教化关注"》,载饶芃子等《边缘的解读:澳门文学论稿》,中国社会科学出版社,2008,第 148 页。

的关联。副刊的读者，虽也有一些文化层次较高的群体，但是总体而言主要还是那些受教育程度不高的普通市民，他们的文学消费往往是茶余饭后的一种消遣和娱乐，并没有很严肃的精神追求。这些读者"是在茶余饭后，一报在手，从报纸副刊的短篇、连载作品对生活的具体描绘中，获取大量贴近世俗生活的信息、经验，享受小说带来的美学刺激……一般读者多'爱奇'而'闻诡惊听'，故事有趣，悬念设得巧，人物命运奇特多变，既贴近人们关注的'世俗'，又拓展出千变万化、引人入胜的情景的小说，最受普通读者的欢迎。这样一种审美趣味，无疑也是澳门连载小说、短篇小说生存的基础"[1]。这就使得副刊在刊载小说时，更加注重写实小说。除了读者的接受心理使副刊偏好写实小说之外，还有一个原因也经常促使副刊偏重于写实小说，即写实小说与报纸正刊的新闻性更加契合，这个原因往往易被研究者所忽视。副刊与正刊是一种"分""合"关系，它要求副刊一方面与正刊有所区别和分工，另一方面，又要求副刊与正刊有所配合和补充。副刊上的小说不能说完全受制于报纸的正刊，但是，也相对地要求小说能够在一定程度上配合正刊的新闻性面貌，而在所有的小说类别中，写实小说无疑是最符合这一条件的。当然，不应该把这种契合无限地扩大，因为副刊与正刊的"分"是主要的，"合"是相对次要的，小说的新闻化以及新闻的小说化都是不应该提倡的。

其三，澳门中文报纸副刊与澳门小说创作中的娱乐功能。受到写实倾向的影响，澳门的小说大多具有很明显的教化意识，但是这种教化意识有一些却并没有上升到批判意识的层面，许多的澳门小说"总是停留在某些'身边'的生活层面上，而对较为敏感、尖锐的社会问题揭示的深度有限，甚至不愿或不敢直面"[2]。有研究者甚至还认为："澳门

---

① 莫嘉丽：《澳门汉语小说的"教化关注"》，载饶芃子等《边缘的解读：澳门文学论稿》，中国社会科学出版社，2008，第149页。

② 莫嘉丽：《澳门汉语小说的"教化关注"》，载饶芃子等《边缘的解读：澳门文学论稿》，中国社会科学出版社，2008，第183页。

小说缺少诗歌那种'在自我失落和面对传统与现代文化两难失据的生存困境'所形成的'生命悲剧意识',探讨人的生存价值、文化认同的作品较少见。"① 这是当前澳门小说创作面临的最主要的困境,同时也是至今为止澳门文坛为什么还没有诞生一部具有世界性影响的优秀作品的原因之一。批判意识的薄弱使得澳门小说中的教化意识里带有鲜明的娱乐性,即澳门小说在倡导教化功能的同时也极为注重小说的娱乐功能,而这一点与澳门中文报纸副刊也有很大的关系。早在 20 世纪 90 年代,李鹏翥先生为周桐的长篇小说《错爱》写序时就曾鲜明地提出:"怎样争取读者在娱乐之中接受文学性强的作品,接受社会功能的作品,是许多敢于面对现实的作家所不能不考虑的问题。"② 李鹏翥是澳门的一个知名作家和报人,曾担任《澳门日报》总编辑,现任《澳门日报》社长。可以说,在这里,李鹏翥从一个报人的角度敏锐地发现了娱乐性在推动澳门小说传播与扩散过程中的重要作用。澳门小说是借助副刊进行传播和扩散的,要使更多的读者接受澳门小说就必然要求小说具备一定的可读性和娱乐性,这是由报纸副刊自身的属性所决定的。所以,21 世纪以来的许多小说在提倡文学教育功能的同时往往会采用通俗小说的一些表现技巧,使小说在文学性之外具备一定的娱乐性。小说娱乐性的利与弊长期以来在学界引起了很大争论,论辩双方各执一词,至今难以形成相对一致的看法。笔者认为,所有离开一定的社会、文化以及文学背景的讨论都无利于问题的解决。同样,讨论澳门小说娱乐性的利与弊也必须充分考虑澳门小说长期以来依赖副刊进行传播这一大背景。实际上,澳门小说的娱乐性是各种因素互相作用的结果,一定程度的娱乐性的存在将极大地促进澳门小说的传播和扩散,如果澳门小说完全不考虑它的传播背景而一味地走先锋的路子,那么

---

① 莫嘉丽:《澳门小说的创作困境》,饶芃子等《边缘的解读:澳门文学论稿》,中国社会科学出版社,2008,第 183 页。

② 转引自饶芃子等《边缘的解读:澳门文学论稿》,中国社会科学出版社,2008,第 161 页。

它的受众将会所剩无几，澳门小说的传播也无从谈起。当然，澳门小说的娱乐性也应该是有一定尺度的，如果任其发展，也将对澳门小说产生不利的影响。

概言之，无论是澳门小说的成绩还是缺失都与澳门中文报纸副刊有很重要的关系，应该高度重视对澳门中文报纸副刊与澳门小说关系的跟踪观察与深入研究。

# 第四章　澳门文学批评的场域与方法

## 一　澳门文学批评的场域呈现

### （一）澳门文学批评空间的传统结构

澳门文学批评的传统空间由报纸副刊、文学期刊和学术期刊组成。《澳门日报》副刊长期坚持发表文学评论，是最稳定的批评园地。随着1999年《澳门现代诗刊》停刊，发表批评文章的文学期刊主要就是《澳门笔汇》、《中西诗歌》（2002 创刊）等少数几种，此外，由澳门基金会出版的学术期刊《澳门研究》、澳门文化局主办的《文化杂志》偶尔刊发关于澳门文学的研究论文。而刊登于学术期刊的澳门文学研究论文因为阅读的专业性要求，很少被一般读者接受，实际上未进入公共阅读空间。不难发现，由上述运作平台组成的空间结构导致澳门文学批评面临多种挑战。

廖子馨曾谈到，出版不定期导致《澳门笔汇》约稿之难，在获得澳门文化局、澳门基金会赞助之后，情况稍好一点，但是约理论文稿不是一件容易的事。以 2005 年 10 月出版的第 30 期"文学评论"专号为例，编者在编出杂志之后深有感慨地说：

这一期是文学评论专题。

稿件齐集之后，套一句流行曲的话：让我欢喜让我忧。

先说忧吧。我原打算这些评论都以澳门的作品为对象，既可以展示一下本澳文学评论的实力，又可以展示一下当前澳门文学的进程。最后的结果是不尽如人意，虽然已有五篇的收获。不过人总是贪心的，越多当然越好；而且这五篇中，三篇是谈诗作，散文、小说的都欠奉，不能不算是个遗憾。文学繁荣离不开评论的繁荣，希望本地的评论队伍能不断壮大，成为澳门文学茁壮成长的坚强后盾，甚至前导①。

在谈诗的三篇文章中，黄文辉提交的是硕士学位论文《穆旦诗学论》中的第三章②。从希望评论澳门的作品这一点说，至少这篇就不合编者的心意。此外，内地学者古远清和熊辉的文章应当不在约稿之列，因为评论对象是澳门作家，所以发表了。

《澳门笔汇》是澳门笔会的"会刊"，澳门笔会作为一个澳门民间文学社团，基本上"收编"了澳门所有的老中青作家，因此"会刊"的权威性与重要性对于澳门文学来说不言而喻。虽然《澳门笔汇》受出版周期过长的困扰，但是她所提供的版面和纯文学场域，是报纸副刊无法相提并论的。在澳门这样一个商业化无孔不入的国际都市，《澳门笔汇》始终不刊登任何广告，仅凭这一点就足以让人肃然起敬。作为一个创刊至今已逾20年的纯文学期刊，虽然先后获得澳门基金会、澳门文化局的财政资助，我们仍然可以看出有心人士为了维持这份刊物的生命付出了诸多心血。从当年那些向作者、读者发出因出版延误的致歉消息，我们不难理解其走过20多年的艰难处境，《澳门现代诗刊》即是纯文学期刊惨淡经营的有力旁证。这与内地由诸级作协机构供养的"官方刊物"或

---

① 《编者的话》，《澳门笔汇》2005年第30期。

② 黄文辉：《穆旦诗学论》，暨南大学硕士学位论文，2001。

"皇家刊物"的衣食无忧甚至"飞扬跋扈"相比，依附与寄生可能是澳门文学不得不选择的生存之道。不过，《澳门笔汇》又以自身的方式展示着独特的骄傲：除了拒绝商业广告的侵蚀之外，2001 年扩版后采用 A4 纸张，不仅纸张考究，文本行距大，周边大幅留白，更是体现出对作者文本的尊重①。这与见缝插针的报纸副刊形成微妙的互文关系。

据笔者初步统计，《澳门笔汇》自 1989 年 6 月创刊至 2011 年第 42 期间，刊登文学批评文章约 150 篇，90 年代刊出 72 篇，文章基本上以澳门文学为对象。其中不少文章已经成为我们了解澳门文学及其批评发展状况、触摸历史不可或缺的史料，如陶里、云惟利、李观鼎、黄晓峰、邓景滨、懿灵、凌钝、缘源、庄文永、黄文辉、寂然等作者针对澳门文学发表的一批文章，具有书写时代的重要意义。特别是由澳门笔会和澳门基金会合作举办的"澳门文学奖"，迄今已经刊出八册获奖作品专辑，这些作品专辑不仅是澳门新生代作家迈上澳门文学舞台的见证，而且其历届大奖花絮、评委感言、新闻报道等也是探讨重返文学现场可能性的第一手资料。

不过值得忧虑的是，"回归"之后，《澳门笔汇》给人的印象似乎是全力打造"澳门文学奖"这一文化品牌，刊登的批评文章不断减少，最近的第 38、39、41、42 期都未刊发批评文字，大概是意识到创作远胜于空谈，作家最有说服力的就是作品本身，而非华而不实的掌声。文学奖作为推动文学发展的奖赏，积极作用是不言而喻的。但或许值得思考的是，这样一种奖赏往往会受到外来权力场的制约。"知识生产的所有环节——从学院与研究单位的体制构成与管理、资金来源、学科设置、人事安排、成果评定，到发表审核的机制与标准等等——都是国家'意识形态领域'工作的一部分。在这个意识上我们可以说，这个知识场域是'他治性'（heteronomy）的。"② 作为一个被资助的纯文学刊

---

① 《澳门笔汇》刊物编辑通常采取"作者版面空间专享"政策，即无论文章长短，结尾处的剩余版面不再安排其他作者的作品。即使只发表一首绝句，也会安排一页版面。
② 许纪霖、罗岗：《启蒙的自我瓦解》，吉林出版集团，2007，第 259 页。

物，即使是接受澳门基金会这样一个致力于文化事业发展的机构，仍然难以避免意识形态化的价值认定，因此，它是否存在"被规训"的可能？或者说，需要编辑同人对自我规训保持必要的警惕，不然就会导致刊物走向更为单一的发展道路。

### （二）《澳门日报》副刊与批评园地之开辟

在澳门出版机构中，《澳门日报》副刊是发表澳门文学批评最重要的园地之一。从这些副刊开辟的文学批评空间来看，我们基本上可以获得有关澳门文学批评的整体面貌。我们详细考察了《澳门日报》副刊自 1999 年 1 月 1 日至 2009 年 12 月 31 日发表的澳门文学批评，并进行了相关数据统计。11 年中，《澳门日报》诸副刊揭载文学批评文章计约 700 篇，排除与"澳门文学"无关的文章则约 400 篇①，经分类整理和数据分析，大致可以呈现出"长时段"澳门文学批评的基本面貌。

《澳门日报》总共有五个副刊登载批评文章："学海""新书刊""语林""新园地""镜海"。其中以"新园地"存在时间最长。"学海"是综合性学术副刊，包容性较强，以刊发史学、空间、思想论文为主，偶尔也有文学研究文章。"新书刊"以评介新书为主，其中说书人几乎定期撰文，纪修、邹家礼、吕志鹏、龚刚、袁绍珊、陈志峰、西斯等人，可以说是该副刊的主笔。"新书刊"的评介文章篇幅很短，向普通读者推介新书，学术性和专业性要求相对较低。尽管如此，通过"新书刊"我们可以从中大略了解澳门学者的阅读兴趣和视野，并进而窥

---

① 按：为了使统计本身更具有针对性和可操作性，我们选择澳门本地及非澳门本地学者发表在《澳门日报》副刊并涉及澳门文学的文章作为统计对象，不含对内地及其他地区文学的评论，因为有部分谈论非澳门本地文学的作者身份无法准确厘定，比如殷国明先生发表的很多批评文章与澳门文学无关，这不符合我们前面讨论"澳门文学"概念确立的基本范畴，也与《澳门笔汇》的认定原则冲突，因此暂时将其排除在外，但是并不代表这些文章就不重要。事实上，它们仍然会对读者产生诸种影响。同时，个别年份与月份的报纸存在不全的情况，统计只是对现有报纸的基本情况登记，所以我们采集的数据不是《澳门日报》副刊批评文章的全面反映，而 2007～2009 年专门统计"镜海"，今后如有机会获得更精确的数据，再另行修正。统计篇目见附录。

视学者的理论状况和知识结构。2007 年改版后，"新书刊"更名为"阅读时间"，正如台湾著名诗人向明说的，"诗无新旧，只有好坏"，书也没有新旧，只有好坏。栏目虽改名为"阅读时间"，其实还是作家、学者通过阅读筛选出具有价值的各类著作，并不拘泥于"新书刊"，只要是有价值而又未推荐过的好书，都值得向读者介绍。倡导一种阅读的氛围，对于匡正社会的读书风气无疑具有积极意义。在这些副刊中，"镜海"无疑是文学批评最重要的园地，以 214 篇占据《澳门日报》副刊文学批评的最大空间，它登载的批评文章亦可代表整个《澳门日报》副刊乃至整个澳门文学界的最新动态。

自 1999 年始，十年中《澳门日报》刊发澳门文学批评文章数量呈总体"萎缩"的趋势，如果与 90 年代相比较，则趋势更加明显。一个具有直观说服力的数据是，2002 年至 2006 年间发表的文章总共 85 篇，远不及 1999 年这一年中发表的 206 篇。之所以出现这种令人感觉突兀的情况，主要有以下几方面的原因。

首先是副刊专栏调整。改版和专栏调整是媒体应对社会发展、思想潮流更新和读者文化心理变化而做出的主动改革，体现了编辑和副刊团队的集体意志。文学/文化副刊的改版与专栏调整有诸多意外因素，当然主要还是以文学自身的演进为基本考虑，因此直观地反映了文学价值观念与文学消费/接受理念的变化。以 1999 年为例，在"语林""新园地""新书刊""学海""镜海"五个副刊揭载文学批评文章计 206 篇（与澳门文学相关的约为 98 篇）。1999 年 1 月至 5 月，陶里在"新园地"的"现代诗导读"专栏刊出文章 38 篇，之后专栏取消；施议对教授在"语林"的"诗词写作评赏"专栏撰写的古诗词评论有 23 篇，但 2000 年 6 月"语林"停刊，其"诗词写作评赏"专栏相应取消，因此 2000 年刊出的批评文章陡然下降为 110 篇（其中与澳门文学相关的约为 66 篇）。专栏文章通常定期刊出，非特殊原因不会耽搁，一旦取消，必然会对《澳门日报》刊登文学批评文章的数量产生影响。

其次，副刊改版对批评文章刊载数量影响明显。2007 年，《澳门日报》对副刊进行全面改版，加大了"文化"的内容，相关文学作品解读、现象批评的文章自然减少。作为澳门文学批评与研究文章的重要发表园地，"镜海"从2007年开始每月推出四个专栏，分别是李观鼎的"三余杂谈"专栏、姚风的"姚风读诗"专栏、区仲桃的"糖罐子"专栏和"澳门新生代写作人大展"专栏（此专栏2008年开始被马国明的"文笔聊民生"专栏代替）。这些专栏的设置使"镜海"进一步"框框化"，编辑为了保证版面篇幅和专栏稳定，留给其他批评文章的空间自然就会减少，时间一久，形成了少登批评文章的印象。

最后，澳门文学界面临所谓"经典的焦虑"。虽然谈诗歌必提"诗歌的基地"（何达）或"诗城"（云惟利），但是自90年代末以来，澳门缺乏在整个华语文学圈中有重大影响力的诗人诗作，特别是五月诗社的凄然谢幕给澳门文学的自信心造成很大的打击。近些年澳门与内地文化交流机会增多，澳门文学在中国当代文学版图里的位置依然处于边缘，除了被推上文学代言人席位的几位文化要人或与内地交往相对活跃的中青年作家之外，其他澳门作家的知名度并不高，更谈不上有经典作品流传。因此，有澳门本地学者提出"少空谈，多务实"的口号，号召本地诗人作家立足本地，面向世界，努力创造出既有澳门特色又有全球视野的作品。

当然，此类统计数据只能说明一些表面问题。从文化角度来看，陶里与施议对二人的专栏在"回归"前后的开设，或多或少都具有澳门本地文化人的使命感，他们自己也设想以"启蒙"为起点来承担一种文学知识传播的工作。施议对的古词赏析与研究之所以有读者需要和阅读市场，显然跟澳门古典文学传统源远流长有关，加上《澳门日报》历来视传承中国文化为义不容辞之责任，所以相关古典文学专栏的开设具有文化标志意义。陶里的现代诗导读理念源于现代诗是一门需要深究的学问，但他也知道从现代诗中理解某一种意义是吃力不讨好的事情①。五月诗社提倡现代诗十年，能读懂现代诗的澳门本地读者却不

① 陶里：《伪装了的情感符号——代跋》，载《蹒跚》，五月诗社，1992，第2页。

多，因此普及现代诗常识对于澳门诗歌阅读与接受很有必要，加上文化界与教育界相关人士建议他介绍阅读方法，最终促成了专栏的产生。1999 年 1 月 4 日至 3 月 13 日期间，陶里先后对张默、痖弦、郑愁予、杨牧、方思、向明、非马、叶维廉、罗青、林耀德等台湾诗人的作品进行了解读；3 月 17 日至 5 月 22 日期间又选择了内地一批重要诗人如顾城、北岛、杨炼、徐敬亚、舒婷、西川、傅天琳、雪村、钟星等的作品，实际上再现了自"朦胧诗"以来内地诗坛的基本阵列。专栏原计划写 100 篇，但他觉得个人对现代诗的认识已经得到基本呈现，因而于 5 月 22 日刊出解读钟星的《长调短拍的结合》一文后结束，并在次日刊出《〈导读〉结束语》①，宣布正式关门。此后陶里移民加拿大，基本无诗歌和批评在澳门发表，逐渐淡出澳门文坛，用他的话说："十年不写诗，皆因离开澳门。"② 实际上，地域变动对于作家文学生涯影响深远，作家一旦离开了原来的生存地，命运共同体亦随之发生改变。

从 1999～2009 年发表的批评文章内容来看，如果我们沿用当年邓骏捷的分类方法，可以这样排序："总体论"文章最多，"现代诗论"其次，再次是"散文论"，此后依次为"古诗词论""戏剧论""作家访谈""小说论""批评论"。古诗词和戏剧主要是施议对、穆凡中二位先生的专栏文章。现代诗论数量高居不下，初期归功于陶里九个月的"现代诗导读"，以及姚风后来开设且延续至今的"姚风读诗"专栏。此外，由于"诗城"的深厚传统，加上年轻作家大多不限于某一种文体的创作，陆奥雷、贺绫声、吕志鹏、龚刚等人既写诗歌、散文、小说，也经常发表诗歌评论文章。

## （三）代际互动与主体经验变迁

李观鼎曾经说 20 世纪 90 年代的批评队伍可以列出一个长长的名单：

---

① 陶里：《〈导读〉结束语》，《澳门日报》"新园地"1999 年 5 月 23 日，C8 版。
② 陶里：《雨烧衣，轻烟不绝如缕》，《澳门日报》"新园地"2011 年 2 月 5 日，C9 版。

比之于创作，澳门文学批评虽略嫌薄弱，却也未遑多让。持评而论，在澳门，涉足文学批评的人并不少，我们可以列出一长串名单来：李成俊、李鹏翥、陶里、云惟利、胡晓风、韩牧、黄晓峰、郑炜明、庄文永、廖子馨、汪春、张春昉、穆凡中、周树利、施议对、邓景滨、凌钝、懿灵、黄文辉、王和、缘源、齐思、林玉凤、穆欣欣、冯倾城、胡国年、李观鼎等，不下 30 人。他们之中的多数人，或许并非纯粹意义上的批评家，但是他们从不同角度、不同层面展开的诗评、文评、剧评，确乎对澳门文学创作产生着实际的影响①。

我们今天统计《澳门日报》的相关数据时发现这个队伍已经发生了很大的变化。从 2000 年起，在副刊发表文学批评文章的作者主要有：李成俊、李观鼎、李鹏翥、陶里、施议对、朱寿桐、郑炜明、邓景滨、黄文辉、邹家礼（寂然）、廖子馨、汤梅笑、庄文永、穆凡中、懿灵、邓骏捷、姚风、龚刚、冯倾城、林玉凤、吕志鹏、贺绫声、陆奥雷（梅仲明）、卢杰桦、袁绍珊、纪修、陈浩星、谭俊莹、陈志峰、阿歪、郭济修等。队伍虽谈不上规模壮观，但是梯队齐整，特别是一批生于 70 年代和 80 年代的新秀作家、青年学者开始承担澳门文学批评的重要任务，说明代际转换景观在澳门本地初步呈现。作者工作背景比较均衡，除副刊编辑之外，还有澳门本地各文化机构和科研院校的人士。青年批评家基本上都接受过大学或大学以上的高等教育，受到良好的文学、美学、史学的教育和熏陶，并且还经历过系统的科研训练。

在澳门文学批评队伍中，李观鼎属于资历较老的一代，可以说他是"新世纪"十年《澳门日报》副刊文学批评最能体现学术意识和价值中立的一位。陶里当年这样概括他的文学批评："李观鼎是学者。他的文

---

① 李观鼎：《澳门文学评论选·序》（上编），澳门基金会，1998，第 2 页。

论，逻辑性强，文字简约，说理透彻，不存疑点让读者揣摩。"① 以近十年来的批评文字观之，赞美依然适用。他的批评涉猎领域广而精，用他在《澳门日报》"镜海"开设的专栏"三余杂谈"来概括，就是"杂"。虽然关注较杂，但是达到了极高的学术水准，比如他评论澳门现代诗的文章——《澳门现代诗论刍议》②、评论澳门散文特性的《澳门散文的倾诉性》③、对澳门重要诗人和批评家陶里的评介《陶里对现代诗作的解读》④ 等，可以说是十多年来澳门文学批评界极为重要的理论收获。张剑桦说李观鼎不仅是学院派批评家，而且是非常清醒的学院派批评家，大体是准确的⑤。

此外，从整个澳门文学学术视野来看，值得期待的作家/学者还有很多。像新生代作家寂然对小说的批评，黄文辉的诗歌批评，姚风的文本细读，"80后"作家贺绫声、陆奥雷的文化阐释与反讽批评，他们表现出对学院派精髓的灵活运用，有助于克服澳门文学长期以来的印象式弊病，突破以表扬为主的批评原则，展现出立足于澳门的主体话语建构希望。而朱寿桐、郑炜明、吕志鹏等人对澳门文学史的研究旨在让澳门文学实现自我表述，鉴于内地所出的澳门文学史不尽如人意，他们现在从事的研究和以后即将要展开的学术工作无疑有着非常重要的现实意义。

## （四）主体性话语与场域呈现

"回归"以来的十多年中，澳门文学批评确实如李观鼎所说的，温和性是批评话语的主调，文字充满"良心、同情、关爱和真诚"⑥。即

---

① 陶里：《澳门文学丛书概说》，载黄文辉、林玉凤、邹家礼编《澳门青年文学作品选》，中国文联出版社，1999。
② 载《澳门日报》"镜海" 2000 年 11 月 29 日。
③ 载《澳门日报》"镜海" 2008 年 12 月 17 日。
④ 载《澳门日报》"镜海" 2001 年 6 月 6 日。
⑤ 张剑桦：《论李观鼎的文学批评》，《澳门日报》"镜海" 2001 年 4 月 4 日、4 月 11 日、4 月 18 日。
⑥ 李观鼎：《我看〈镜海〉》，《澳门日报》"镜海" 2008 年 9 月 17 日。

使在风平浪静的 90 年代，澳门文学界还围绕新生代有无、文学主流等问题有过一些"不成气候"（借寂然语）的讨论；与当年相比，"说是"与"说好话"的批评显得更有策略，学术话语运用掩盖了主观情绪，尽量从文本出发，立足于事实，因此更富于建设性。受副刊版面框框限制的天然条件无法改变，很多文章无法展开论述即宣告结束，表述的零碎化只能借助思想和灵感的火花来弥补。换句话说，由于澳门文学界不存在专业作家，文学作者基本都是出于对文学的自觉热爱，"非生产性劳动"决定这种批评话语亦与名利无涉，可以说，澳门文学批评实际处于一种相对自在的状态，用布尔迪厄的话来说，是文学场保持了自身的自主性。

尽管没有显性的批评话题，联系对澳门影响较大的文学活动，我们仍然可以看出批评话语强调对澳门命运的关怀和书写。以澳门笔会和澳门基金会联手打造的"澳门文学奖"为例，只要我们细细品味获奖作品，它们基本上都是通过澳门历史与现实关怀主题而得到评委认可的。笔者注意到吴志良代表基金会在颁奖现场发表的几次讲话，"本土性"是前几届发言的核心。第二届颁奖大会致辞主题是"发展澳门本土文学"："澳门很小。放眼世界，我们没有什么可以自负，但也不必自卑。澳门有自己的文化特色和传统，澳门人有自己的人文关怀和独特的濠江情怀，在澳门人口和社会结构趋向稳定的今天，我们应该也更具条件来充分表现我们的能力和信心，自强不息，努力建立一个更具澳门特色的文学形象和文化意识，建设一个更加美好的明天。"[①] 在第五届颁奖礼上，他在发言中总结，通过五届十年的激励推动，"我们可以觉察到本土文学创作的进步，也可以感受到本土人文素质的提升"[②]。而随着赌权开放，博彩集团根据经营承诺投资澳门基础建设，澳门城市面貌发生了翻天覆地的变化，由此也造成市民心态的失衡。他说：

---

[①] 吴志良：《发展澳门本土文学》，《澳门笔汇》1998 年第 12 期（第二届澳门文学奖专辑）。

[②] 吴志良：《颁奖礼上发言》，《澳门笔汇》2004 年第 24 期（第五届澳门文学奖专辑）。

迷茫的时代需要自省，需要反思。过去虽然没有悲情，但并非心如止水。强烈的爱国爱澳情怀，早已渗透进澳门居民的血液里；如今虽然充满激情，但也不乏理性温情。在我们的骨子里，中华文化的基因还是平和理性的。在踏入新时代的今天，文学创作者为天生的公共知识分子，应该义不容辞地以其特有的敏锐而超脱的眼光观察这个大时代各种各样的场景，各式各样的人物以及多姿多彩的生活，描绘世情，反映民声，激励先进，鞭挞时弊，创造更多的精神食粮，抚慰、感动、净化我们的心灵，凝聚人心，汇集智慧，协助我们早日走出迷茫，平息一时的悲情和激情，回复往常平凡的生活①。

吴志良先生在澳门文化界具有非常重要的地位，他的讲话某种意义上指引了澳门文学前进的方向。我们在前面谈到，文学奖作为一种价值引导机制，对于文学创作会起到鲜明的指挥作用。从某种意义上说，即是权力场以物质/精神的方式对文学场施加的控制。当然，在我们看来，澳门基金会一直努力的，是以相对超脱的姿态来做一些实际的文化事业，只是我们觉得这种无形的影响是一个饶有趣味的话题，将来若有机会可以进一步讨论。

另外，澳门本地作家兼学人黄文辉一直比较关注澳门文学研究范式转型和文化场域研究。余虹曾经这样评价黄文辉的文学批评意义："打破批评家个人话语的专制，不至于陷入虚无主义；在多元对话中保持谦和而自省的对话姿态，又不至于人云亦云；在反讽式的清除批评话语之刻板后，又不失内在的严肃。这便是黄文辉评论文字中最有价值的取向。长期以来，澳门文学批评趣味有余而理性不足，自信有余而反省不足，一得之见有余而视野拓展不足。在黄文辉的批评文字中，可以看到

---

① 吴志良：《新时代呼唤新文学——在第七届澳门文学颁奖礼上的致辞》，《澳门笔汇》2007 年第 35 期（第七届澳门文学奖专辑）。

了澳门文学批评自我更新的希望。"① "千禧澳门文学研讨会"之后，黄文辉对澳门文学研究进行反思，受叶维廉启发，提出从整体视野与具体问题入手，促使澳门文学研究走向深入。

在黄文辉看来，理论的贫乏必然导致视野的狭窄，甚至陷入人情批评的模式，理论自觉不仅是理论的知识准备，还包括以理论为支撑的问题意识："所谓缺乏理论的自觉，可以分两方面说。一是本澳的所谓评论文章，往往只就个别文本作赏析性、读后感的印象批评，很少从理论角度切入作深入分析，造成感性有余，深度不足，起捧场、鼓励的作用多，起促进、提高的作用少。二是就'澳门文学研究'这一课题而言，我们也还未有具体的理论准备，比如，'澳门文学'的内涵是什么？其外延包括什么？'澳门文学'研究的方向又可以有哪些？'澳门文学'研究的意义又是什么？以至最基本的'澳门文学'研究的切入点可有哪些？诸如此类的问题，其实是澳门文学研究踏上更高台阶所必须面对并予以回答的。"②

同时，他在《胡悦胡阅——兼论澳门文学与报纸副刊之关系》中谈到"文学场"对于澳门文学的制约作用："按照布尔迪厄的理论，则我们在讨论澳门文学的时候，便得考虑其发表的场合——报纸副刊，而讨论报纸副刊的时候便得考虑出版它的报馆，世上没有完全中立的报纸，也没有毫无立场的报馆。澳门的文学作品主要发表在两家报纸《澳门日报》及《华侨报》上，其中又以《澳门日报》为主力。这样，澳门文学的风格便不得不受《澳门日报》、《华侨报》各自的'权力关系、策略、利益'的影响，而《澳门日报》等报纸又具有鲜明的爱国立场，这是报馆办报方针，当然影响编辑选稿的标准，自然地也影响了发表在这些报纸副刊上的文章的内容。由此，则以下推论虽有点过于仓促的危险，但我也得先提出：由于澳门文学深深地植根/依赖于报纸副

---

① 余虹：《20世纪八九十年代澳门文学批评扫描》，《东方丛刊》2003年第1期。
② 黄文辉：《整体与具体——关于澳门文学研究的理论》，载《字里行间——澳门文学阅读记》，澳门日报出版社，2005，第1～2页。

刊的扶持，所以报纸副刊既塑造了目前澳门文学的主体风格，又束缚了
澳门文学风格往更多元化方向发展。"① 由于外省研究的边缘视野，我
们很难体会到报馆的实际运作机制；而澳门本地学者看起来又受"温
情"因素影响，不太可能有实际的研究。如果黄文辉克服内心的压力，
从这一方面展开深入研究，将会展示出《澳门日报》以及整个澳门文
学场的内在运行秘密。简言之，建构澳门文学批评的主体性是深入持久
的未竟之旅，需要各方力量的积极参与，其中主体自身经验得到完整的
表达则尤为重要。

## 二　澳门文学研究的边缘视角——以饶芃子的澳门文学考察实践为例

### （一）文化习性与"边缘"发声

澳门文学作为一种跨文化视野下多元共生的文学样态，具有不可复
制的自我品质和文化价值，饶芃子认为澳门文学的主要特征是开放性、
宽容性、共生性②。开放、宽容及多元共生虽然促进了澳门文学多重面
貌的形成，但从文学批评或研究的角度看，宽容性在某种程度上阻碍了
文学批评主体意识的形成。澳门学者李观鼎在回顾 20 世纪 80 年代至
90 年代澳门文学批评状况时曾经归纳出本土性、温和性、体验性、业
余性四个特点③。不言自明的是，由文化的宽容导致批评话语的温和并
非某种不足，正如严厉的批评不能起到立竿见影的效果一样，但是此种
批评风格及其价值作用需要一分为二的客观评价。

---

① 黄文辉：《胡悦胡阅——兼论澳门文学与报纸副刊之关系》，《澳门日报》"镜海"
2000 年 7 月 12 日。
② 饶芃子：《从澳门文化看澳门文学——在"千禧澳门文学研讨会"上的讲演》（下），
《澳门日报》"镜海"2001 年 1 月 10 日，E3 版。
③ 李观鼎：《澳门文学评论选·序》（上编），澳门基金会，1998，第Ⅱ~Ⅷ页。

移民聚居带来不同文化的碰撞。开埠之后，澳门逐渐成为汇集中西民族和文化的熔炉，传统理念所推崇的思想与言行的相互尊重，演化为中庸之道的文化习性，加上小城相对紧密的人际关系，可能孕育了澳门文坛宽容风气并使之盛行，这对于凝聚文坛力量、扶持新进作家、维护健康的文化氛围显然大有裨益。但是，正如李观鼎指出的，以温和为底色的话语模式可能不利于充分发挥批评本身应当承担的功能："期许、褒扬有余，点拨、指正不足；强调相容而避免相争，较多谦让而较少交锋；重于文学作品的解释、引申和阐发，而疏于文学取向的澄清、选择和导引。"① 他担心文学批评很难取得学理意义上的价值，甚至沦为人情的交往。在后来主编《澳门人文社会科学研究文选·文学卷》时，他重新对此做出澄清，张扬了"说好话的批评"具有的积极意义："特别值得一提的，是小城温和性民风孕育出来的所谓'说好话'的批评。这种以说'是'为主的批评方式，经多年实践已纳入文学性轨道。它宽容，但坚守批评立场；它纯朴，但讲求审美原则；它'说好话'，但以说真话为前提，从而维系了批评的尊严，使之越来越多地具有'文学'层面的意义。正因此，澳门文学批评不仅未在金钱和物质面前瘫软下来，而且也未在人际关系面前患上'失语症'。"② 不难发现，无论是澳门文学批评家，还是澳门本地文学批评话语，都始终处于一种深层文化心理导致的纠结状态。"回归"之后十年过去，澳门文学批评已经取得长足的进步，邹家礼、黄文辉、姚风、懿灵、贺绫声、许文权、陆奥雷、吕志鹏、龚刚、谭俊莹、袁绍珊等这批中青年批评家登上批评舞台，对于促进澳门本地文学自我阐述能力的提升起着举足轻重的作用。中国内地、香港、澳门和台湾的学术互动越来越频繁，加上一批资深学者如杨义、朱寿桐等人的参与，澳门文学的批评格局有望得到进一步完善。

---

① 李观鼎：《澳门文学评论选·序》（上编），澳门基金会，1998，第4页。

② 李观鼎：《澳门文学与澳门文学批评》，《澳门人文社会科学研究文选·文学卷》，社会科学文献出版社，2009，第4页。

　　不过，澳门学术空间注定要面对一些难以克服的问题，"说好话"仍然是澳门文学最明显的话语姿态，这跟"酷评家"担心投鼠忌器正是一个问题的两面。因此，无论是问题的探讨还是立场的坚持，只要不是出于人情需要而做有意的吹捧，外省批评更具有"价值无涉"的优势。20世纪80～90年代，内地获得澳门文学资料确实有殊多困难，基本停留在拿到什么评什么的局面，其后果就是那些埋头写作、不喜抛头露面的人得不到适当的关注，这种研究模式产生的局限是不言而喻的；"回归"之后，得益于信息时代的便捷，资料收集、查找甚至与作家的交流不再是外在的困难，并且往返港澳也非常方便。这时，内地开展的澳门文学研究就不再完全属于隔山打牛、隔靴搔痒了。虽然相对于澳门本地批评在澳门文学的在场，内地/外省的考察无疑属于"边缘的视角"，但在当前资讯交互高度发达的今天，边缘的学术意义更加需要认真审视。澳门置身于中国文化与地理的边缘，外省文学批评又立足于澳门场域的边缘，因此"边缘"呈现出复杂的文化内涵，可以说，"边缘"代表了一种失去中心的后现代境遇。

　　选择饶芃子教授的澳门文学研究作为边缘审视参照，不仅因为她对澳门文学保持长期关注，而且她的知识视野和研究方法也通过人才培养的方式渗透到澳门，一定程度上影响了澳门本地文学批评话语与研究思路的结构性特征。从20世纪80～90年代的高学位教学互动，到后来召集澳门本地学者与内地学人以专著（课题）方式深入、系统展开澳门文学考察，可以说直观地呈现了边缘发声的一般程序。换句话说，无论是具体个案批评、现象剖析的实践参与，还是集体规划的科研运作，饶芃子都扮演着一个打通"边缘"与"中心"的重要中介。

## （二）饶芃子的"边缘"解读与内涵

　　澳门学生到内地高校学习的权利在1987年中葡签署的《中葡联合声明》中得到明文保护（"附件一"第七款"学生享有在澳门特别行政区以外求学的自由"），澳门进入"过渡期"之后，两地教育交流关系更加密切。饶芃子教授作为内地澳门文学研究先行者即是在此背景下进入该学术领域，她先后指导来自澳门的廖子馨、庄文永、汤梅笑、汪春、李淑仪等人完成有关澳门文学研究的学位论文，所以她是在 20 世纪 80 年代因教学工作需要接触到澳门文学的。不过，其早期的批评参与可能大多属于师生情谊的体现，90 年代写的批评文章以澳门学生诗文集序跋为主，如流星子、廖子馨、李观鼎、林中英、黄文辉等人出版的文学著述，以及由上述作者编选的澳门本地文学作品集，显示出交往对于文学研究具有不可忽视的意义。正是由于交流导致感同身受，才有后来对澳门文学展开深入探讨的条件。粗略统计，1989 年到 2004 年间，饶芃子刊发于澳门且直接谈论澳门文学的文章有 12 篇，以比较文学相关问题为对象的文章有 10 篇，而发表在内地知名学术期刊如《中国比较文学》《暨南学报》《文学评论》《语文月刊》《学术研究》等地方的论文也为数不少。其学术成果发表之后反响较好①，在引导内地学者关注澳门文学方面起了不可忽视的开创性作用。她在"回归"之际发表的重要文章《文学的澳门与澳门的文学》中，提出澳门（新）文学走过从"寄生"到"自主"然后走向繁荣的过程，体现出书写澳门历史、追问身份和他者关注等独特的思想品格。文章从比较文学视野切入澳门文学探讨的模式，还原了澳门独特的文化场域，以及文化与文学之间的复杂关系。

如果论及饶芃子参与澳门文学研究的学术标志，无疑要算《边缘的解读——澳门文学论稿》（下文简称《边缘的解读》）一书的编著出版，虽然此书并非个人专著，亦得益于她培养的澳门学生大力襄助，但是客观地说，无论是研究结构设计还是问题提炼，此书都是内地学界到目前为止尝试将澳门文学研究与文化研究密切结合的重要成果。《边缘的解读》从文化阐释的角度对澳门文学的独特性进行文化分析，不仅

---

① 饶芃子的学术成果《文学的澳门和澳门的文学》曾获首届"澳门人文社会科学研究优秀成果奖"论文类一等奖，《边缘的解读》获第二届"澳门人文社会科学研究优秀成果奖"著作类二等奖。

为我们理解澳门文学的内在动力与文化构成提供了一个新的角度，而且可视为一种行之有效的解决方案。此外，《边缘的解读》挖掘了澳门文学形成、发展及现状生成的内在原因，她将这种本质性差异的形成归结为"边缘"地域所形成的跨文化场：

> 如果我们进一步探究澳门文化的跨文化现象——差异性、共同性、多维性，就不难发现，在澳门这块弹丸之地，由于她昔日的历史和长期所处的边缘地位，具有实质性意义的文化中心论早就隐退了，中葡文化、雅俗文化、传统文化与现代文化、东西方各种宗教文化，均能和平共处，做到和而不同，它们之间，从没构成激烈的冲突。随着历史的发展脚步，澳门文化也有她自身的轨迹，却未见有惊涛骇浪和运动的兴衰，澳门的社会发展过程表明，无论是华人还是葡人，并没有在他们和谐相处的真实生活中表现出那种"非此即彼"的一元文化观①。

就此内容而言，饶芃子理解的"边缘"可能涉及地域与文化双重内涵。

首先是地域的边缘。澳门地理位置的边缘性成为塑造澳门文学独特风貌的一个重要因素，她说："16世纪中叶以后，葡萄牙逐步管制澳门，使这个地区的政治和文化也远离中原政治和文化的中心，居于一种边缘地位。所以，边缘性也成了澳门文化的特征之一。而正是这种边缘性，给澳门文学带来一种特殊的发展空间。"② 作为中国的领土，又长期处于葡萄牙管控之下，澳门既是西方文化传入中国的重要通道，但又无法摆脱中国传统文化所形成的"文化惯性"。从文学创作来看，这种独特的地缘特征使得澳门有条件成为一个跨文化的文学场域，在这种跨

① 饶芃子等：《边缘的解读——澳门文学论稿》，中国社会科学出版社，2008，第7页。
② 饶芃子等：《边缘的解读——澳门文学论稿》，中国社会科学出版社，2008，第30页。

文化文学场的孕育下，澳门文学成为中国传统文化和西方现代文化的双重镜像。从创作主体的角度看，边缘的地理诱因直接导致了创作主体的身份认同危机和文化认同的尴尬：一方面，澳门土生作家这一创作群体对文化身份合法化的追求从未停止，另一方面，南来作家也始终以一种外来者的边缘心态对抗着文化认同的尴尬，离开澳门本地的作家则以更趋边缘化的身份对澳门经验进行书写，努力融入相关的地理文化记忆。

其次是文化的边缘。作为中西文化交流的桥梁，澳门的"跨文化场"性质提供了澳门文学形成自我品格的特殊空间，中西两种异源文化的相互碰撞使澳门文学不再是单纯的文化折射与镜像，这种复杂交融的"大文化"背景催生了澳门文学自我生成的特殊品质，而这种品质无疑与澳门文化的边缘位置有关。管治政治使澳门长期游离于中国传统文化母体之外，与政治管治相伴而生的必然是文化植入，葡萄牙统治下的澳门从政治、经济、社会制度到宗教、文化、人文风貌必然受文化植入的深刻影响。不过，与生俱来的华夏血缘又使澳门社会文化很难全盘西化，早已深入骨髓的中国传统文化、宗教信仰乃至"文以载道"等中国传统文艺观念仍使澳门保留着深刻的华夏烙印。

这种边缘格局产生了两种结果：边缘文化增强了澳门文化的包容性和亲和性，兼容并包的澳门文化几乎将文化自身所具有的"排他性"程度降低，中西两种文化没有在激烈碰撞中玉石俱焚，而以另一种共生调和的形态呈现出一番别致景观——多元共生的双重文化生态。不难理解，这种杂糅的文化大环境很难孕育出具有鲜明自我意识和明确指向的文学模式，比如，文化调和中的差异与矛盾并存难免导致文学主体的矛盾文化心理的形成，澳门文化的边缘性质使澳门文学难以在两种异质文化中"从一而终"，中西交汇使它无法轻易摆脱任何一种文化所赋予它的附属关系，于是，文化主体的认同差异、创作主体的身份焦虑、文化研究的视域模糊、文学批评的失语尴尬等种种问题便随之产生。

文学是文化的折射，具有边缘特质的澳门文化还是造就了一种既不同于中国传统文化模式又与西方文化有着明显差异的"这一个"——边缘文化下的澳门文学。这要求我们在理解和研究澳门文学这一特殊对象时必须发明一套适用于研究边缘文化、多元主体的方法。《边缘的解读》立足于边缘文化这一基本视角,从文化研究的角度进行文学研究和批评的切入,体现出饶芃子独特的实践经验和学理洞见。

饶芃子曾针对海外华文文学研究提出两项原则:一是要注意文化血缘性,即汉语文学创作所遵循的共同规范,二是要注意这种共同规范在不同文化背景下的别样呈现与比较①。也即是说,海外华文文学研究既要从汉语文学创作本体规律出发,同时又要对特殊文化地域影响下的各种独特性变异给予足够重视。此原则和方法在《边缘的解读》一书中得到进一步的延续和扩充。该书以澳门文学为个案对海外华文文学研究方法和理论进行实践,将澳门文学研究与澳门文化研究相结合,强调澳门文化的边缘性是澳门文学独特面貌形成的内在动力。因此将社会史、文化史、文学史三者进程之间的相互影响和纠葛作为一个整体范畴进行观照,又对三者之间的联结关系和相互影响进行具体化分析,从而将澳门文学研究还原到边缘文化的宏大社会背景中考察,应该说,这种认识和探索对于世界华文文学研究是颇具学术启发价值的。

饶芃子在《本土以外——论边缘的现代汉语文学》中提出的研究思路为澳门文学研究提供了某种研究方向和批评空间,《边缘的解读》则尝试将这种学术意识和思路贯彻到具体的研究实践中,为其他研究者提供了值得借鉴的方法,甚至成为海外华文文学研究必须认真参照的批评范例。

首先,《边缘的解读》选取澳门文学中有代表性的汉语诗歌和汉语小说作为两个基本研究对象,体现了汉语文学研究中语言与文学之间的制衡关系。与此同时,《边缘的解读》以专门章节对澳门"土生文学"

---

① 饶芃子、费勇:《本土以外——论边缘的现代汉语文学》,中国社会科学出版社,1998,第3页。

进行界定、分析以及文化价值挖掘，高度强调"土生文学"作为澳门文化边缘性载体和生产的作用，其研究价值远远超出了一种区域性文学本应承载的纯文学意义。《边缘的解读》高度重视这种边缘文化背景下产生的"边缘"文学样式，并将其作为联结澳门文学与文化考察的一个关键节点，这也体现了饶芃子教授主张将文化研究引入文学研究的学术理念。

其次，在关注特殊文化背景时，饶芃子注意到双重文化体系对澳门文学的交叠影响，如诗人自我身份认同中所产生的焦灼感，传统与现代、东方与西方之间艺术追求的差异性，以及由此形成的种种矛盾与困惑等，使得澳门文学研究有别于中国内地文学和海外华文文学的研究，要求研究者必须将其置于中外"混融"的社会背景、交错的价值体系以及双重的文化语境之中进行立体化的多面剖析，在比较中呈现澳门文学自身的独特性。

饶芃子曾在一次讲演中说：

> 澳门文化的独特性，提供了澳门文学发展的特殊空间，形成与中国其他地区不同的文学景观。因此，我们在对澳门文学的内涵及其历史脉络进行梳理的时候，特别是我们对澳门文学的"澳门性"进行追问时，就必须联系到这个地区"大文化"的背景，只有把澳门文学置于澳门文化视野中，才能对其所形成的特色有一个更为清晰的认识，从而使回归后的澳门文学，在超越澳门视野寻求"当代性"的努力中，能保留和发扬优秀的精神传统，做到既立足本土，又有深厚民族基础和世界意识①。

文化属性决定相应的文学发展模式，需要联系文化属性开拓相应的研究思路。旁观者的优势不在于位置本身，而是由位置和距离形成的观

---

① 饶芃子：《从澳门文化看澳门文学》，《学术研究》2001年第7期。

察角度，以及对主体的精神关切。这一处境是确保立体在场的关键。饶芃子经历多年边缘观察，从各种纷繁琐碎中看到澳门文学的现代性景观和精神实质，以及在独特的历史文化空间中展现出来的"澳门性"，更重要的是主体精神世界与澳门文化命运的相关与契合。

## （三）"边缘"的可能与意义

对于内地的澳门文学研究来说，学者主体的温情性甚至值得赋予超越学理本身的重要价值。曾有学者对澳门文学研究进程加以回顾和概述，认为澳门文学研究可以分为三个历史时期：肇始期（20 世纪 60 ~ 70 年代），这一时期澳门文学研究的中心在香港；发展期（20 世纪 80 ~ 90 年代），这一时期澳门本土研究初具规模，提出"建立澳门文学形象"的呼吁，但多数停留在"印象式批评"的层面上，内地学界也开始对澳门文学研究加以关注；过渡期（20 世纪 90 年代中期至今），澳门本土研究进入"集体记忆"整理阶段，以《澳门日报》"镜海"为时间经线的副刊文学研究，即是此类文学史梳理的基本方法。此外，一批内地学者加入澳门文学研究，亦极大地推动研究走向多元格局[1]。当前的澳门文学研究力量主要由内地和澳门本地学者构成，大致经过三个发展阶段逐步走上正轨。

张剑桦指出，无论澳门本土还是内地研究，都存在一些不足与缺失。首先，澳门本土研究者扎根于澳门或者以澳门为生命安顿的场所，但作为"边缘"族群，仍然难以摆脱与生俱来的身份焦虑，他们长期以来致力于旨在关注本土、"建立澳门文学形象"的"寻根"上，虽然具有明晰的本土意识，但仍处于理论建设阶段，而且专职评论家的缺失和单纯体验性印象批评的充斥制约着澳门本地文学研究的发展步伐；其次，受科研条件限制，很多内地研究者缺乏系统、完整的资料，因此导致视野狭窄，更重要的是，不得不面对文学场理解隔膜的局限。对那些

---

[1]　张剑桦：《澳门文学研究进程概述》，《南京社会科学》2008 年第 2 期。

置身澳门文学场之外的外省学者来说，这两方面无疑会造成边缘化的现实处境，结果使研究成果得出与澳门实际文化环境不甚相符的结论，或是纯印象式的单个作家作品批评，缺乏整体科学的理论体系建构。

饶芃子认为澳门文学创作和研究呈现出有别于一般文学样式的特殊景观，比如作家主体的身份焦虑、作品中所体现出的中西文化碰撞、澳门本地研究和外省研究的交错杂陈，等等。这些特殊景观出现的根本原因，应该归结为澳门及其文化所处的"边缘"地位，所以"边缘性"不但概括了澳门文学及研究的总体风貌，也从一定层面上形构了澳门文学的发展格局。更加重要的是，身为澳门人，文学创作主体始终面临文化认同与主体性追求的困境，这样一种有关命运的思考必须被充分考察；而作为研究者，需要通过设身处地的思维转换理解其文化建构诉求，并以此确定文学在群体生命中的位置。

边缘的澳门文学研究需要开放的精神和更加适合解读边缘文化的研究方法，正确处理澳门性与世界性、当代性与本土性、边缘与中心的关系才能真正切实呈现澳门文学的特殊品格。综合饶芃子教授的学术追求和《边缘的解读——澳门文学论稿》中体现出的洞见，笔者认为以下若干方面是进一步完善、推进澳门文学研究的基本原则。

首先，真正建立起一种全球语境下的整体观。早在1991年香港世界华文文学研讨会上，香港资深作家、学者刘以鬯先生就提出要"把世界华文文学作为一个有机的整体来推动"①。饶芃子曾经对这一观念进行过进一步的阐释："要建立华文文学的整体观。也就是说，要从人类文化、世界文化的基点和总体背景上来考察中华文化与华文文学，无论是从事海外华文文学研究，还是从事本土华文文学研究，都应该有华文文学的整体观念。"② 多元共生的澳门文化衍生了澳门文学独特的边缘样态，因此在澳门文学的研究中，对地缘因素和文化差异所带来的影

---

① 刘以鬯：《世界华文文学应该是一个有机的整体———一九九一年七月一日在〈世界华文文学研讨会〉的发言》，《香港文学》1991年第80期。

② 饶芃子：《海外华文文学理论建设与方法论问题》，《文艺理论研究》1998年第1期。

响既要重视又要破除，既不能从内地文化中心论出发将澳门文学纳入内地文学的批评领域进行生搬硬套式的主观批评，同时也不应该忽视中国传统文化作为多元中的一元对澳门文学的影响，从而在最大程度上避免对澳门文学的"误读"。这就要求无论是内地研究者还是澳门本土研究者，都应该摒弃批评立场的单一化和边缘性，首先将澳门文学批评回归文学批评自身，再以全球化语境作为研究的整体背景，运用建立在多元文化认同基础上的宏观视角去审视澳门文学的兴衰得失，摒除主观主义、民族主义、文化一元论以及由此形成的批评视角的单一化，逐步建立一种批评的整体观念。这种整体观同样适用于与澳门文学相似的其他华文文学的研究与批评。

其次，在整体观念的指导下注重独特性研究。饶芃子曾说："从整体看，华文文学研究的着眼点是既要求'同'，也要明'异'。"[①] 澳门文学与其他华文文学存在共性，但每个地区的文学又有着独一无二的发展轨迹，因此又呈现出不同于其他地区文学的特殊性。仍以澳门文学研究为例，它既不同于内地文学，也不同于香港文学，正确的研究思路应该是"试图从问题出发，寻找、阐明澳门文学的某些特性"[②]，这也正是《边缘的解读》一书的内在核心。该书的诸作者将其当成专题论著而非"概论"式的教材来书写，将澳门文化的边缘性、多元性以及澳门文学的跨文化性作为澳门文学研究独特性的基本切入点，以社会与历史、文化与文学之间的相互关联作为立足点，在一般文学研究的理论基础上特别突出澳门文学的独特价值，并将"边缘"作为文化研究与文学研究独特性的一个关键词，第四章对澳门土生文学进行的专门研究便是有效例证。如果说树立华文文学研究的整体观念是为了将澳门文学研究引入文学研究的正轨的话，那么注重澳门文学的独特性研究则是为了立足澳门文学自身，并最终形成一套完整的专门性理论体系，在某种程

---

① 饶芃子：《海外华文文学理论建设与方法论问题》，《文艺理论研究》1998 年第 1 期。
② 饶芃子等：《边缘的解读——澳门文学论稿》，中国社会科学出版社，2008。

度上看，后者的意义价值更重要。

再次，需要更加科学的批评方法和开放的学术精神。在类似澳门文学研究这样具有特殊性质的文学研究中，问题意识的生成与理论体系的建构应该是两个值得重视的问题。问题意识的生成对文学研究本身具有强大的驱动作用，面对一个研究对象，特别是澳门文学这种具有多种意义生成可能性的边缘文学，应该沿着"是什么—怎么样—为什么—向哪走"这样的研究思路开掘下去，其研究过程也要相应地经历"界定—介入—融合—疏离"这样的特定历程。因此，在这一特定历程中引入合理、科学，甚至是创新性的研究方法，才能真正达到理论体系建构的最终目的。《边缘的解读》进行的初步探索与实践，除了前面已经谈到的在宏观上运用文化比较的基本研究方法之外，还特别注重文化研究的引入、独特性个案（澳门土生文学）的专题分析，以及身份批评、专题批评等研究方法的运用，这延续了饶氏对整个海外华文文学研究发展提出的基本理论主张。虽然在具体操作中有视野、体例、风格等参差不齐的地方，但这是课题式合作、集体分工写作很难避免的问题。

最后，可能也是至关重要的一点，研究主体对研究对象倾注的深情。情感很多时候被认为是科学研究中需要摒弃的因素，其实它在很大程度上被误读；情感跟主观任意不是同一个层面的东西，相反，它对研究者提出了更高的要求。人文学科必须体现出主体的温情才能对涉及的对象有更切实的理解，包括其所受的诸多人情世故的牵绊。事实上，这也是经常摆在文学与人生之间的选择问题。

"边缘"之于饶芃子其实具有丰富的阐述兴味，它既是一种处境的揭示，也是一种生存的迹遇，由此绽放的学术花朵使学者生命变得更加丰盈。

饶芃子的学术关注既广且深，但是世上不会有一个万能的饶芃子，所以"边缘"也意味着某种问题宝藏的发现，却未必有时间扎下根来细细开采。饶芃子的启示意义在于，立志于此的澳门本地学者如何处理好学术与交往之间的关系，可能是首先需要解决的一个问题。同时需要明白一点，虽然扎根于澳门这一弹丸之地，未必能真正有效地读懂和阐释澳门及其文学。对于内地及其他地区的学者而言，有关澳门文学的研究确实是一片新兴的学术领域，可能更是一个抛弃成见、寻找问题的思想空间。必须有充足的感性体验才能建立对文化历史理解的同情，通过身心的实践参与和投入，若有条件可以积累相关人与事的感知温度，借此实现对异质文化空间的全方位把握。虽然身处边缘，但是要利用边缘拥有的"价值无涉"优势，依靠扎实、客观的学术话语朝思想场域的"中心"掘进，同样可以取得重大突破和收获。边缘发声一定程度上已成为当代文学批评另拓新土的基本途径和策略。可以想象，如果澳门文学研究在本土与内地、历史与现实、社会与文化等不同层级区间汇通，边缘视野将展现出越来越具活力的学术话语。

# 第五章　商业语境中的平面传媒与文学副刊

## 一　产业·商品·营利：商业语境中的澳门平面传媒

作为澳门资讯传播的主要承担者，澳门中文报纸不仅是一个新闻出版机构，同时也是市场经济社会中的营利性商业组织，其产品具有鲜明的商业属性。因而，可以用"产业""商品""营利"三个词来简单概括处于商业语境中的澳门中文报纸基本特征。

"产业"意在指出澳门中文报纸的新闻属性：它归根结底是一个当下资讯的传播者。这就决定了无论是正刊还是副刊，都无法摆脱新闻性的"辖制"。早期中文报纸并不设置副刊，中国报纸最早的副刊是1897年11月24日《字林沪报》开设的附张《消闲报》，自此中国的各大报纸才援用此法纷纷开设副刊。随着"正""副"之分的出现，有关两者关系的讨论也经常进入人们的视野。总体来讲，中文报纸的正刊与副刊的关系，是一种"分"与"合"的辩证统一关系，即"报纸的副刊既应有相对的独立性，同时也要服从正刊的编排方针，同正刊保持一定的统一"①。所谓"相对的独立性"，就是要求报纸的正刊与副刊之间要有所区分、有所侧重、有所分工，而不应该是"主""副"不分；所谓

---

① 耿长春：《报纸副刊的起源、地位和作用》，《晋阳学刊》1998年第3期。

"保持一定的统一"，就是要求在密切配合的情况下，副刊与正刊可以桴鼓相应，相辅相成，以其自身的特点，配合正刊，实现办报人的办报目的。如果正刊与副刊的"分""合"配合得当，互渗有度，必能既强化新闻版的报道效果，又扩大副刊的影响力，从而提升整份报纸的功能与形象，并取得良好的声誉和社会效益，实现报纸利益与公众效益的双赢。

这里有必要对澳门中文报纸副刊的"新闻性"加以深入讨论。作为报纸的组成部分，副刊不可避免地要染上新闻的色彩，"新闻性"虽然不是副刊的主要特征，但它客观存在并对副刊产生或隐或显的影响。

其一，副刊时事类专栏是对正刊新闻版的延伸。以《澳门日报》综合性副刊"新园地"为例，其"西窗小语"专栏是一个国际时事杂感专栏，担纲主笔是著名作家沈实。虽然只占副刊一小块位置，"西窗小语"却能及时灵活地配合新闻版的全球时事新闻，以特有的眼光、或犀利或温情的笔触、或严肃或活泼的文风，发表颇有见地的感言。读者在读过新闻报道之后，期待以另一种视角去解读新闻；"西窗小语"以自己的短小精悍、灵动活泼、方便易查（其在副刊的位置相对固定）满足了读者的需求。多年来，该栏目与新闻版分别从不同侧面和视角传递了相关却又有异的新闻信息，形成一种互相配合、呼应之势。此外，《澳门日报》"新园地"中的其他专栏，如"濠江三棱镜""澳门街""环宇纵横""议事亭"等也都具有类似的特点。时事专栏散文以文学的笔法，对正刊新闻进行深化补充，满足了读者对新闻的不同阅读期待，是副刊"新闻性"的重要体现；但是，我们也应看到副刊与正刊在处理新闻时的重要区别，混淆两者的区别将使副刊时事专栏散文走上歧途。

其二，"正""副"配合，在新闻点中寻求共赢。报纸的正刊与副刊，以"分"为主，"合"为辅，但是，综观"回归"十年间的澳门中文报纸正、副刊，也有大量的配合案例，在同一个新闻事件中实现互释共赢。如，2006 年 5 月 14 日母亲节，为了最大可能地获得新闻效应，该期《澳门日报》正、副刊"联袂出击"，从不同侧面对母亲节进行多方位书写。当日的正刊头版头条为《母亲节酒楼爆满笑开颜》。正刊的其他版面也刊发了许多全国各地庆祝母亲节的文章，如"澳闻"B6 版的"社团天地"，以专版形式图文并茂地刊出《妇联筹款助弱势社群》《妇联探望住院孕产妇》；在"澳闻"B8 版，则有四篇相关报道联袂上阵：《长春"母亲墙"万人留言谢母爱》《中国义工网上寄孝心》《"代理妈妈"温暖失亲儿童》《京餐馆"谢母宴"火爆》；在"要闻"B10 版的"台湾之窗"，则专版刊出一个纪实性新闻故事《高龄阿妈不畏风雨代母职》；在"港闻"B11 版，也刊出两篇文章《香港妈咪困身累心》《母亲节市面充满商机》。与之同时，副刊"新园地"适时地在"笔雯集"和"怀人篇"两个栏目里发表了两篇散文《那个妈妈》和《永怀母亲》；就连一向以娱乐报道与艺术赏析文章取胜的"艺海"副刊，当日也别出心裁地在"影视传真"与"娱网"两个栏目中发表了两篇与母亲节有关的散文：《母亲节小故事》和《肥妈亲子秘笈》。

其三，对作家的选材、艺术偏好与创作特色的养成产生潜移默化的影响。副刊的"新闻性"是一种"氛围"，它看不见摸不着，但长期在副刊上耕耘的作家受其熏陶或感染；我们也可将它比喻为副刊园地里的"微量元素"，虽然并不显著，但影响着作家的内在"骨骼"生长。反观澳门的副刊文学创作，写实小说和时事杂感散文的盛行、现实题材的发达等，都与报纸副刊的新闻性有一定的关联。澳门作家乐于从现实生活选材，固然与长期以来澳门文坛形成的现实主义传统有重要关联，但是，"回归"十年来这一传统依然无法动摇，却与依赖报纸副刊成长起来的澳门作家深受副刊新闻性影响有关，这种影响一旦深入"骨髓"，形成习惯，作家们就会在创作中很自然地应和副刊的新闻性，尤其是专栏作家。

"商品"意在指出澳门中文报纸的内容具有使用价值和交换价值，

当然，报纸产品是一种特殊的商品，它的"使用价值不是表面的物质，而是内在的'思想'和'信息'"①。在报纸副刊内容商品化与商业利益的驱动下，副刊文学成为一种可供经营的产品，各种类型的文学策划日渐成为报纸副刊上的一道别致的文学景观。放眼"回归"十年间的澳门中文报纸副刊，文学活动的各个环节都存在很明显的策划痕迹，各类经过副刊编辑精心策划的文学专辑、文学现象层出不穷。

澳门回归十年间，《澳门日报》副刊策划的各类文学专辑，尤以"澳门作家访问录"与"澳门新生代写作人大展"最具代表性，反响巨大，具有深远的报学和文学意义。

2001年2月开始，《澳门日报》"镜海"副刊突破只刊登创作的惯例，设立"澳门作家访问录"（以下简称"访问录"）专辑，每月访问一位作家，截至2006年2月总共采访了近30位在澳门文坛占有一席之地的作家，如鲁茂、凌稜、沈尚青、穆欣欣、林玉凤、李观鼎、王祯宝、懿灵、彭海玲、玉文、梯亚、陶里、王和、邓景滨、林中英、胡悦、徐敏、区仲桃、冬春轩、李成俊、黄文辉、寂然、李鹏翥等。这些访谈文章不光涉及文学和创作，而且还包括生活和人生，内容活泼充实，加之整个版面在色彩的运用上也很有讲究，因而，"访问录"一经刊发就在读者中引起了很大的反响，不失为一次成功的文学策划。

"澳门新生代写作人大展"（以下简称"大展"），是"镜海"继"访问录"之后开设的又一值得引起高度关注的专辑。"大展"开始于2007年1月，每月一展，到2007年12月结束，共介绍了11位澳门新生代写作人的创作情况，他们分别是：贺绫声、陈志峰、乐水、卢杰桦、丝纱罗、陆奥雷、太皮、李卉茵、凌谷、小曦和未艾。与"访问录"集中介绍澳门成熟作家不同，"大展"着眼于推介澳门文坛的新人新秀，在内容上则更侧重于对他们创作成果的介绍。

---

① 张邦卫：《媒介诗学：传媒视野下的文学与文学理论》，社会科学文献出版社，2006，第294页。

　　"访问录"与"大展"是"回归"十年间《澳门日报》极为成功的两次文学策划，虽然同为作家专辑，但副刊编辑者有非常明确的策划思路，前者集中于成名作家，后者集中于新人新秀，这就使两次策划在内容上不会重合，在策划效果上又有效地实现了互补。

　　在商业语境中，文学专辑已经演变成带有商业意识的非纯粹的文学策划，"访问录"与"大展"即是《澳门日报》打造副刊品牌的两次成功策划。在竞争激烈的澳门报界，《澳门日报》要继续保持它的竞争优势，必须重视对报刊产品的建设，包括副刊品牌的经营。一个好的副刊品牌，不仅意味着它将占有更多的受众；更为重要的是，它深刻地体现着报纸及其副刊的文化及文学定位。对于一个具体的副刊来说，品牌的经营还需要具体地落实到副刊的各个版面及其每期内容的策划中来，也就是说，是专栏的精心策划最终打造了一个副刊的品牌。《澳门日报》"镜海"从创办伊始，就将自己定位为纯文学副刊，体现出明确的品牌经营意识。为了将"镜海"打造成一个真正意义上的纯文学副刊，"镜海"的编辑们不断创新，在内容的策划上下足功夫，而"访问录"与"大展"正是这一努力的具体体现。"访问录"与"大展"的策划，体现了"镜海"编辑思维的敏锐；通过这样一种具有共同主题的"专辑"的策划，"镜海"进一步彰显了纯文学的品牌理念。

　　作为一个纯文学副刊的两次文学策划，"访问录"与"大展"同样具有不容小视的文学意义。"访问录"可视为是对澳门文坛知名作家所做的一次系统总结。从这些"访问录"中，我们大体可以知晓20世纪80年代以来澳门作家的基本面貌，其中包括他们的作品面貌、文学观、创作观以及他们对澳门文坛的各种贡献与期许。澳门回归以来许多的学者对澳门文学投注了更多的研究精力，其中一个很重要的方面，就是从理论上对澳门文学做一种全新的总结与思考：总结澳门回归以前文学的总体状况，思考回归后澳门文学的发展路向；而所有的总结与思考，都不可能离开对澳门作家的综合考察。从这个意义上来说，"访问录"就是"镜海"副刊对澳门文学进行总结的一种尝试。实践证明，这一尝试是成功的,由此我们看到了一个丰富的澳门文学景观。从另一个角度来看,"总结"意味着对过去的原生态文学景观进行重新的选择,即去粗存精。"访问录"虽然最终呈献给我们的是一种近乎平面的静态的文学"事实",但在"访问录"访问对象的选择上——哪些澳门作家应该成为"访问录"的访问对象,深刻地体现了"访问录"策划者们对澳门作家的基本估价。虽然这种选择存在一定的客观性——许多赫赫有名的作家"迫使""访问录"不得不去选择;但是,这种选择还是具有很强的主观性,即"访问录"策划者的主体意识——依然是做出选择的重要标准。同样的情况,在"大展"中也有体现,而且更值得关注:因为"访问录"只是对过去文学"事实"的总结;而"大展"是对当下澳门文坛新人新秀的一种集中展示,即廖子馨所说的"这既鼓励新一代作者,也是澳门文学薪火相传的展示"①。在这种由副刊编辑"蓄意"策划的"展示"中,明显地反映出"大展"策划者对当下澳门文学的理解、评价,以及对未来澳门文学的一种期许。筹划者的这些"意愿",具体体现在对入选"大展"新生代作者与作品的选择上,即选谁上榜。由于所选对象都还属于新人新秀,虽然已在澳门文坛有一定的影响力,但远远不及"访问录"的入选者那样有实力去"左右""大展"策划者的选择;因而,应该说"大展"比"访问录"更能体现策划者的主体意识。所以我们在"大展"中看到的文学景观,就不仅只是当下澳门文坛新人新秀的基本状态了,更反映出策划者对当下澳门文学的理解、评价,对未来澳门文学生态的期待。

"营利"是所有商业性组织的根本追求,澳门中文报纸也不例外。这里需要引入另一个分析要素——受众,在文学活动中,受众也可置换为读者。在商业语境中,谁能够满足更多受众的消费需求,谁就能在激烈的竞争中获取更多的利润,这是市场经济里亘古不破的竞争法则。

---

① 廖子馨主编《我们——〈澳门日报〉五十年成长足迹》,澳门日报出版社,2008,第186页。

在营利目的的驱使下，"回归"十年来的澳门中文报纸副刊不断自我革新，推出不同的"商品"，满足受众的消费需求。其一，迎合受众趣味，完善副刊及专栏格局。动漫产业是近年来的一个热门产业，与之相关的动漫文化也成为当下的一大热点文化，并拥有众多的读者，尤其是一批在动漫产业熏陶中成长起来的年轻读者。2007年《澳门日报》对副刊版面进行全新改版时，考虑到动漫文化所蕴藏的巨大读者市场，增设"动漫玩家"副刊，介绍当前炙手可热的动漫资讯，大受青年读者欢迎，在短短五个月内就将每周一版的"动漫玩家"扩充至每周两版。其二，举办文化活动，密切与受众的联系。"征文"是澳门各大中文报纸副刊经常举办的一种文学活动。《澳门日报》副刊"亲子乐"，在社会知名人士的资助下每年"六一"儿童节都要举办有奖游戏，每次都能收到数万份参加表格。"阅读时间"副刊的"读后感征文比赛"是《澳门日报》的一个品牌活动，每年的反响都极为热烈。《澳门日报》"小说"副刊也在澳门基金会的支持下举办过中篇小说征文比赛，吸引了一大批读者投稿。这些文化文学活动的举办，"在一定程度上提升版面的影响力，更重要的是，拉近了我们（指《澳门日报》——引者注）和读者的距离，培养了写作的新生力量"①。此外，"回归"十年来的澳门副刊还通过"依托品牌优势，巩固主要读者群"，"强化市场细分，培植特殊读者群"等方式，不断地扩大受众容量。

报纸的营利导向，使报纸副刊十分重视读者的巩固与培植，"回归"十年来，副刊为澳门文学培育了一个巨大的读者市场，对澳门文学的发展产生了重要作用。人们往往把20世纪90年代中后期以来的中国文学称作"大众传媒打造的神话"，这里面有褒义的成分，但也隐含许多不满的情绪。对于处于同一时期的澳门文学来说，我们同样能够明显地感受到大众传媒对澳门文学的强大渗透力，这种渗透力表

---

① 廖子馨主编《我们——〈澳门日报〉五十年成长足迹》，澳门日报出版社，2008，第174页。

现在澳门文学的方方面面，当然也包括对澳门文学读者的渗透。应该承认，这种渗透对澳门文学的读者产生了许多积极的影响，比如，它扩大了澳门文学受众的面积以及阶层的深度，也就是说，使得更多的人能够"消费"澳门文学，这与报纸副刊本身具有的低售价、高销量的特点有很大的关系，它使澳门文学借助于中文报纸副刊进入了澳门社会的各个阶层。再如，许多的读者通过报纸副刊提升了对文学的鉴赏能力，同时还有少部分读者，在副刊文学长期的熏陶下，不仅提升了文学的鉴赏能力，而且还具备了相当的创作能力，并进而由读者进入作者的层面。正如著名的文艺学家瓦尔特·本杰明所指出的："随着报纸发行量的日益增长，越来越多的读者变成了作者……这样，作者与大众之间的区别正失去其基本特征……这种差别已变成纯粹功能性的；它可能从一种情况向另一种情况变化，但在任何时刻，读者将随时成为作者。"[1] 但是，还是需要指出，报纸副刊的营利导向，给澳门文学的读者也带来了一些消极影响，比如"快餐式阅读"和"傻瓜式阅读"的问题都是值得引起我们高度关注的两个问题，长此以往，文学消费将有可能走上"速食主义"的轨道，不利于读者群文学审美能力和鉴赏能力的提升。

## 二　生产·传播·消费：副刊语境中的澳门文学活动

现代传媒不仅改变了世界，也改变了文学，有学者在研究现代传媒与文学的关系时曾指出："在文学创作中，报刊、影视、网络、手机短信等媒介不仅影响到文学的传播途径、传播方式，而且影响到思想意识、审美趣味、语言工具等，深深潜入到创作者、读者与批评家的思维和意识中，全方位地改变文学的生产、传播与消费以及文学的再生产与

---

① 　王岳川等：《后现代主义文化与美学》，北京大学出版社，1992，第153页。

再消费。"① 中文报纸副刊是澳门文学的主要载体，"回归"十年来，这一状况依然没有改变。对于"回归"十年间的澳门文学来说，副刊已经不再是纯粹的载体或中介，而内化为一种语境和场域，是澳门文学活动赖以展开的媒介场和文学场；长期以来，报纸副刊形成的媒介文化/副刊文化已经渗透到澳门文学活动的各个环节，内在地塑造着澳门文学的精神特质与艺术特质。那么，处于副刊语境中的澳门文学活动又具有怎样的特点？"回归"十年来的澳门文学生产、传播与消费受到了澳门中文报纸副刊的哪些影响？

报纸副刊作为澳门文坛主要的发表园地，巩固和培植了一支庞大的作家队伍，保证了澳门文学生产的持续繁荣发展。副刊特有的版面特征——专栏和框框，塑造了澳门作家尤其是专栏作家的创作"性格"，使澳门文学生产带有典型的"框框性"特征。澳门文学生产依赖报纸副刊展开，使澳门作家摆脱了意识形态束缚，却无奈地陷入了商业语境的泥潭；同时，副刊编辑以"把关人"的身份介入澳门文学生产中，使澳门文学生产的自由性受到了一定程度的削弱，呈现为一定的"不自由性"。以下将分而述之。

其一，园地与文学生产的主体培植。在现代传媒时代，尽管越来越多的要素参与到文学生产中，但是，作家仍然是文学生产最主要的主体；副刊园地在出版时间上的周期性特征，使一个稳定的作者群体的培育不仅重要而且成为可能。"回归"十年来，澳门中文报纸副刊凭借其传播优势和强大的凝聚力，聚拢了一支囊括澳门文坛老中新三代的庞大作家队伍：老一辈作家主要有周桐、陶里、冬春轩、李成俊、李鹏翥、鲁茂、凌稜等，其中，陶里的现代诗批评在澳门回归十年间仍然十分活跃，对澳门诗坛产生了重要影响，而冬春轩十年如一日在《澳门日报》"新园地"副刊的"笔耕集"专栏耕耘，贡献了大量的优秀散文，成为

---

① 张邦卫：《媒介诗学：传媒视野下的文学与文学理论》，社会科学文献出版社，2006，第 176 页。

"回归"十年间澳门文化散文的重要组成；中生代作家主要有沈尚青、穆欣欣、林玉凤、王祯宝、彭海玲、廖子馨、梯亚、王和、邓景滨、林中英、胡悦、徐敏、黄文辉、汤梅笑、纪修、邹家礼、陈浩星等，他们大多在 80～90 年代开始文学创作，进入 21 世纪则成为澳门文坛的中坚力量，是"回归"十年间副刊园地上最活跃的一个代际；新生代作家主要有贺绫声、陈志峰、乐水、卢杰桦、丝纱罗、陆奥雷、太皮、李卉茵、凌谷、小曦、未艾、亚信、贺鹏、许芊芊等，他们大多在 20 世纪 90 年代末 21 世纪初进入文坛，在"回归"十年来的副刊园地上也经常能见到他们的作品，是澳门文坛的一支新生力量。在澳门副刊园地培植的作家队伍中，有许多人兼具报人与作家双重身份，如李成俊、李鹏翥、廖子馨、汤梅笑、黄文辉等，既是澳门文坛重要的作家，也是澳门报界知名的报人，在文坛和新闻界都具有广泛的影响。

　　其二，副刊与文学生产的框框性。副刊版面大都被划分为一个个专栏，即使有些副刊如《澳门日报》"镜海"没有明确标示专栏名称，但它们同样也被划分为一个个大小不等的方块，依然具有典型的"框框"特征。副刊版面的框框性对作家创作具有一种潜移默化的影响，以致形成"框框"思维。限于版面大小的原因，副刊专栏或方块的字数容量往往只有千百字，这就导致作家不可能就某一个文学话题进行漫无边际的延伸，而必须在"框框"所规定的字数范围内点到即止，即使是一些连载性的专栏，作家为了保证每一期文章的基本完整也摆脱不了"框框"的束缚，也就是说，作家们必须在副刊事先划定的有限"版图"内进行创作，所有的文学生产都不能延展到"版图"之外。久而久之，这种"框框"思维就会渗透到作家的创作思维中，对他们的选材、构思、谋篇布局等都会产生重要的影响，尤其是那些长期在副刊上发表作品的专栏作家。综观"回归"十年来澳门副刊上的文学生产，"框框性"是一种非常重要的特征。这十年副刊散文创作的许多问题，如审美方式陈旧、叙事模式老套、缺乏哲学思考等，都或多或少地与文学生产的"框框性"特征有关联。除了散文，这十年的小说创作也存在这一问题。廖子馨在《澳门文学与报纸副刊》一文中探讨"副刊园地局限文学的发展"时，曾专门分析了回归之前副刊语境中的澳门小说的诸多困境。她认为，"六十年代以来，本地作家便占据了相当的连载小说市场，然而，众多的作品中，精品欠奉，关键因素是每天连载数百字，为了吸引读者，最好是每日有个'悬念'，结果：许多故事在有了漂亮的开头和丰富的中段后，后半部分往往情节拖拉，结局更是一条烂尾巴"，"小说连载的方式除了影响整体故事的发展，在讲故事的技巧方面，更是局限多多"，"九十年代澳门的生活节奏亦趋快速，连载小说渐渐失去昔日因缺乏消遣而能吸引住读者的因素。另一方面，新一代小说作者不满足写实效果，跃跃欲试新的小说创作技巧，在人物、事件安排、时空等各个元素上都想摆脱传统手法，用全新的叙述方式来说故事；可是，如果在连载中大玩这类艺术技巧，故事就会显得凌乱破碎，不但得不到艺术效果，还会造成反效果，又影响读者的阅读兴趣，作者也吃力不讨好。这就是寂然这类青年小说作家的苦恼"[①]。其实，如果把视野拓展到 21 世纪的头十年，我们会发现，廖子馨在 21 世纪初指出的澳门小说的诸多问题，这十年仍然没有发生很大的改变。因为"回归"十年来澳门小说所依赖的文学场域并没有发生根本改变，文学生产的"框框性"特征仍然是澳门作家内心无法摆脱的"紧箍咒"。

其三，编辑与文学生产的自由性。现代传媒语境中的文学生产，编辑是一个不容忽视的角色："编辑既是文学活动中的一个环节，也是文学活动场中的重要参与者，更主要是大众传播媒介的'把关人'或'守门人'。"[②] 随着现代传媒对文学活动的影响日益深入，编辑尤其是文学编辑的作用也日渐凸显，甚至还能左右文学生产的发展方向。具体而言，文学编辑对文学生产的影响主要体现为两点：第一，"文学

---

①　廖子馨：《澳门文学与报纸副刊》，《世界华文文学论坛》2000 年第 1 期。

②　张邦卫：《媒介诗学：传媒视野下的文学与文学理论》，社会科学文献出版社，2006，第 350 页。

编辑在文学信息传播的过程中实际上担当了'把关人'的角色，他们有权决定让受众知道什么、不知道什么，甚至他们对某个文学问题、某部文学作品、某位作家的强调和兴趣，会直接导致对他们采访的频率和深度，并影响他们在媒介上的亮相频率和篇幅长度，并进而形成'成员媒介'与'家族媒介'的文学立场与文学态度"，进而"对受众的文学立场、趣味、态度都会产生深刻的影响"；第二，"文学编辑的文学影响力还体现在过滤、改写和阉割方面"①。文学编辑影响力的日益强大必然导致作家自主性的削弱，很多时候作家为了获取传播渠道，不得不屈从于文学编辑的各种编辑"策略"，如此，文学生产的自由性也就受到挑战。在现代传媒日益强势的 21 世纪，文学生产的自由性已经成为作家们的一种理想，文学生产的不自由性反而成为作家们不得不面对的现实。"回归"十年来，副刊语境中的澳门文学生产同样受制于传媒的强势和文学编辑的强大影响力而表现出不自由性。

文学传播是文学活动的中间环节，是文学由生产到消费的桥梁。在文学传播活动中，媒介是重要的中间物，连接着文学的生产者与消费者。在澳门，中文报纸副刊是文学传播的主要物质载体，"回归"十年来的澳门散文、诗歌和小说大部分都依靠报纸副刊进行传播。可以说，如果不是副刊十年如一日坚持刊载澳门作家的各类作品，这些作品将因丧失传播渠道而无人问津，"回归"十年间的澳门文学也将收成无几。澳门学者李观鼎在一篇谈论《澳门日报》"镜海"副刊的文章中曾满怀深情地论道：

　　在《镜海》这方文学园圃里，我们看到了与澳门人的语言、澳门人的生命、澳门人的精神并蒂同根生长着的澳门文

---

① 张邦卫：《媒介诗学：传媒视野下的文学与文学理论》，社会科学文献出版社，2006，第 351 页。

学，她虽然还不够丰富，却足以令人敝帚自珍，因为她充满良心、同情、关爱和真诚，每一个读者都可以真切地听到她的呼吸和心跳，看到她的眼泪和笑容，想见她的想象和憧憬。她本不是一种轻飘浪漫的媚态，而是一种人的本真生命的闪耀；她不是单纯的技艺，而是诗化的生命或生命的诗化。在海内外文学领域悲观失望的叹息声不绝于耳之际，《镜海》以其稳定的收成作出回应：这里并未迷失崇高理想，文学仍有希望！

是的。假如没有《镜海》，假如没有《镜海》编者、作者和广大读者在诗性追求上的长期坚持，即在人类精神提升的制高点上的不懈努力，澳门文学会怎样呢？诗意盎然的小城又会怎样呢？不必夸大其词，至少，文学在这里遭遇某种程度的冷落，以至减少了几成生机，却是毫无疑问的。惟其如此，《镜海》值得我们每一个对它说一声谢谢①。

在上引的两段文字中，李观鼎对"镜海"在澳门文学史上的意义做出了高度评价，虽然针对的只是一个具体副刊，但是，对于澳门其他中文报纸副刊也有某种普遍意义。因为，在其他副刊里，我们同样"看到了与澳门人的语言、澳门人的生命、澳门人的精神并蒂同根生长着的澳门文学"；假如没有多种副刊的共同努力，没有"阳春白雪"与"下里巴人"的"同台展示"，澳门文学仍然可能"遭遇某种程度的冷落，以至减少了几成生机"。

以报纸副刊为主要媒介的澳门文学传播促进了"回归"十年间澳门文学的发展，这是不容否定的事实，但是，我们也看到，"回归"十年来，当周边区域的文学传播已经向以纸质文本、影像文本、网络文本交互的多元传播方式转变时，澳门文学的传播却仍然以中文报纸副刊为主，这一特点给澳门文学的发展造成的局限在最近十年已经日益显露。

---

① 李观鼎：《我看〈镜海〉》，《澳门日报》"镜海"2008 年 9 月 17 日。

早在 21 世纪初，澳门中文报纸与文学的参与者廖子馨就清醒地意识到："因着篇幅和读者面，框框文学无法推动区域文学进一步健康壮大"①，即报纸副刊在推动澳门文学往纵深发展上已经开始心有余而力不足。如何摆脱主要依靠报纸副刊传播的方式，适应文学传播方式的转变，是未来澳门文学应该积极探索的问题。笔者认为，借鉴周边区域文学发展的经验，未来澳门文学应该改变以报纸副刊为主的传播方式，积极探讨运用纸质媒体、电子媒体与数字媒体共同参与的多元传播方式。其实，早在 2002 年，贺绫声、邢悦、观云、眉间尺和甘草等人就在网络上成立了"别有天诗社"，开始诗歌网络创作与传播的实验，可惜的是，这样的案例在澳门文坛还非常少，甚至还没有引起澳门主流文坛的重视。实际上，贺绫声等人的实验提供了许多可供借鉴的经验，从他们运行这么多年的情况来看，澳门文学完全有条件借助传播方式多元化的大趋势，实现澳门文学的转型。

文学消费是文学活动的第三个环节，也被普遍认为是最后的环节，读者是这一环节的主体。在市场经济时代，读者也是被置换了文化身份的消费者，读者的消费取向也在商业语境中发生了重要转型："读者对待文艺作品的态度与'前媒介时代'发生了根本性的转变，也就是说，现代传播媒介使文艺作品的展示价值得到了大幅提升，而使文艺的膜拜价值受到了挤压，或者说，读者的态度从膜拜向把玩、从体味向体验、从理性向感性、从内敛向外展转化。"② 置身于副刊语境中的澳门文学，也遭逢读者消费取向的重要转型，而伴随着消费取向的转型，澳门文学消费也普遍放弃了对精神内涵的追求，文学消费被高度生活化、娱乐化和快餐化，文本不再是消费的唯一核心，文本之外的奇闻逸事乃至副刊版面设计反而成为读者津津乐道的话题。读图时代的来临，使读者的阅读由文字符号转向影像符号，读者成为影像的奴仆，副刊语境中的澳门

---

① 廖子馨：《澳门文学与报纸副刊》，《世界华文文学论坛》2000 年第 1 期。
② 张邦卫：《媒介诗学：传媒视野下的文学与文学理论》，社会科学文献出版社，2006，第 389 页。

文学消费凄惨冷清，现实的读者几乎被抽空，虚幻的读者成为作家们安慰自己的"迷魂汤"。

## 三　商业性·消费性·文学性：栖身于<br>媒介场的文学言说

媒介时代的文学写作，早已不是传统意义上的文学创作了，由于媒介的商业化与逐利原则，从本质上来说，文学写作事实上就是文化工业的一种存在状态，必然依从于整个文化工业的成规与法则。法兰克福学派对此有十分深刻的论述。这样，媒介时代的写作，是一种物质生产，一种商品生产，一种消费生产。写作是为了消费，写作是为了更好地畅销，这样表面上是一种"个体写作"，实质上是一种"准个体写作"，因为在这种表征的背后隐藏着整个工业社会的"集体无意识"、商业社会的"权力意志"以及媒介时代的某种"文化指令"。同样，媒介时代的写作，由于现代传播媒介的控股，必然由"精神维度写作"向"物质维度写作"转化，由"自由写作"向"非自由写作"转化，由"精英写作"向"大众写作"转化，由"深度写作"向"平面写作"滑行，这样，媒介时代的写作便不可避免地具备了物化与异化的鲜明特征①。

以上对媒介时代文学写作特质的概括，为我们研究副刊语境中的澳门文学提供了重要的启示。"回归"十年来，栖身于副刊媒介场中的澳门文学言说同样"不可避免地具备了物化与异化的鲜明特征"：商业语境中的澳门中文报纸，裹挟着商业法则和消费意识不断地冲刷着澳门文学这块本

---

① 张邦卫：《媒介诗学：传媒视野下的文学与文学理论》，社会科学文献出版社，2006，第386～387页。

已十分贫瘠的心灵之地，全方位地消解着澳门文学的诗性存在；借助现代传媒的巨大影响力，商业性与消费性堂而皇之地"进驻"澳门文学，精英意识让位于商业意识和消费意识，读者对文学的聚焦由精神维度转向物质维度，文学性的普遍流失也在这一进程中成为一个无法挽回的局面。

第一，商业语境与澳门文学的商业性。随着现代传媒的迅速发展，世界成为一个"地球村"，"全球化"作为一种文化语境渗透到社会生活的各个方面，"就文学的存在而言，全球化首先意味着经济绝对权威的树立与文化生产复制时代的莅临，特别是作为文化权力中心的现代传播媒介的横空出世与恣意张扬，裹挟着商业意识、消费意识、全球意识、娱乐意识等的媒介意志，对文学造成了全方位的影响。正因为如此，现代传媒不仅摒弃了精英文学的存在价值，还堂而皇之地借助平面化、大众化、商品化、世俗化、直观化、浅显化、产业化的'传媒符号'与形而下的消费主义、享乐主义等'传媒意识'消解文学的诗性存在"[①]。对全球化语境中的澳门来说，现代传媒特别是中文报纸副刊对澳门文学诗性的消解，突出的一个表现即是商业性成为澳门文学属性的维度之一。

商业语境中的澳门中文报纸以营利为最终目的，这就决定了中文报纸的所有产品，包括新闻产品和副刊产品，必须以吸引读者眼球为基本导向，读者的消费需求成为中文报纸衡量其产品是否有市场价值的重要标准。栖身于副刊媒介场的澳门文学言说，在报纸整体商业利益的捆绑下，以大众的审美趣味为旨归，讨好都市中产阶层的阅读需要，文学叙事蜕变为庸俗化的欲望叙事。"于是乎，审美体验让位于感官享乐，间接性让位于直接性，立体的综合丰富性让位于平面的一览无余，意义的多极化让位于唯一的感官刺激，精英文学让位于大众文学，大众文学再让位于'伪大众'的粗俗文化产品。"[②] 陆奥雷在一

① 张邦卫：《媒介诗学：传媒视野下的文学与文学理论》，社会科学文献出版社，2006，第 236～237 页。
② 张邦卫：《媒介诗学：传媒视野下的文学与文学理论》，社会科学文献出版社，2006，第 238 页。

篇具有反讽意味的诗学文章中谈到诗歌的"第二次崛起"，诗人在当下需要征服的不是大众，而是大众传媒。他说："我们首先要感动的，可能不是广大的读者群，而是某几个书评者、某几个通向人圣之路的作家、某些大导演、最好就是某些大老板。在这些支柱的强力支持底下，诗的崛起便有可能了。"①

以"回归"十年间的《澳门日报》副刊"小说"为例。2007年，"小说"副刊进行改版，由原来的日刊变为周刊，取消长篇连载，整版全部登载短篇小说和小小说。改版之前的"小说"以连载港台地区的武侠言情小说为主，这些小说大多情节老套，充满煽情意味，趣味庸俗，就审美价值来说，可归为"粗俗文化产品"之列。但是，这类小说在"小说"副刊上存活了几十年，一度成为这一副刊的主要文化产品。究其缘由，就是这类小说满足了普通大众尤其是都市阶层的审美趣味和阅读需要，具有一定的读者市场，是文学与商业文化联姻的产物，也是文学商业性的必然结果。2007年"小说"改版，短篇小说和小小说成功取代长篇连载小说，成为"小说"副刊的唯一文化产品。这一改革举措，不应简单地判断为"小说"副刊放弃对商业利益的追逐，主动走精英文学之路，相反，笔者认为，这是"小说"在都市文化消费发生转型之后的一种主动跟进，其目的恰恰是为了满足更多读者的阅读需求，以占据更多的市场份额和商业利益。进入 21 世纪，都市阶层的竞争压力和生存压力越来越大，社会各阶层的人为了生存疲于奔命，文学逐渐淡出人们的视野，而一种以快餐式和傻瓜式阅读为主要特征的"速食主义"消费潮流在都市里日渐盛行。人们已经没有太多的时间来追读副刊上的长篇连载小说，那种千百字的短篇小说和小小说则受到更多人的追捧，尤其是都市白领阶层。2007 年"小说"的改版迎合了澳门"速食主义"的消费潮

---

① 陆奥雷：《第二次诗的崛起——当下诗的生存状态与崛起策略》，《澳门日报》"镜海"2004 年 1 月 7 日，D5 版。

流。同时，尽管改版后的"小说"打出"文化"的招牌，但是其整体的美学面貌并没有发生根本的改变，充斥整个副刊的还是花花绿绿的都市元素。

第二，消费语境与澳门文学的消费性。"消费社会"是社会物质高度发达之后的产物①，法国思想家让·波德里亚用它来概括物质极为丰富的后工业社会："今天，在我们的周围，存在着一种由不断增长的物、服务和物质财富所构成的惊人的消费和丰盛现象。它构成人类自然环境中的一种根本变化。恰当地说，富裕的人们不再像过去那样受到人的包围，而是受到物的包围。"② 本书所讨论的"消费语境"，特指以消费为风尚的社会文化语境，它借助现代传媒将消费文化植根到大多社会成员的内心，推崇物质享受，拒绝精神洗礼；而文学的"消费性"则指，文学在消费文化与媒介文化③的影响下，被消费语境"物化"和"异化"，呈现出消费化的趋向。媒介场是消费文化的滋生地，它对现代时尚和物欲的报道宣传，客观上培植了一种消费意识形态，置身于消费意识形态普泛化的澳门和滋生消费文化的媒介场，澳门文学被"物化"和"异化"成为一种无法摆脱的宿命。

澳门文学的消费性有许多表征，比如文学审美转向娱乐消遣、文学阅读走向消极疲软、文学叙事重视日常生活等。

首先，文学审美转向娱乐消遣。消费文化改变了澳门原有的文化与文学观念，消解了文学的意义和深度，人们关注的焦点由精神转向物质，感官体验取代了灵魂洗涤，文学传统的认知、教育和审美功能逐渐偏向娱乐消遣，人们的审美观念也发生了重要转型。文学审美观念的转型，反映到副刊文学中，则是大量轻文学、俗文学、时尚文学的出现，

---

① 关于"消费社会"的概念来源、基本特征等，可参阅赵一凡等主编《西方文论关键词》"消费社会"词条，外语教学与研究出版社，2006，第 659~669 页。

② 〔法〕让·波德里亚：《消费社会》，刘成富等译，南京大学出版社，2001，第 1 页。

③ "媒介文化"是媒介语境化之后的结果，在特质上，它是一种欲望文化、同质文化和权力文化。关于媒介与媒介文化的内容，可参阅张邦卫《媒介诗学：传媒视野下的文学与文学理论》，社会科学文献出版社，2006，第 346~350 页。

如在《澳门日报》综合性副刊"新园地"上，播散着许多有关明星文化、时尚文化的书写，这些书写满足了读者休闲娱乐的审美需求，是对消费语境中大众畸形消费心理的迎合。

其次，文学阅读走向消极疲软。在消费语境中，人们为了满足永无休止的消费欲望，在物质社会疲于奔命，文学阅读停留在形形色色的消费符号上。消费文化不仅消解了读者的阅读激情，更为可怕的是，把读者阅读的主动性和创造性消磨殆尽，最后只剩下对文字的疲软和无奈的消极阅读："人们阅读文学作品的目的更多的是消遣、休闲，或是寻求感官的刺激，而不再是追求'绝对精神'、'绝对理念'与'终极追问'。对于大众来说，文学的存在意义不过犹如一道文化快餐，成为满足同一种消费需求的另一种形式而已，阅读直接成为一种消费。"① 在"回归"十年间的澳门副刊上，我们很少见到读者与副刊编辑、作者之间进行文学互动，其中当然有副刊编辑理念在起作用，但关键还是读者自身的问题：栖身于消费语境中的澳门文学读者，已经不再是传统意义上的、接受美学所倡导的富于能动性和创造性的积极读者，文学作品成为一次性的普通消费品，很难引起读者的精神共鸣。

最后，文学叙事重视日常生活。文学叙事日常化和日常生活审美化是消费社会文学的两大重要特征，而传媒对日常生活的偏爱，则进一步加剧了副刊文学走向民间和大众。"大众传媒制品作为新兴的文学文本，几乎不使用传统文学使用的那些具有独特文学性修辞的语言。大众传媒语言和这些语言所讲述的总是某种可能的日常生活——这种日常语言对日常生活的讲述按照传统文学及其语言的标准来看，几乎就是日常生活本身的一部分，与艺术（文学）及其语言所要开掘的常人不能至的精神深度和这种深度对艺术家'天才性'或真、善、美的昭示没有

---

① 张邦卫：《媒介诗学：传媒视野下的文学与文学理论》，社会科学文献出版社，2006，第213页。

任何关系……大众传媒在其生成体制上即是隐喻性的，它始终是在'报道'或告诉日常生活，是以'日常生活'为能指物的一个内涵性文本系统。这个内涵性文本系统以'报道'语言讲述作为文本自有其意义的日常时间。"① 副刊文学作品作为"大众传媒制品"的重要组成，也在用"大众传媒语言"讲述"某种可能的日常生活"，从《澳门日报》副刊"新园地""小说"到"镜海"，到处都弥漫着对都市大众日常生活的絮叨。

第三，副刊的两难选择与文学性②的普遍流失。报纸的逐利本性导致副刊在商业利益和精神财富之间左右摇摆，面对这种两难选择，在竞争激烈的商业社会，更多的副刊偏向商业利益，这才有了副刊文学中越来越浓的商业性和消费性气息，澳门文学也在报纸等大众传媒的诱导下进入了泛文学时代。

在泛文学时代，文学性的普遍流失是副刊文学的突出症候："作为被消费的对象，文本的内化萎缩，而文本的外化却在不断扩张。文本的'本质主义'受到了前所未有的质疑，'反本质主义'与'新实用主义'甚嚣尘上，用本雅明的话说不过是'机械与技术复制时代的抒情方式'而已。另外，媒介时代的文本，具有极强的'展示性价值'，也正是如此，媒介时代的文本浅化、俗化、轻化、平面化也就在所难免了，特别是由语言生成的审美距离，由于受到了文字、声音、图像三种

---

① 蒋荣昌：《消费社会的文学文本：广义大众传媒时代的文学文本形态》，四川大学出版社，2004，第 161～162 页。

② "文学性"是 20 世纪 20 年代苏联形式主义文论家罗曼·雅各布森提出的术语，用于指称文学文本有别于其他文本的本质特征。文学性涉及文学概念的内涵和本质属性；但是，文学与文学性是两个不同层面的问题：从文化意义上看，文学是一个社会学现象，而文学性大体可以从形式主义来理解。文学性在当代主要有三个方面的内容："一，作为文学的客观本质属性和特征的文学性；二，作为人的一种存在方式的文学性；三，作为一种意识形态实践活动和主体建构的文学性。"本文所指的"文学性"大体可以认为是第一方面的内容。有关文学性的详细阐释，可参阅赵一凡等主编《西方文论关键词》"文学性"词条，外语教学与研究出版社，2006，第 592～609 页。

介质的替代而成为'审美生活化'后的'无距离'，这样文本给人以想象的空间少了，给人顶礼膜拜的神秘感也消失了。"①

副刊文学语言的蜕变是文学性流失的重要表现。传统的文学语言，讲究蕴藉和含蓄，强调形象的间接性和场景的意境化，给读者留有足够的想象空间和审美距离。然而，置身于副刊媒介场中的文学语言，则朝着生活语言和自然语言发展，讲究感性和直接，强调形象的直观化和场景的平面化，让读者跟着感觉走；同时，借助图像和各种绚丽的版面设计，消解传统文学语言的霸权，甚至颠覆传统文学语言的基本功能。语言是文学美感和意义生成的重要载体，一旦语言发生蜕变，文本的美感和意义也将萎缩，文本的文学性亦随之受损。

副刊内容的异化进一步加剧了副刊文学性的流失。"传统的文学副刊以小说、散文、杂文、诗歌、文艺评论等文体为主。而在今天的副刊里，杂文向时事评论版转移，写作方式上多结合新闻变成新闻时评，往往是新闻内容大于评论。诗歌几乎被许多报纸副刊淘汰，假大空的文艺评论因为虚与委蛇、歌功颂德难以引起读者共鸣。散文题材严重狭窄化，局限于个人情感、家庭情趣，雷同化相当严重……副刊内容异化为家庭生活、情感天地、日常消费、学习求知、休闲娱乐等各个层面的内容，呈现出泛文化的趋势。"②"回归"十年来，澳门副刊内容大体也呈现为这样一种异化的态势，以副刊散文为例，寂然就曾总结道："专栏作者每天为大家提供：1）亲戚朋友逐个讲；2）个人日记、周记大公开；3）爱情观点拉杂谈；4）新闻旧闻略有所闻；5）社会现象温情评论；6）咬文嚼字在故纸堆里称雄。"③ 由此观之，尽管世界每天都在发生变化，但副刊内容千篇一律，甚至书写方式都大同小异，长期下来，

---

① 张邦卫：《媒介诗学：传媒视野下的文学与文学理论》，社会科学文献出版社，2006，第 387～388 页。
② 曹代义：《文学性是报纸副刊的灵魂》，《城市党报研究》2011 年第 5 期。
③ 寂然：《停不了的专栏——一则专栏写作的心理学》，《澳门日报》"镜海"2001 年 1 月 31 日。

副刊内容就会失去鲜活性。

此外，文学副刊、亚文学副刊和非文学副刊比例失调也是澳门副刊文学性流失的一个表征。21 世纪以来，为了满足读者的消费需求，澳门各大中文报纸纷纷对副刊进行调整和改版，其中一个重要的方面就是削减文学副刊的数量或出版周期，大幅增设非文学副刊，提高非文学副刊在副刊中的比例。《华侨报》在 21 世纪伊始就果断地停办小说副刊"华林"；《澳门日报》也在 2007 年副刊改版中将小说副刊"小说"由日刊改为周刊，同时在十年时间里不断增设各种非文学副刊，如以介绍动漫文化为主要内容的副刊"动漫玩家"等，加大娱乐、生活、时尚、休闲等副刊版面的容量，在美编方面也做得越来越精美细致。十年来，澳门各大报纸副刊打着"泛文学""泛文化"的旗号，不断地侵蚀副刊的文学领地，可以预见，如果不对这种趋势保持警惕，未来澳门副刊的文学性将会进一步流失。

一个区域的文学离不开它所依赖的区域环境和对文学产生影响的各种场域，栖身副刊媒介场的澳门文学，其"盛衰荣辱"与报纸副刊密切相关。如何辩证地看待和处理澳门文学与副刊媒介的关系，是澳门文坛与学界应该慎重思考的问题。笔者认为，在短时间内，澳门文学不可能完全撇开报纸副刊独立发展，强行隔断两者的关系有害无益；在这样的认识前提下，我们既要充分肯定报纸副刊对未来澳门文学的推进作用，也要清醒地估计到报纸副刊的各种消极影响。正如有学者在谈到媒介与文学的关系时所指出的："不论媒介是以消解的力量出现，还是以建构的力量出现，媒介对文学的变革都是一种革命性的力量。当然，对这种革命性的力量，我们还得辩证地看，但无论如何都不能否定传媒，否定传媒与文学的关系，否定传媒对文学的促进、拉动及敦促文学走得更高、更远、更好的潜力。"①

---

① 张邦卫：《媒介诗学：传媒视野下的文学与文学理论》，社会科学文献出版社，2006，第 184 页。

# 第六章　副刊文学：直面中庸的悖论

## 一　"框框文学"：报纸副刊的承担及其局限

提到报纸副刊，相信了解中国现代文学发展历史的人都会认同其在文学发展进程中的助推作用，因为对文学本身而言，副刊为早期文学新人的登场和各种文学体式的逐渐兴盛提供了不可或缺的平台。在中国现代报刊发展史中，副刊从 19 世纪末期没有固定篇幅的"补白"，逐渐发展到设置正式的较为固定的版面来刊发作品，再到"五四"时期的副刊全面发展，可以说副刊不仅对中国新闻事业自身的成长壮大贡献卓越，而且对中国新文学的发展作用不可小视。越来越多的人意识到，报纸文学副刊是非常重要的文学园地，副刊不仅承担着文学薪火相传的神圣使命，而且也是我们重新认识中国新文学传统、重写文学史的资料来源和基本依据。

我们这里以《澳门日报》为中心展开对澳门中文报纸副刊的研究，更加清晰地定位《澳门日报》文学副刊在澳门文学自身发展链条上扮演的重要媒介角色。廖子馨说："澳门新文学是在报纸副刊的摇篮里成长的。至今，报纸副刊的框框方块依然是培植澳门文学的牢固的基地，这是澳门文学的一大特点。"① 其实也正如廖子馨所指出的，澳门文学

---

① 廖子馨：《澳门文学与报纸副刊》，《世界华文文学论坛》2000 年第 1 期。

的环境"只有文学会刊、没有文学杂志"，此种文学园地或曰空间的极度狭小且荒凉的实际境遇，在根本上制约了澳门文学发展的步伐和容量。但是从副刊自身的发展历程来说，报纸副刊的社会效应明显，远远超过了纯粹的文学会刊（不定期刊物）带来的实际作用，这似乎也是澳门"小地方"文学圈子化本身束缚下的一种策略化生存选择。诚然，澳门文学的自身发展紧密地根植于澳门中文报纸副刊并非某种悠久的历史传统，将历史镜头聚焦于 20 世纪 30 年代的澳门即可明白这一点，自 20 世纪 30 年代《华侨报》创刊以后，虽陆续出现了其他中文报纸，但是当时所谓的"专辟副刊"也只是以类似转载及概览的形式为代表，基本上将刊发的重点倾向于澳门本地之外的其他地区的作家作品，唯独澳门本地的作品及作家成为稀缺。这是不能忽视的历史传统和发展根基。源于 1958 年 8 月 15 日的《澳门日报》副刊，从"新园地"开始专栏数量逐渐增加，不断培植大量的作者和文体样式、题材，这是澳门文学发展不能忽略的历史积淀，但是时至今日，副刊本身的新闻属性和附属地位又在一定程度上严重制约了澳门文学场的自主性生成。

《简明编辑出版辞典》对"副刊"的界定是：副刊是"报纸上除了新闻、评论以外主要刊登文艺作品或理论文章等的固定版面，每天或定期出版，一般多有专名，分综合性、专业性两种"[①]。而在冯并的专著《中国文艺副刊史》当中，副刊是"报纸的具有相对独立编辑形态，并富于整体文化和文艺色彩的固定版面、栏目及随报发行的附刊"。此处我们论及的"副刊"含义及其内涵、特征的把握与梳理，力求体现出如下的基本共识：在报刊的版面位置上，有别于新闻、广告等其他的个性版面；在刊发内容上，主要倾向于发表文学作品、与文学有关联的各类文章或文学性较强的那些文章；在技术上有别于新闻资讯板块，特别专注于文学性和文章文学手法的运用；而在刊发的周期上，主要以周期性为主要模式。

---

① 王业康：《简明编辑出版辞典》，中国展望出版社，1988。

如此看来，副刊本身的特性和独有的媒介空间属性似乎已经在向我们传递一种较为明显的信号，那就是与那些专业的文学期刊和专门的文学会刊相比，副刊天生就制约了文学发展过程中对于传媒空间的极度渴求。杨文堂在其硕士论文《2000年以来〈澳门日报〉副刊文学"澳门性"研究》① 中尝试性地提出了"副刊文学"的可操作的描述，即"可简要理解为报纸副刊上发表的文学性作品，本文同时认为它也包括一些主要内容与文学有关或文学性较强的副刊文章，如一些谈及文学的理论性文章和一些文采蔚然却并非专以文学为表达目的和能事的文字等"②。本书的研究目的就是为了将文学研究的触角落到实处，专门抓住《澳门日报》这样一种十分具体的媒体作为研究对象，在兼顾对澳门文学近30年来文学地位的重视的同时，进行研究范式转换的某种探索。

借助于中文报纸副刊来重返澳门文学场，不仅能够凸显出澳门文学自身的复杂性，更可以重建一种文学研究的方法论。副刊文学的文学研究价值，正是源于其本身文学性的特殊存在样态。首先，在具体操作层面上，我们发现"文学性"是副刊文学的基础与核心。"副刊"文学本身的特质也就决定了此种"框框文学"的表现形式上的"框框"（或曰框架），即在刊发篇幅和位置上的限制与制约。法国学者穆奇艾利认为，"意义来自于关系的建立。传通学认为，所谓关系的建立，涉及传通行为和传通所处的情境。因此，意义来自于'语境化'过程"③。而结合《澳门日报》副刊文学发展的历史来看，此种语境化过程集中表现在对于"位置"的操控上面，也就是"框框方块"的开辟与坚守上。其次，在刊发稿件的内容与功能诉求上面，"框框文学"似乎各个方面

---

① 杨文堂：《2000年以来〈澳门日报〉副刊文学"澳门性"研究》，暨南大学硕士学位论文，2010。

② 杨文堂：《2000年以来〈澳门日报〉副刊文学"澳门性"研究》，暨南大学硕士学位论文，2010。

③ 〔法〕穆奇艾利：《传通影响力——操控、说服机制研究》，宋嘉宁译，中国传媒大学出版社，2009，第15页。

都有所触及，但又是那么的"不深入"和"不细致"。这主要表现在澳门文学自身的架构元素上，诸如小说和散文，几乎全部都是在报纸副刊上完成自身的登场和展示，这是澳门文学独有的成长舞台。在多数研究者看来，澳门文学最大的特点就是报纸副刊的框框方块是培植澳门文学的坚实基地，这已是学术界普遍的共识和认同。

在这些较有代表性的副刊版面中，有我们比较熟知的"镜海""小说""学海""语林""澳门街"等多个各具特色的专栏，其中所谓"文学性"的把握存在较大差距。即使副刊的数量很多，但总是在质量上有特殊的发展倾向，即散文和诗歌的作品较多。除文学作品外，澳门文学评论也是《澳门日报》副刊的一大特色，似乎可以说，副刊文学已经越来越在澳门人的精神世界中占据绝对主导的地位。此种特有的版面生态格局分布，也在某种程度上限定了"框框文学"的整体呈现效果。今天来看，作为澳门文学培养人才基地的"副刊"，尤其是品牌"副刊"专栏，显然已经伴随着90年代以来澳门文学的发展脚步而显现出日益成熟的姿态。此间诸如"新园地""镜海""澳门街"等典型品牌专栏，吸纳和团结了相对稳定的作者群体和风格明显的文体样式。"框框文学"为我们更加深入地了解澳门文学的真实样态提供了特有的平台空间，其本身的"窗口效应"表现得十分抢眼。

然而，在充分肯定副刊文学自身积极历史担当的同时，也要客观地认识到此种"框框文学"的局限性。正如饶芃子在论及澳门文学时所说的那样，"澳门文化的独特性，提供了澳门文学发展的特殊空间，只有把澳门文学置于澳门文化视野中，才能对其特色有一个更为深刻的认识。从澳门文化的跨文化性质、边缘性和多元共生三个角度审视澳门文学，就会发现澳门文学'互看'式作品里蕴含着具有深远文化意义的理论命题，而'身份批评'的引入有助于对澳门作家群体的探讨"[1]。在饶芃子看来，对于澳门作家群体深入细致的梳理，有助于我们把握在

---

① 饶芃子：《从澳门文化看澳门文学》，《学术研究》2001年第7期。

澳门文化容量框架下的文化包容性、开放性和共生性，以及一种多元并存的特别文化景观。

在澳门文学整体框架序列中，能够正确切入澳门"小地方"文学圈子化问题的着眼点是作家群体层面及批评家、评论家（者）层面。我们都知道，细数澳门文学整体景观面貌，离不开对其自身主体性意识的研究和探索，在"青年学生"杨文堂看来，"作家是文学的生产者，其身份地位、资历经验和生活状态都直接影响其创作观念、创作动机乃至作品的思想内涵和艺术风格，从而对澳门文学的主体性产生影响"。今天我们梳理澳门文学的历史可知，澳门文学的作者群体中基本上澳门本地居民比较少见，较多的是澳门地区以外的文人们，这是早期时代的基本情况。从澳门文学本身的长远发展考虑，只有不断发掘和培植澳门本地的作家群，才是解决此问题的根本所在。

值得欣慰的是，自20世纪80年代末期以来，澳门本地逐渐成长起来一批深深植根于澳门本地社会的作家，这些作家已不再是先前那些躲避灾难和被贬流放之士，而是真正地将澳门作为自己永恒家园的一类新人。这在确保澳门文学的主体性上为其顺利成长奠定了基础和前提。一个值得肯定的事实是，澳门文学是由澳门作家创造出来的，澳门文学本身的那种多元性和兼容性的品格也在向我们传递出澳门文学兼容并包的特质。此外，从澳门文学刊物的自身发展进程来说，20世纪50年代澳门的文学刊物有《新园地》《学联报》《红豆》《中华教育》等。近年来，澳门最大的报纸《澳门日报》《华侨报》上都设有"文学专刊"，以期推动澳门文学作品的创作。毋庸讳言，虽说类似文学专刊有一定的规模，但是总体上澳门的文学创作和文学发展还没有达到一个比较成熟的阶段，更谈不上什么发达的水平，还有待于在今后较长一段时期内进一步发展和提升。其中最为关键和重要的是，澳门还缺乏一支高效严谨的文学作家队伍以及文学批评研究队伍。这两个因素可以说是从根本上制约澳门文学正态发展的双重困境。其实正是这些困难的存在，使得澳门"小地方"文学圈子化问题表现得异常突出。这可以从那些发表于

《澳门日报》文学副刊上的文学评论及批评话语中找到真实的答案。毕竟在这样一个十分狭小的地域内，能有现在的文学创作规模及成绩已是一个难得的实绩了。

　　凡属于文学研究及文学批评范畴的问题，基本上不能够避免所谓的文学批评相关问题的厘清和共识性构筑。正如我们在导论部分所讨论的，"澳门文学"本身也是亟待解决此种关于文学批评本质和功能的一个问题。计红芳指出"澳门文学理论批评的起步比较晚，总体而言还不够成熟与深厚"①，这一点与李观鼎先生曾经概括的"本土性、温和性、体验性、业余性"实质相同。澳门文学理论批评离不开澳门的文学创作，在澳门文学史上，从 20 世纪 30 年代新文学的萌动，一直到 80 年代才有澳门文学形象的自觉，这说明澳门文学的自觉源自文学批评活动的展开。众所周知，文学批评是文学活动的一个重要组成部分，可以说，自有文学作品及其传播、消费和接受活动以来，文学批评就伴随其产生和发展，并且构成文学理论自身不可或缺的重要内容和文学活动整体中的一种动力性、引导性及建设性的因素。文学批评既能够推动文学创作，进而影响文学思想和文学理论的发展，同时又能够推动文学的传播与接受，尤其是在文学批评逐渐成熟之后更是如此。在我们的观念中，文学批评是文艺学的组成部分。它是指按照一定的标准对作家作品和文学现象（包括文学运动、文学思潮和文学流派等）所做的研究、分析、认识和评价。这里的文学批评通常以文学鉴赏为基础，同时也能够深化和提升文学鉴赏，在文艺学的诸种研究形态中，文学批评历来都是最活跃、最普遍和最经常的一种。衡量一种文学形态是否发展成熟和完善的参照之一就是它是否伴随有比较成熟的文学批评。澳门文学同样需要在文学批评自身的构筑上形成真正的自觉和提升，但是澳门文学自身发展的局限性，诸如历史较短、作家群体规模及成长状态不能达到较

---

① 计红芳：《相容、温和与传统——澳门的文学理论批评》，《世界华文文学论坛》2006 年第 4 期。

为理想状况等"先天性"不足，在某种程度上使得澳门文学难以按照标准的文学批评预设目标进行正态演进。其中关键所在，恰恰是对文学现象做出的判断是否合乎实际，所谓的作家作品的优缺点能否得到多数人的共识，能否准确地指出其与此前或同时代其他作家作品的相同、差异之所在，进而能否恰当判定其在澳门文学发展历史及某时代横断面上的位置和意义等一系列问题。对于此系列问题的追问和回答，是准确把握澳门文学乃至副刊文学自身症结所在及解决思路的重要前提与保障。

澳门文学理论批评自身难以突破的核心所在就是批评空间问题。简言之，澳门特殊的文化格局和历史及现实的种种局限造就了澳门文学理论批评本身没有香港、台湾那样繁荣，葡澳管治期间，在当局"不干涉、不支持"的文化管理政策影响下，澳门文学事业主要依靠商业媒体和部分文化人士主动承担，在这种处境中，纯文学受到物质条件的严重束缚，在80～90年代很难按照正态的步伐向前发展。随之而来的后果，便是文学作品和文学理论批评缓慢前行。澳门文学发展语境下的文学评论刊物的先天性缺乏，导致文学理论批评缺少发表刊登的媒介空间，文学批评的"寄生性"特质表现抢眼，诸如《澳门现代诗》《澳门写作学刊》等一直以来都是文学评论依赖的表现空间。文学批评场乃至批评平台的严重缺乏、文学出版机制的羁绊都使得澳门文学理论的发展受到极大的限制。到"回归"为止，已经出版并较有代表性的文学批评与研究论著也不太多，能够搜寻到的主要包括《澳门文学论集》《澳门文学评论选》（上、下），以及云惟利的《白话诗话》、黄晓峰的《澳门现代艺术和现代诗评论》、陶里的《逆声击节集》《从作品谈澳门作家》、庄文永的《20世纪80年代澳门文学评论集》、廖子馨的《论澳门现代女性文学》、李观鼎的《边鼓集》以及其他部分会议论文集，此外还有代表性的研究论文诸如刘月莲的《澳门地区华文文学创作概貌》、缘源的《澳门文学现状窥探》、云惟利的《十年来之澳门文学》、黄晓峰的《澳门世纪末的文学还乡》、陶里的《澳门文学概览》，等等。今天看来，虽然这些论著及研究论文可能还没有真正地上升到文学理论批评的纯粹自觉阶段，但是对于澳门文学自身的成长进程来看，其意义和作用不容忽略，它们能够以较为实际的姿态反映出澳门文学理论批评发展的轨迹和姿态。"回归"之后，李观鼎、黄文辉、朱寿桐、吕志鹏、郑炜明等人出版的论著，则推动澳门文学研究逐渐朝专业化、学术化的方向深入，这些学者基本上栖身于学院或其他文化机构，因此写作与研究较少受到非学术因素的干扰，也就能展现出与印象批评不同的学院化色彩。

在批评家李观鼎看来，"澳门人'建立澳门文学形象'的努力，不仅表现在文学创作中，也表现在文学批评上。澳门的文学批评，立足于澳门的文化土壤，贴近本地作家作品的实际，及时反映并推动了小城文学创作的发展，尽管由于起步时间较短，就总体而言，澳门文学批评还不够成熟，不够深厚，未能形成体系，上升为理论的自觉，但作为'资料库'和'信息库'，它为澳门文学理论和澳门文学史提供着研究成果，对于澳门文学的研究和建设具有重要作用"[1]。若是从澳门地区较有知名度又屈指可数的文学评论家群体来看，基本上就是这些评论家和批评者的作品被不断提及和论述，"文学圈子化"特色非常明显。似乎正是此种"小地方"文学圈子化问题，在某种程度上限制了文学批评展开时的具体操作路径，比较典型的就是前文论及的温情价值取向（话语）占据了主要批评空间。

在一些代表性的论著中，诸如陶里的诗学研究，不仅作者本身就是诗人，而且也是澳门文学的重要评论家和阐释者，其自身的诗学观念主要体现在《逆声击节集》之中。有趣的是，陶里的诗学探索并非采取较为先锋和前卫的激进姿态，而是不失客观和温情的。如果细致品评的话，陶里的诗学观明显是在批判吸收中国古典诗学精神以及中国现代诗歌传统的基础上发展而来的，显得比较客观和公正，不流于形式和俗套。其作家型评论家的特殊身份比较典型地展现出与学院派批评家的差

---

① 李观鼎编《澳门文学评论选》（上编），澳门基金会，1998，第1页。

异，其批评本身的感性多于理性，艺术分析精到恰当。再如廖子馨，同时兼具作家型评论家以及学院派教育受益者，其最能够代表新近的文学批评者的探索取向及价值诉求。从澳门所处的大语境、大背景来看，文化的多元融合深深影响了澳门文学的表征，逐渐呈现出多元性和相容性、先锋性和温和性、传统性和本土性等特殊品质。细数几位典型的文学评价家的实际作为，我们能切身感受到此种文学批评的温和性、传统性和包容性，这似乎是受到了传统文化中温良恭俭让的影响。与此同时，澳门文学并没有出现过类似内地现代文学发展进程中的多数文学论争，就现有的可供参考的史料来看，"从澳门文坛整体来看较为平静，没有大的文学论争。倒并不是没有值得争论的问题，而是搞评论的实在太少，形成不了气候；此外，评论园地和出版社等'硬件'极少，很多评论文章只能在香港等异地发表"①。这表明以《澳门日报》文学副刊为代表的澳门本地传媒文学空间开拓受到诸多限制，报纸副刊本身严重干预到批评空间的建构和延展。

古远清曾经对"《澳门日报》作家群"如《澳门日报》老编辑李鹏翥的评论风格进行过深入研究和梳理，认为"他的评论不割断历史的联系，在文中常常提出坚实的材料，让作为中华文学的有机组成部分的澳门文学形象逐步凸现出来。他也不像有些人那样离开澳门文学的实际，大谈所谓中葡文化的碰撞。不唱高调，坚持好处说好，坏处说坏，文章具有较强的说服力。他在为人做序时，在认真研读文本的基础上概括出被评对象的艺术特征和个人风格，有时还对作家创作道路做出总体回顾。这回顾看是妙手偶得，其实包含了作者的极大伏案功夫"②。在以《澳门日报》为核心平台的作家群中，林中英也是一位较有代表性的评论家。作为《澳门日报》副刊部负责人期间，其工作业务及创作、

---

① 计红芳：《相容、温和与传统——澳门的文学理论批评》，《世界华文文学论坛》2006年第4期。
② 古远清：《〈澳门日报〉作家群》，载《海外来风》，东南大学出版社，2004，第240页。

评论各有兼顾，"澳门报纸不同于内地，一天就有几十版，仅她负责签发的副刊就有多种，另还有专刊中的数种。……另外她还参加新闻界、文学界举办的各种活动，回到家里又要管家务，其辛苦程度可想而知。可就是在时间远不够用的情况下，她仍写了许多小说、散文和儿童文学作品"①。再有就是廖子馨，在负责纯文学副刊"镜海"的编辑工作时，"她的代表作是《论澳门现代女性文学》。该书视野宽广，不仅论述了澳门女性文学的特色，还纵向考察了澳门女性文学发展的轨迹；不仅比较了中、青两代女性作家的创作差异，而且比较了澳门与内地、台港女性文学的不同。特别值得肯定的是该书的文化视角，显示了作为一位青年评论家与老一代评论家的不同特点。此外，廖子馨还写了一系列评柳惠、周桐、徐敏、流星子的评论，涉及的文体有小说、散文、新诗。这些评论不仅具体分析作品和归纳创作特色，而且还窥探作家创作潜伏的困境，以此寻求突破点"②。庄文永、李成俊等人身兼作家和评论家等多重身份，而且在评论和批评时，大多以"小圈子"内部熟识的作家及作品为主，这虽在某种程度上确保了文学评论的质量和温情风格，但是很明显副刊文学很难承担过重的期待，这首先表现在刊发稿件文章的内容上，多是"小圈子"内部作家作品，除了以主要报纸副刊作为刊发载体外，"目前在澳门可以发表文学作品的园地，我们还有四种可以发表文学作品的专门刊物。这包括属于澳门笔会的同人刊物《澳门笔汇》、澳门五月诗社的同人刊物《澳门现代诗刊》、澳门中华诗词学会的同人刊物《镜海诗词》及澳门写作学会的《澳门写作学刊》"③。越是同人刊物就越容易聚集大体上风格近似的评论文章和观点，这就使得此种文学评论缺乏相对客观的学术研究突破和创新，学院派批评路径和

---

① 古远清：《〈澳门日报〉作家群》，载《海外来风》，东南大学出版社，2004，第 240 ~ 241 页。

② 古远清：《〈澳门日报〉作家群》，载《海外来风》，东南大学出版社，2004，第 242 页。

③ 李观鼎编《澳门文学评论选》（上编），澳门基金会，1998，第 151 ~ 152 页。

平台严重缺失。加之多数评论者兼有多重身份，在批评主体身份上的多元性、多重性的共生杂糅，也使得纯粹学术批评成为难以全面实现的终极目标。各个评论者之间的批评在某种程度上限于人际关系的牵绊，也就免不了在批评空间及批评深度、广度上有所局限，尤其是批评空间的严重缺乏。

在研究和品评澳门文学时，我们还应该清楚地认识到澳门作为中西文化交汇的复杂性。比较流行的看法是澳门文学从未或很少受到以葡萄牙文化为代表的西方文化影响，以此来证明澳门文学的某种自足性传统①。有学者为了阐明中葡之间的文化包容，认为二者主要是"相容而不相融，并立而不对立"："作为东西方文化交流的引介，真正的文化交流并不在澳门进行。澳门只是个'驿站'。它汇纳了东方和西方的不同文化：'引进'、'输出'。这使澳门成为一个跨文化的空间。不同的文化在这里各踞一方，隔墙相望，错身而过，相容而不相融，并立而不对立。这种和谐共存的文化生态，一直影响到当代。"② 文化的交汇是更为隐性的存在，它内化为某种精神气质，渗透到与日常相关的思想言行中而不自知。同时，我们需要在涉及不同文化的研究时采取萨义德（又译为"赛义德"）提出的"对照阅读"方法，也就是阅读必须考虑双边的过程，比如对后殖民主义的考察，除了帝国主义的过程之外，同时还有一个反帝国主义的过程，他说："在我们读一个文本的时候，必须把文本中作者写到的或没有写到的都展开。每一部文化作品都是某一时刻的想象，我们必须把这一想象与它后来引起的各种想象并置起来……"③ 也就是说，我们在考察澳门中西文化交流与交汇问题时，不能单独站在中国/中文的立场上，如何从葡萄牙特别是土生葡人的立场

---

① 庄文永：《澳门文化与文学启思对话录》，载《二十世纪八十年代澳门文学评论集》，五月诗社，1994，第4～5页。

② 刘登翰：《澳门文学的昨天和今天》，《太原时报》"双塔文学周刊"1999年6月28日。

③ 〔美〕爱德华·赛义德：《叙事与社会空间》，载《赛义德自选集》，谢少波、韩刚等译，中国社会科学出版社，1999，第226页。

来进行思考，也是澳门文学研究的题中应有之义。

尽管我们受课题本身面向副刊文化的展开向度所限，很少涉及中西文化的互动，但是并不代表不需要从更加宽泛的文化视野来加以讨论。之所以很少在副刊上体现了华洋共处的文化交融，可能还是由于澳门文化场没有充分表现出对异质文化的主动接纳。澳门理工学院中西文化研究所宋柏年、郑妙娴、黄雁鸿等人对葡萄牙人、土生葡人和其他外籍人士的采访从一定程度上展示了主动理解的意图。李向玉在序言中说："异质文化相遇，双方都要尽量努力寻找契合点。有了契合点就有了共同语言，就有了交流、融汇的气氛和条件，就有了双方都能接受的普遍性原则。应该说，小小的澳门文化承载了世界文化的大主题。因此，更应该对它开展全方位、多层次的研究。"[1] 所以，澳门文学的复杂性呼唤具有国际视野、跨文化视角乃至大文化背景的文学批评，但事实上，这正是澳门"框框文学"主导而形成的批评生态的软肋。总之，澳门独有的文化语境和文化生态特质，尤其是报纸副刊很难承载过于沉重的文学事业的价值取向和期待，某种存在已久的"先天性"缺陷严重阻碍了澳门文学自身发展的速度及限度。

## 二 直面"中庸"的悖论

副刊作为现代大众平面传媒不可或缺的版面组成部分，其实有着比较光辉的发展历程。在中国现代文学发展史上，众多文学副刊是文学才俊以及热衷文学研究和批评之士登台献艺的绝好平台和媒介。副刊对于新闻传媒的角色作用，相信所有了解报纸发展简史和中外新闻事业史的人都不会质疑，在有关《澳门日报》文学副刊的叙述中，有许多值得我们梳理的主要线索。诸如在汤梅笑、廖子馨的《总述：文化的足

---

[1] 李向玉：《序》，载宋柏年、郑妙娴、黄雁鸿编《澳门文化访谈录》，澳门理工学院，2006，第2页。

迹——副刊五十年的成长》一文中，作者提到："中国报纸副刊的创始者是于 1872 年创刊的上海《申报》，它开创了凡报纸必有副刊的传统，'新闻'和'副刊'成为报刊的两大板块内容。在市场竞争与资讯爆炸时代，努力将副刊办出自己的特色，是平面报纸媒体求发展的必要策略。具有鲜明地方特色，内容丰富多彩的副刊为读者喜闻乐见，而且副刊提供园地让读者转换为作者，来自各阶层各界别的庞大作者队伍，固定或非固定地向副刊投稿，与报社互动，其言论反映出民意。"① 在两位编辑看来，《澳门日报》自创刊以来就一直重视经营副刊，诸如"五十年来，我们还随着时代发展，适应读者的需求，由最早期只有综合性副刊《新园地》，发展到今天具有二、三十种副刊、专刊，不仅有衣食住行休闲等各方面专题生活副刊、专刊，也设立了走向专业化的文化副刊。只有历史积淀的老牌副刊有着独特的价值诉求；新的文化副刊提高副刊的文化品位，得到广大读者、作者的鼓励和支持。本报副刊的发展，见证了澳门社会文化教育水准的提升，又是本澳多元文化生活发展的反映"②。

以《澳门日报》文学副刊作为研究与关注的切入点，能够让我们以非常实在的姿态切实把握住澳门文学的特殊性和复杂性，更是有效把握澳门文学整体面貌的捷径和最佳平台。仔细梳理《澳门日报》的副刊，我们不难发现对于文化尤其是传统文化的传承和延续，始终是其经营副刊的出发点与落脚点，也就是副刊的经营宗旨。对于传统文化的宣传、推广和传承，可以从众多的副刊版面中的文章和专栏中找到明确的答案，诸如《次文化斋》《文化堆填区》《笔霏集》等专栏，"说文论字，谈诗词歌赋曲，学术精深，表达通俗；冬春轩笔下也常指涉社会新闻和时事，却穿梭时空，以古射今，读者在其短小专栏里既能品到文化

---

① 汤梅笑、廖子馨：《总述：文化的足迹——副刊五十年的成长》，载廖子馨主编《我们——〈澳门日报〉五十年成长足迹》，澳门日报出版社，2008，第 170 页。

② 汤梅笑、廖子馨：《总述：文化的足迹——副刊五十年的成长》，载廖子馨主编《我们——〈澳门日报〉五十年成长足迹》，澳门日报出版社，2008，第 170 页。

的醍醐，又看到鲜明的是非观。冬春轩将学术与生活融会贯通，行文庄谐共重，在晓以事理之余，引领大众对传统文化产生兴趣，这些专栏都得到学术界高评价"①。从上述有关《澳门日报》副刊相关特质的评述中，我们不难发现一个不容否认的事实，那就是商业语境下报纸文学副刊难以摆脱大众传媒的身份限制。商业语境下平面传媒要以读者为市场，即"把受众看做信息产品的消费者和大众传媒的市场，也是一种很普遍的受众观，这种观点，在 19 世纪 30 年代以后大众传媒向企业经营形态转变的过程中就已经出现了，在大众传播事业成为信息产业的一个重要组成部分的今天，就更为常见"②。素有"东方拉斯维加斯"之称的澳门，商业经济和全部利益被整个地域发展历史和现实所折射，在这样一个"驿站"性质的"小地方"环境中，如何把握住或者说吸引绝大多数读者受众的眼球和阅读兴趣，成为以《澳门日报》为代表的澳门本地传媒必须认真思考和集中有效手段解决的问题之一。正如麦奎尔认为的那样："如果从市场的角度来考虑问题，受众可以定义为特定的媒体或讯息所指向的、具有特定的社会经济侧面像的、潜在的消费者的集合体。"③《澳门日报》副刊同样在经营发展策略和走向设置安排上亟待解决上述类似问题。值得欣慰的是，《澳门日报》副刊经营发展宗旨和定位基本符合如下的认识和把握，即副刊作为大众传媒本身的身份限定而产生的发展生态，已经明确自己的信息产品或服务是以商品交换的形式在市场上销售的；而且也是确保自己的产品或服务具备一定的使用价值或交换价值，也就是能够满足读者的各种多元化的需求。《澳门日报》副刊的编排与经营者深知大众传媒本身的市场活动、各个传媒机构之间必然存在的激烈竞争关系，而竞争的对象自然就是作为消费者的读者。然后，在具体地理解《澳门日报》副刊的相关活动安排时，

---

① 汤梅笑、廖子馨：《总述：文化的足迹——副刊五十年的成长》，载廖子馨主编《我们——〈澳门日报〉五十年成长足迹》，澳门日报出版社，2008，第 171 页。
② 郭庆光：《传播学教程》（第 2 版），中国人民大学出版社，2011，第 158 页。
③ 郭庆光：《传播学教程》（第 2 版），中国人民大学出版社，2011，第 158 页。

我们不能将读者简单地等同于物质商品的消费者，也不能将商业环境下的平面传媒简单地等同于生产和提供物质商品的企业，归根结底，这是由精神产品的生产和消费过程的特殊性决定的。据有关资料显示，20世纪80年代后，随着澳门市民教育水平提升，他们对文化艺术生活的需求也相应提高。于是《澳门日报》副刊部准确而及时地采取了对应措施："经济的富裕，使读者对休闲生活和消费资讯有所需求。我们曾经增设过探讨文字学的版面《语体》，以及刊登学术性文章的《学海》版，积淀了一定的声誉，然而，毕竟这类版面学术味道太浓，文章偏长，内容和形式均需调整。经过2006年的酝酿和筹备，2007年对副刊作全面革新，除了每日见报的《新园地》、娱乐版《艺海》、各类《生活》副刊外，新设几种文化副刊，包括《视觉》、《渔艺》、《教·思》和《视野》，这就与原来已有的《镜海》、《小说》、《阅读天地》、《摄影》轮着每天出版。"① 从这样的阐述语境来看，我们能大体把握《澳门日报》副刊编辑思想和经营策略的革新，其根本出发点是满足读者不断增长、变化的多重文化需求。经过"回归"以来十多年的发展演变，《澳门日报》副刊也走过了不断调适和逐渐走向新生的光辉历程。此种文化副刊的创设与坚守，不仅提高了平面纸媒适应社会经济和市民文化需求的发展需要，而且从实际的效果评估来看，得到了大多数人的支持和肯定。"内部"编辑人员认为："副刊办得好，自然能吸引许多读者。尤其在这个喧嚣的年头，副刊就犹如一座后花园，让读者在这里休憩一下，思考一下。我们认识到，办副刊，既要贴近市民大众的需要，也要引导大众，这样，我们才是一份有格调的报纸。"② 也就是说，从社会影响与实施效果来看，文化副刊在一定程度上提高了《澳门日报》的格调和品位，尤其是在青年读者和文化素养较高的专业人士群

---

① 汤梅笑、廖子馨：《总述：文化的足迹——副刊五十年的成长》，载廖子馨主编《我们——〈澳门日报〉五十年成长足迹》，澳门日报出版社，2008，第172页。

② 汤梅笑、廖子馨：《总述：文化的足迹——副刊五十年的成长》，载廖子馨主编《我们——〈澳门日报〉五十年成长足迹》，澳门日报出版社，2008，第172页。

体中获得认同，副刊已经成为代表《澳门日报》风格倾向的名片。为了适应日益丰富的社会生活以及市民的不同层次文化需求，《澳门日报》自 20 世纪 70 年代后期以来，陆续应时开设的专栏和休闲性副刊主要有《万花筒》《世界之窗》《艺海》《食经》《乐与声》《科技天地》《大千世界》《澳门街》《摄影》，等等。真正做到了随读者不同层面需求而有针对性地提供"快餐文化"消费品。其中当然包含"副刊文学"板块的坚守与创新，但在这样的版面编辑风格与策略框架下，文学类文章及稿件的刊发显然受到了版面位置和篇幅的制约，同时也就以足够清楚的证据表明了今天《澳门日报》的副刊主张与重视消费文学的姿态与立场。

我们这里尝试引入"媒体价值观"的分析框架与视角来分析《澳门日报》的副刊在"回归"后十年时间区域内的作为和举措。众所周知，《澳门日报》开设多元文化副刊，其实质可被看作媒介文化自身属性的必然产物和正态表征，"媒介文化的基本话题既然向当代生活开放，这就决定了其话题的受众广泛性。参与媒介文化的大众来自社会各阶层，他们由各种身份、职业组成，有不同的年龄，还有不同的文化修养和知识背景。媒介文化要适合那么多人的口味，其话题在一段时间内就只能停留在一个相对浅显的初级阶段上"[1]。《澳门日报》副刊的这种迎合读者文化消费的需求还主要表现在加强与读者的互动、与社会的关联上面。诸如"镜海""小说""新儿童"等，在不断参与系列活动的同时，有效地提升了副刊的知名度和影响力，但是更加重要的是，有效地沟通了编者和读者，实现了良好的互动与交流，一定程度上为培养写作的新生力量做出了积极有效的探索。这同样表现在与作者群体的联系、交流与沟通上面。对一个商业环境下的现代平面纸媒来说，如何发挥作者群体的积极性与创造性，将对报纸副刊的正常健康发展至关重要。于是，良好的编者和作者互动机制成为了《澳门日报》副刊经营

---

① 蒋原伦主编《媒介文化十二讲》，北京大学出版社，2010，第 39 页。

与发展的一大特色。这并不是说消费性和可读性等成为副刊选稿及刊发的重要衡量指标，而是《澳门日报》副刊一直就在关注和凸显文化含量可读性，这主要表现在对诸如"新园地"品牌专栏的重视和坚守上。以"新园地"为例，具有浓厚地方色彩的风格，内容多样化，知识性、趣味性、休闲性、讯息性很受读者欢迎，已成为澳门地区读者量最大的副刊，具有不可替代的角色使命和社会效用。同时，为了能够照顾各种阅读兴趣的读者需要，"新园地"在内容上力求宽泛，一些经典的品类栏目相继创设，融合生活小品和时评杂文，将文学、艺术、历史、语言文学、科学、饮食、天文地理等吸纳进入整体的框架序列中，其文化含量和可读性得到了切实执行和有效保证。

再回到"媒体价值观"的层面来分析，《澳门日报》的副刊文学之所以表现出当下的特别生态和特质，是与《澳门日报》自身的"媒体价值观"相关联的。但凡大众传媒，都会有传播主张、观念与倾向的问题，《澳门日报》及其副刊的价值取向与市场经济环境相适应，更是同大众传媒自身的运作和传媒文化的大背景相联系的。必须清楚的是，源于趋同心理和社会群体压力的驱动，副刊深知在处理与读者相关文化需求领域的关键举措，即作为都市商业文化语境中生长出来的副刊文学，为了吸引和保留其在读者群体中的口碑和影响力，必须注重资讯的多样性和多元化风格，因而在刊发稿件的内容和深度上难免带有快餐化、消费性浓郁的特点，这也是《澳门日报》本身"媒介价值观"的主要表现之一。正如许多学者指出的那样，《澳门日报》的"副刊文学"最根本还是受制于《澳门日报》在澳门占据主导地位的媒体影响力和舆论引导效果。

上述讨论的注重消费性文学刊发及传播的做法，与《澳门日报》报纸副刊编排及经营效果诉求的初衷相匹配，反映在建构"澳门文学"形象及发展澳门本地文学尤其是纯文学层面上倡导和主张的相互矛盾和冲突。所蕴藏的危机或者潜在的威胁可能是杨文堂展开问题分析的一个直观性前提："在多媒体时代扑面而来、媒体间竞争日趋激烈之下，肩负新的文学和文化使命的《澳门日报》副刊文学面临总体水平不高、竞争意识不强、发展格局不利、革新力度不够等问题。而且，副刊文学本身兼具的报学和传媒、文学与文化的多重特殊身份，也增加了其在弘扬、深化和拓展澳门性时的复杂性和难度。"① 这一论断可能仍需要引入更加科学的学术分析来厘定，无论如何，首先需要给予充分肯定的是，从《澳门日报》副刊文学在 2000 年以来的不断发展和调整中，我们能够清楚看到各大中文报纸越来越重视副刊的功能角色作用。一定意义上来讲，新时代的澳门发展愿景为澳门文学的发展提供了更加广阔的发展空间。比较明显的变化是其自身功能逐渐被注重，副刊日益变得人性化、丰富化，尤其是以《澳门日报》为代表的副刊文学的发展定位、实践，及其在一定程度上对文学的坚持和信念，表现出其勇于承担文学责任的自觉。

在今天的视野下，我们看到《澳门日报》日益突出了副刊的文化宗旨，重视副刊作品的文学性，诸如在报章的文化新闻、副刊以及专刊上注意兼顾高品位和广角度，积极弘扬文化之优良传统，投身于文化盛事的主办或承办之中。这对促进副刊整体文化及文学品位的提升提供了条件与保障。副刊在获得新的生命力之后，文化属性的扩展和强化使得文学性的彰显较之先前有了显著的提高。由此带来的结果是《澳门日报》文学副刊逐渐建构起一个良好的文化及文学生态群落，吸引了大量读者的关注与重视，这其中就包括"美丽街"这样的女性散文极度张扬的样板。有效地加强与读者的互动和沟通，似乎也是《澳门日报》加强副刊建设的首要举措。比如，作家访谈、新生代文学大展这类有针对性地展示文学作者创作特性、创作意愿的行动方案，成为保持编者和作者良好关系的典型案例。《澳门日报》副刊领域的革新和发展，不仅仅培植了大量文学新人，确保了澳门本地文学发展进程中的主体角色使命的担当，还推动了澳门本地文学的繁荣和新生代文学新锐人物的不断

---

① 杨文堂：《2000 年以来〈澳门日报〉副刊文学"澳门性"研究》，暨南大学硕士学位论文，2010。

登场。随之而来的就是文艺综合性副刊定位的稳固确定，其最为直接的效果之一便是文学表达和拓展的空间得以不断增大，特别是伴随着网络化发行方式及先进技术手段的应用，《澳门日报》的影响力及普及率显著上升，实质性地扩大了副刊文学的传播和推广。

今天看来，《澳门日报》副刊文学在历经岁月的磨炼和检阅之余，无论是在文学容量、质量和水平层面，还是在人性化层面都日趋成熟和定型化。《澳门日报》副刊的文学性、文化性内容在报纸整体版面布局上的日益显著，对于文学及文化责任的承担的不断自觉和有意坚持，无疑为澳门文学自身的形象塑造、传播和推广奠定了传播媒介上的坚实基础，更加有效地改变了澳门文学在人们心目中的传统印象，那种所谓文化沙漠的刻板印象，也随着澳门报纸副刊文学的不断成长壮大而有所纠正。

正如前文所述，一个不容否定的悖论是《澳门日报》本身在澳门社会生活中的显要地位决定了报纸传媒自身在面对诸多重要问题时的立场显现和使命承担。我们知道《澳门日报》是一份综合性中文报纸，更是澳门销量最多的中文日报，其主要办报宗旨是"立足澳门，服务市民，实事求是地报导祖国各方面的成就和变化，准确反映民意"。加之《澳门日报》一直以来秉承的准确严谨的办报理念方针，其在澳门社会舆论生态环境中的位置不可动摇，报纸本身的舆论影响力和读者口碑在长期发展进程中不断凝结为澳门报业传媒领域的名牌和品牌。尤其是在报纸言论层面，在创刊伊始就以"爱国、和平、人道、进步"为言论旗帜。如李成俊在其纪念《澳门日报》创刊40周年的文章中提到："本报评述多着重热点、难点，新闻背景材料充实，捕捉国际风云变幻，透视祖国经济建设走势，从种种错综复杂的现象中，深入分析本质，尤其对海峡两岸和平统一，贯彻一国两制，言简意赅，鞭辟入里，至于反映当地居民疾苦，维护居民合法权益，言之有理，不遗余力。"①

---

① 李成俊：《迈向新世纪，再创新辉煌——纪念〈澳门日报〉创刊四十周年》，载李鹏翥主编《澳门日报四十年》，《澳门日报四十年》出版委员会，1998，第2~3页。

而我们一直集中精力探讨的《澳门日报》副刊文学层面，其业绩是整个《澳门日报》中最为突出的，不少方面都是具有开创性和开拓性的。时至今日，我们所密切关注的副刊内容涵盖了社会生活的各个方面，大多是以揭示当代人的生活为切入点，更有介绍中国古代文化和当代文学，以及传统习俗等文艺性比较强的文章稿件。

我们今天翻阅《澳门日报》，能够亲身感受到副刊中渗透出来的澳门社会现实，以及澳门居民多姿多彩的人生画卷。接着来说，正是此种在澳门本地居民中的重要舆论影响力的存在，使得《澳门日报》在针对不同关键的带有原则问题的姿态和角色担当上又显现出尤为"中庸"的姿态，此种所谓"中庸"更多地表现在编排取向和价值指向上有时更多地兼顾澳门地区不同阶层和界别的理解和接受，表现在对各个焦点问题领域均有所兼顾，甚至是表现为面面俱到、事无巨细。尤其是在较为重大的事件及观念上的"中庸"似乎更有利于表现报纸本身的相对"客观"的媒介价值观立场，这就在一定意义上造成了与之关联的副刊文学立场和姿态上的锋芒性的锐减和相对暗淡。而随之而来的最为直接的效果便是澳门文学本身"文学场"建构及传播推广层面的力量不足或者说后劲缺乏。而作为文学事业本身，最为明显的是文学应该成为除了拥有外在的、实用的、功利的价值以外，更为重要的是它还拥有内在的、看似无用的、超越功利的价值，即精神性价值。而且文学艺术的精神价值应该是其自身的最为内在的基本的价值所在。尽管《澳门日报》副刊在自身的内容及特色层面较之先前有了长足的进步和提升，但是在涉及比较重要及十分关键的话题及事件时，此种副刊文学也会限于报纸精力分散及聚焦点不集中而很难有效地彰显出副刊文学本身的社会功用。毕竟对于《澳门日报》副刊来讲，很难承载如此沉重的负担。一种共识就是："框框文学""报纸文学"已经成为我们认识和把握"澳门文学"基本特点的关键视角。

在澳门本地诸种中文报纸中，《澳门日报》副刊是全面把握澳门文学整体面貌的窗口和平台，无法逃离的宿命就是澳门文学独有的发展生态空间在极大地培养澳门作家群体的同时，也造成了澳门作家创作时的掣肘和牵绊。狭窄的"文学场"使得作者们不得不长期依赖副刊园地进行文学写作，在廖子馨编辑看来，"因为澳门没有固定的文学杂志，澳门文学本身就是报纸副刊文学"，"报纸副刊直接推动了文学发展，但也局限了文学的发展"。而黄文辉编辑的忧虑也是集中在澳门作家要进一步了解报纸副刊这一文学园地为写作提供的"文学场"，明白"报纸副刊直接推动文学发展"也"局限文学的发展"，作者能否主动从报纸副刊的外在制约中解脱出来，成为澳门文学能否收获更加大气、深度作品的关键①。除此以外，报纸副刊大多兼有新闻性或新近性，副刊本身发表的作品还与社会生活有着密切的联系，甚至能够直接配合新闻报道。"框框文学"本身天生所具有的先天不足以及《澳门日报》自身媒介价值观所架构起来的时而侧重某些话题时而又将其消隐和屏蔽等摇摆的行为方式，某种程度上提醒我们在分析《澳门日报》副刊乃至澳门文学发展系列问题时，不要过度期待仅凭副刊文学本身能够带来更多的奇迹。

## 三 "走出来"：澳门文学场域的开拓

其实澳门文学本身缺乏文学发展的"文学场"之现实也在向我们提示，应该选择某种程度上的突围和逃脱，一种"走出来"、大胆向前走的姿态成为能够解决此种尴尬的策略选择。《澳门日报》副刊乃至澳门文学自身其实最为紧迫的问题就是文学场域或者说文学空间的严重不足。前文已经尝试总结了澳门文学（当然包括副刊文学）发展的严重制约因素，媒介空间的极度缺乏成为发展进程中的巨大障碍。我们引入"文学场"概念，在布尔迪厄本人眼中，文学意味着建构一系列"纸上

---

① 黄文辉：《胡悦胡阅——兼论澳门文学与报纸副刊之关系》，《澳门日报》"镜海"2000年7月12日。

的建筑群"，因此，对文学积极学习和解读需要语境化和历史化，也就是必须置于社会历史的场域空间中。从布尔迪厄文学场角度思考文学，也就意味着从一个空间结构、关系结构中考察文学意义的生产，这是一种原创性的解读路径。众所周知，"文学场"是不同资本持有者角斗的空间，一个始终烽烟四起、鏖战频频的场所。在澳门文学这个特别的"文学场"语境下，那些具有不同习性和文学资本的行动者进入文学场，争夺位置的占有权，这些主体受到文学场域和社会大场域影响的个体就为我们呈现出了今天的澳门文学的独有面貌和精神特质。

澳门文学多元文学场域的开拓，首先亟待解决的就是能否将《澳门日报》副刊文学一直以来受到的局限和束缚解除，如果说在短时间内解决这样的问题不现实的话，那么及时地扩展视野，将文学场域发展线索中的相关问题解决好，倒是一种不错的选择。面临着此种"走出来"的多元文学场域的开拓，如果紧密结合澳门现阶段文学事业发展的现状和基本态势，可尝试性地从以下几个层面入手，有针对性地步步为营地扩展开来。

首要解决的就是积极拓展《澳门日报》副刊文学的创作队伍。一直以来，由于受到"框框文学""报章文学"的制约和限制，区域文学想要进一步健康壮大还需要时间和充分的条件，加上《澳门日报》自身副刊上的品牌专栏也在保留着自己的固有领地，这就使得"为报刊撰写文章的作者虽多，但是真正一如既往地坚持写作并且能够在澳门文坛占据一席之地的新作家却并不多见。到如今，副刊甚至出现一些昔日的作者日益淡出文学创作的更加尴尬的情况。而且，从报纸作用看，其重点是在新闻处理上，尤其随着社会商业化的压力，副刊在走向资讯化生活化的趋势下，在发挥推动地方文学的功能上有时也显得有心无力"①。目前亟待解决的便是寻找更多的空间来集中表现作家的情感路程、人生态度、内心世界、创作风格，等等。在充分保证副刊对文学新

_____

① 廖子馨：《澳门文学与报纸副刊》，《世界华文文学论坛》2000 年第 1 期。

人的吸引力和影响力的同时，兼顾作家创作进程中的从容性、想象力、感受力、语言表现力等层面的不断提升，都可以为今后澳门文学在作者群体层面的拓展铺垫条件。事实已经证明，那种受到副刊发表周期及版面、篇幅局限的窘态非常需要改善。新近出现的有关澳门文学奖的倡议和推动就是一个很好的鼓励，诸如澳门基金会与澳门笔会合办的"澳门文学奖"，比赛章程明确宣扬其宗旨是"鼓励写作，繁荣澳门文学"。作品类别也主要分布在"小说、散文、新诗和戏剧"。这也可以看作为了扩充澳门本地文学新人队伍的一种有效尝试。如果从《澳门日报》副刊自身视角来看，"框框文学"本身长久以来积淀的历史遗留严重制约了澳门文学发展的创作群体的扩大，能够去期待的只能是报纸副刊在开发新的文学园地及版面上的实质性努力。然而，此种实质性的努力单纯依赖《澳门日报》这一家平面纸媒似乎力量还略显单薄，事实上澳门还有其他多种中文报刊，需要有志之士以共舟共济之心，在诸多方面做到实现资源共享，共同打造更加多元的文学空间，促使澳门文学场的良性发展。

其次，文学批评（评论）队伍继续扩大是澳门多元文学场域可以寻求的路径之一。在充分保证有绝对数量的原有文学评论队伍的前提下，继续扶植和培养文学评论新人新作是必然之路。如何能够依托《澳门日报》副刊这个平台来增开文学评论的"文学场"，是今后《澳门日报》副刊文学发展的一个具体操作思路。就现有报纸副刊版面来说，若想再增加版面和容量显然是不现实的。目前来看通过与内地文学刊物，尤其是报纸文学副刊空间共享是可以依靠的选择之一。相对于《澳门日报》副刊文学场域中文学评论队伍数量及规模严重不足的现实，近年来中国内地越来越多的学者和研究者不断丰富了澳门文学研究的成果，涌现出一批有代表性的评论者。计红芳在回顾2009年度澳门文学研究状况时提出："2009年内地有关澳门文学研究的范围涉及到戏剧、诗歌、散文、小说、批评等领域，老中青三代评论的整体意识在不断加强，显现出他们对澳门新文学史和文学批评史建构多个侧面的思考。批评家们应努力克服地理和资料的不便，在研究范围、方法和质量上进一步突破。"① 澳门大学朱寿桐教授把澳门文学放置在"汉语新文学"这样一个概念中进行重新观照，思考澳门总体文学、澳门新移民文学、澳门文学史料建设的重要意义。饶芃子则作为岛外关注澳门文学的学者，对澳门文学充满无限期待。在她看来，澳门文学要融入世界，未来的澳门文学要实现"本土性"和"当代性"相遇，需要处理好包括如何以文学的方式去面对澳门丰富的历史文化及急速变化的现世，如何以文学的方式去面对时空交织中当今澳门人的内心世界和社会的精神生活，澳门作家如何去面对人类当下的命运，使其文学作品不仅具有"地方色彩"，还有普遍、深邃的"人性色彩"。饶芃子指出互动的必要性："为了扩大澳门文学在其它地区和世界的影响，还要有各种'互动'：岛内与岛外互动、创作与评论互动、作家与读者互动、文学与影视传媒互动、学院与民间互动等等。"② 张剑桦教授将研究视点放置在澳门新文学史建构的多个层面，同时他还对澳门当代文学作品的特点与走向、澳门戏剧文学的发展轨迹进行了梳理归纳。来自内地的文学评论者在学术背景、理论基础研究视野上的种种优势，加之在批评态度上的冷静与客观等，都为当下的澳门文学批评带来较为积极的因素。中国内地在文学研究学术刊物种类及专门从事澳门文学研究人数上的比例不断增长的现实，为澳门文学之文学批评场域的拓展无疑增添了生长的动力和希望。相信随着内地关注澳门文学批评的学者及研究者不断增多，澳门文学批评场域会有较大的上升空间。

总之，澳门文学多元文学场域的拓展还急需在文学批评或研究主体上继续坚持既有发展思路的同时，不断扩大在内地、香港、台湾之间有关文学传媒空间的共享，诸如增设或者新创专门文学评论刊物来积极拓展批评空间，不断壮大澳门文学批评声势和批评实绩，更可以尝试采取

① 计红芳：《2009年内地澳门文学批评述评》，《世界华文文学论坛》2011年第2期。
② 饶芃子：《解读文学澳门》，《华文文学》2009年第6期。

加快建立内地、香港、澳门、台湾相互之间的文学交流与联系的策略，构筑常态化学术交流合作的基本框架和实施方案。

最后我们还有史料方面的一点感受，这个问题一直都在讨论，但是仍然未得到有效解决。文学事业若要持续健康正态的发展，需要有良好的文学出版机制作为保障，澳门文学出版面临着印刷成本高、纯文学出版与销售不景气的现实困境，采取何种策略来有效解决是比较实际的问题之一。虽然在扶持文学作品和研究著作出版方面，澳门基金会已经付出了巨大的努力，并且成果显著，如 2009 年推出 12 卷本的《澳门人文社会科学研究文选》，这对于书写澳门自身的历史来说，意义重大；但是也需要广纳百川，创造更加多元的渠道进行相关建设，比如实力雄厚的传媒/文化机构完全有能力承担起一部分工作。《澳门日报》若每年能从副刊遴选出年度选本，应该是一个切实可行的方案。当然，若把自创刊以来发表的较有代表性的文章作品、评论等分类加以归纳和整理，可能也是有效解决澳门文学现今积累下来的资料分散、查找和使用比较困难的办法之一，而且也是澳门文学健康走向未来所必须经历的环节。虽然邓骏捷先生曾经在 20 世纪 90 年代做出了重要贡献，但是自"回归"以来，澳门文学所积累的史料已经远远超越当年，并且其整理工作可能并非某一个人所能胜任。这就需要充分调动集体的力量，在电子技术突飞猛进的今天，这一工作基本上没有多大的困难。

以《澳门日报》为代表的中文副刊在建构澳门文学场的过程中扮演了不可替代的重要角色，正如本书所探讨的那样，《澳门日报》及其副刊承载了太多的期待与渴望，相信这不会给报业集团本身带来更多的牵绊，反倒能够激发其自身革新求变的无限活力，历史将会铭记这样一个具有责任感和使命感的媒体。作为中国文学重要组成部分的澳门文学，也将得到越来越多的研究和关注。

# 附录 《澳门日报》副刊文学评论篇目 (1999 年 1 月~2009 年 12 月)*

| 序号 | 作者 | 篇 名 | 出 处 | 日 期 |
|---|---|---|---|---|
| 1 | 陶 里 | 疙瘩里有情深("现代诗导读"专栏,解读张默) | 新园地 | 1999.1.4 |
| 2 | 陶 里 | 虚者实之,实者虚之("现代诗导读"专栏,解读痖弦) | 新园地 | 1999.1.9 |
| 3 | 施议对 | 意连句圆,神圣工巧("诗词写作评赏"专栏) | 语 林 | 1999.1.10 |
| 4 | 陶 里 | 诗的塑造形象手法(解读痖弦) | 新园地 | 1999.1.14 |
| 5 | 苏桂宁 | 王国维的《红楼梦评论》 | 新书刊 | 1999.1.15 |
| 6 | 谭达先 | 香港移民华文作家散文集面世 | 学 海 | 1999.1.17 |
| 7 | 陶 里 | 虚幻与真实(解读郑愁予) | 新园地 | 1999.1.19 |
| 8 | 陶空了 | 浅析李观鼎的微型诗 | 镜 海 | 1999.1.20 |
| 9 | 陶 里 | 归人与过客(解读郑愁予) | 新园地 | 1999.1.23 |
| 10 | 施议对 | 顿悟与渐悟(上) | 语 林 | 1999.1.24 |
| 11 | 陶 里 | 非理性的回环往复(解读杨牧) | 新园地 | 1999.1.27 |
| 12 | 李观鼎 | 寻找自己的"鹰"——《盗墓者言》序 | 镜 海 | 1999.1.27 |
| 13 | 蒋述卓 | 写出香港的"精"、"气"、"神" | 新书刊 | 1999.1.29 |
| 14 | 纪 修 | 读《澳门文学评论选》 | 新书刊 | 1999.1.29 |
| 15 | 张 薇 | 对美丽的戏拟——巴塞尔姆的《白雪公主》 | 新书刊 | 1999.1.29 |
| 16 | 陶 里 | 百无聊赖中有伊人(解读杨牧) | 新园地 | 1999.1.31 |
| 17 | 陶 里 | 静态和动态力的讯息(解读方思) | 新园地 | 1999.2.3 |

---

* 本书统计的文学评论篇目中,2007 年以前的均标明了出自副刊的名称,2007 年以后只统计"镜海"副刊内的文章。

| 序号 | 作者 | 篇　名 | 出　处 | 日　期 |
|---|---|---|---|---|
| 18 | 殷国明 | 读"桥"有感——《钱谷融先生谈话录》后记 | 镜　海 | 1999.2.3 |
| 19 | 紫风 | 烈火焚烧若等闲——为《艺海拾贝》在上海第八次印刷而作 | 镜　海 | 1999.2.3 |
| 20 | 陶里 | 一种关系，两种心态（解读向明） | 新园地 | 1999.2.6 |
| 21 | 施议对 | 顿悟与渐悟（下） | 语　林 | 1999.2.7 |
| 22 | 陶里 | 意象对立和重句技巧（解读吴望尧） | 新园地 | 1999.2.10 |
| 23 | 黄海晴 | 笔酣墨饱塑诗魂——评《艾青的艺术世界》 | 新书刊 | 1999.2.12 |
| 24 | 孙琴安 | 擅长七绝的诗人——评介张文廉《柳笛集》 | 新书刊 | 1999.2.12 |
| 25 | 陶里 | 客观存在与笔下意象（解读辛鬱） | 新园地 | 1999.2.14 |
| 26 | 陶里 | 醉汉的启示（解读非马） | 新园地 | 1999.2.19 |
| 27 | 黄天骥 | 章文钦《澳门诗词笺注》序（上） | 新园地 | 1999.2.20 |
| 28 | 黄天骥 | 章文钦《澳门诗词笺注》序（下） | 新园地 | 1999.2.21 |
| 29 | 施议对 | 坐井观天与倚天看井 | 语　林 | 1999.2.21 |
| 30 | 陶里 | 实体转化为意象的象征意义（解读叶维廉） | 新园地 | 1999.2.24 |
| 31 | 苏宁 | 一个居家男人的世界——陈村小说《鲜花和》的写作立场 | 新书刊 | 1999.2.26 |
| 32 | 古远清 | 促使书话的繁荣发展——《华夏书香丛书》简评 | 新书刊 | 1999.2.26 |
| 33 | 陶里 | 象征手法的抒情（解读白萩） | 新园地 | 1999.2.28 |
| 34 | 陶里 | 人景合一的境界（解读罗青） | 新园地 | 1999.3.3 |
| 35 | 殷国明 | "圆形监狱"中的整整囚徒 | 镜　海 | 1999.3.3 |
| 36 | 阿彭 | 诗人的落寞 | 镜　海 | 1999.3.3 |
| 37 | 陶里 | 隽永无邪的感觉（解读张健） | 新园地 | 1999.3.6 |
| 38 | 施议对 | 学绝句与绝句学（上） | 语　林 | 1999.3.7 |
| 39 | 何广才 | 世事沧桑心事定——读冰心散文随想 | 镜　海 | 1999.3.10 |
| 40 | 方欣 | 成长的历程——自序《爱你一万年》 | 镜　海 | 1999.3.10 |
| 41 | 陶里 | 象征与想象浑然一体（解读冯青） | 新园地 | 1999.3.11 |
| 42 | 庄逊 | 反映澳门文学特色和风格——《澳门现代文学作品选》在内地面世 | 新书刊 | 1999.3.12 |
| 43 | 陶里 | 红楼里新旧观念的对话（解读林耀德） | 新园地 | 1999.3.13 |
| 44 | 吴泰昌 | "我爱的书"——散忆冰心 | 镜　海 | 1999.3.17 |
| 45 | 陶里 | 让时间变成固体（解读顾城） | 新园地 | 1999.3.17 |
| 46 | 陶里 | 不能结束的历史记忆（解读顾城） | 新园地 | 1999.3.21 |
| 47 | 陶里 | 为生存作证的只有时间（解读北岛） | 新园地 | 1999.3.24 |
| 48 | 饶芃子 | 《文心丝语》自序 | 镜　海 | 1999.3.24 |

续表

| 序号 | 作　者 | 篇　　名 | 出　处 | 日　期 |
|---|---|---|---|---|
| 49 | 子文 | 反映现代社会爱情观——读方欣小说集《爱你一万年》 | 新书刊 | 1999.3.26 |
| 50 | 李业文 | 简评《唐代律诗探索》 | 新书刊 | 1999.3.26 |
| 51 | 陶里 | 地平线上的一个人（解读北岛） | 新园地 | 1999.3.31 |
| 52 | 陶里 | 序王和散文集——《月亮升起如一首白色的诗》 | 镜海 | 1999.3.31 |
| 53 | 寂然 | 他可能另有阴谋——跋《月亮升起如一首白色的诗》 | 镜海 | 1999.3.31 |
| 54 | 陶里 | 为天空向自由伸展（解读杨炼） | 新园地 | 1999.4.2 |
| 55 | 施议对 | 绝句乃律之余——学绝句与绝句学（下） | 语林 | 1999.4.4 |
| 56 | 陶里 | 灵魂溢满了回响（解读舒婷） | 新园地 | 1999.4.4 |
| 57 | 陶里 | 意乱情迷中的理念（江河） | 新园地 | 1999.4.7 |
| 58 | 李凤亮 | 昆德拉研究:何处是归途——《对话的灵光》出版感想 | 新书刊 | 1999.4.9 |
| 59 | 陶里 | "朦胧诗"中的传统手法（解读徐敬亚） | 新园地 | 1999.4.11 |
| 60 | 钱谷融 | 反思白话文运动 | 镜海 | 1999.4.14 |
| 61 | 陶里 | 倒出攒积的嘘唏（解读舒婷） | 新园地 | 1999.4.14 |
| 62 | 陶里 | 一片寂静的道理（解读西川） | 新园地 | 1999.4.17 |
| 63 | 施议对 | 开场白:不学诗,无以言（上） | 语林 | 1999.4.18 |
| 64 | 陶里 | 穿越黑暗岁月的永存（解读陈明达） | 新园地 | 1999.4.21 |
| 65 | 金开诚 | 得新书,思故人——谈《还珠楼主小说集》 | 镜海 | 1999.4.21 |
| 66 | 纪修 | 透视澳门文学历史与现状——读《澳门文学概况》 | 新书刊 | 1999.4.23 |
| 67 | 张国瀛 | 评"曹周本"《红楼梦》 | 新书刊 | 1999.4.23 |
| 68 | 陶里 | 追求活着的伟大意义（解读傅天琳） | 新园地 | 1999.4.25 |
| 69 | 陶里 | 不渡也是渡的风流 | 新园地 | 1999.5.1 |
| 70 | 施议对 | 开场白:不学诗,无以言（中） | 语林 | 1999.5.2 |
| 71 | 陶里 | 从自己　那里归来的人（解读雪村） | 新园地 | 1999.5.5 |
| 72 | 殷国明 | 被金钱出卖的父爱——关于巴尔扎克的《高老头》 | 镜海 | 1999.5.5 |
| 73 | 纪修 | 持之有据　信而有征——读《莲岛春秋》 | 新书刊 | 1999.5.7 |
| 74 | 陶里 | 其貌不扬（解读石伟） | 新园地 | 1999.5.8 |
| 75 | 施议对 | 为新体诗创作寻求生路——《胡适词点评》代序·上 | 新园地 | 1999.5.10 |

| 序号 | 作　者 | 篇　　名 | 出　处 | 日　期 |
|---|---|---|---|---|
| 76 | 施议对 | 以"倚声填词"方法写新诗——《胡适词点评》代序·中 | 新园地 | 1999.5.11 |
| 77 | 施议对 | 有意栽花与无心插柳——《胡适词点评》代序·下 | 新园地 | 1999.5.12 |
| 78 | 黄文辉 | 现代·汉·诗 | 镜海 | 1999.5.12 |
| 79 | 陶里 | 语序反常，意象扭曲（解读云鹏） | 新园地 | 1999.5.14 |
| 80 | 施议对 | 开场白：不学诗，无以言（下） | 语林 | 1999.5.17 |
| 81 | 陶里 | 摸索诗人心理定势（解读杨睿） | 新园地 | 1999.5.17 |
| 82 | 陶里 | 新瓶旧酒（解读董见良） | 新园地 | 1999.5.19 |
| 83 | 李鹏翥 | 祝贺《莲岛春秋》面世 | 镜海 | 1999.5.19 |
| 84 | 何广才 | 成似容易却艰辛——读冰心散文随想之二 | 镜海 | 1999.5.19 |
| 85 | 鲍风 | 读李碧华的散文 | 新书刊 | 1999.5.21 |
| 86 | 余仁杰 | 《旅美散文八家》出版 | 新书刊 | 1999.5.21 |
| 87 | 陶里 | 长调短拍的结合（解读钟星） | 新园地 | 1999.5.22 |
| 88 | 陶里 | 《导读》结束语 | 新园地 | 1999.5.23 |
| 89 | 李观鼎 | 《秋实》序——为濠江中学优秀作文选而作 | 镜海 | 1999.5.26 |
| 90 | 梁守中 | 高歌反英卫国的清代诗人（一） | 新园地 | 1999.5.27 |
| 91 | 梁守中 | 高歌反英卫国的清代诗人（二） | 新园地 | 1999.5.28 |
| 92 | 梁守中 | 高歌反英卫国的清代诗人（三） | 新园地 | 1999.5.29 |
| 93 | 梁守中 | 高歌反英卫国的清代诗人（四） | 新园地 | 1999.5.30 |
| 94 | 施议对 | 读法总论：尽信书，则不如无书 | 语林 | 1999.5.30 |
| 95 | 梁守中 | 高歌反英卫国的清代诗人（五） | 新园地 | 1999.5.31 |
| 96 | 梁守中 | 高歌反英卫国的清代诗人（六） | 新园地 | 1999.6.1 |
| 97 | 梁守中 | 高歌反英卫国的清代诗人（七） | 新园地 | 1999.6.2 |
| 98 | 陶里 | 感性升华与知性介入——读王和诗集《盗墓者言》（上） | 镜海 | 1999.6.2 |
| 99 | 汉闻 | 《香港的风》具文史价值 | 新书刊 | 1999.6.4 |
| 100 | 金国平 | 《远游记》中译者序言（上） | 学海 | 1999.6.6 |
| 101 | 陶里 | 感性升华与知性介入——读王和诗集《盗墓者言》（下） | 镜海 | 1999.6.9 |
| 102 | 谢冕 | 寓意深远的"滴水"——《滴水集》序一 | 镜海 | 1999.6.9 |
| 103 | 施议对 | 不求甚解，求有会意 | 语林 | 1999.6.13 |
| 104 | 丁启阵 | 收之诗隅 | 新园地 | 1999.6.14 |
| 105 | 绍君 | 小说中的小说（绍君译） | 镜海 | 1999.6.16 |
| 106 | 孙绍振 | 李观鼎的诗变——《滴水集》序二 | 镜海 | 1999.6.16 |

续表

| 序号 | 作 者 | 篇　　名 | 出　处 | 日　期 |
|---|---|---|---|---|
| 107 | 谢常青 | 文字活泼　语言诙谐——读韩英小品《文章即金子》 | 新书刊 | 1999.6.18 |
| 108 | 邓骏捷 | 读《莲岛春秋》——兼谈《澳门古代文学史》的撰写 | 学　海 | 1999.6.20 |
| 109 | 金国平 | 《远游记》中译者序言（下） | 学　海 | 1999.6.26 |
| 110 | 饶芃子 | 文心可感——《莲峰撷翠》序 | 镜　海 | 1999.6.23 |
| 111 | 姚京明 | 不把心灵推迟的诗人 | 镜　海 | 1999.6.23 |
| 112 | 施议对 | 以工具书为良师益友 | 语　林 | 1999.6.27 |
| 113 | 殷国明 | 关于茨威格 | 镜　海 | 1999.6.30 |
| 114 | 张显明 | 《九九学刊》珠玉纷呈 | 新书刊 | 1999.7.2 |
| 115 | 令狐冲 | 还珠楼主遗作完整面世——为现代侠文化存照 | 新园地 | 1999.7.7 |
| 116 | 施议对 | 分论一：和尚与和尚庙 | 语　林 | 1999.7.11 |
| 117 | 黄文辉 | "中性"的语言——林中英散文语言浅谈 | 镜　海 | 1999.7.14 |
| 118 | 纪　修 | 读《程远诗词三编》 | 新书刊 | 1999.7.16 |
| 119 | 甘以雯 | 韩美林的语言——《闲言碎语》编后感言 | 镜　海 | 1999.7.21 |
| 120 | 施议对 | 代有才人，风骚各领 | 语　林 | 1999.7.25 |
| 121 | 熊国华 | 个人写作与诗歌生态 | 镜　海 | 1999.7.28 |
| 122 | 胡少璋 | 读《那夜的情绪》 | 新书刊 | 1999.7.30 |
| 123 | 陈树荣 | 丘逢甲游澳门及咏澳门诗十五首 | 学　海 | 1999.8.1 |
| 124 | 施议对 | 古体与今体（一） | 语　林 | 1999.8.8 |
| 125 | 纪　修 | 难以磨灭的伤痕——读季羡林《牛棚杂议》 | 新书刊 | 1999.8.13 |
| 126 | 胡少璋 | 读《奇奇的世界》 | 新书刊 | 1999.8.13 |
| 127 | 陈绍锦 | 战时澳门粤剧舞台 | 学　海 | 1999.8.15 |
| 128 | 孙琴安 | 在生活的感召下自学成才——近访著名作家白桦 | 镜　海 | 1999.8.18 |
| 129 | 施议对 | 古体与今体（二） | 语　林 | 1999.8.22 |
| 130 | 殷国明 | 关于海德格尔 | 镜　海 | 1999.8.25 |
| 131 | 张　薇 | 风流名媛乔治·桑 | 新书刊 | 1999.8.27 |
| 132 | 杨成监 | 含蓄诗风的典范——《横琴秋霁》 | 新园地 | 1999.8.27 |
| 133 | 陶　里 | 泥土里升华起的骚动——读黄文辉诗集《因此》（上） | 镜　海 | 1999.9.1 |
| 134 | 施议对 | 古体与今体（三） | 语　林 | 1999.9.5 |
| 135 | 陶　里 | 泥土里升华起的骚动——读黄文辉诗集《因此》（下） | 镜　海 | 1999.9.8 |

| 序号 | 作者 | 篇　　名 | 出　处 | 日　期 |
|---|---|---|---|---|
| 136 | 李运抟 | 读者腰包与严肃文学 | 镜　海 | 1999.9.8 |
| 137 | 徐　新 | 避难地的诗情画意——汪兆镛诗作《咏东西望洋》初探 | 学　海 | 1999.9.12 |
| 138 | 陈业东 | 《雨屋深镫词》:孤独心灵的展示 | 学　海 | 1999.9.12 |
| 139 | 施议对 | "二人对门居,一天几相逢"——早已诗名满天下 | 新园地 | 1999.9.15 |
| 140 | 李凤亮 | 面向二十一世纪的比较文艺学——与博士生导师饶芃子教授对谈(上) | 镜　海 | 1999.9.15 |
| 141 | 施议对 | "学知不足,文如其人"——读书事业路途遥 | 新园地 | 1999.9.16 |
| 142 | 施议对 | "别后多少话,清茶一杯"——小词新制庆回归 | 新园地 | 1999.9.17 |
| 143 | 李凤亮 | 面向二十一世纪的比较文艺学——与博士生导师饶芃子教授对谈(下) | 镜　海 | 1999.9.22 |
| 144 | 胡国年 | 澳门民俗文化资源又一宝藏——读汪兆镛《澳门杂诗》拾偶(上) | 学　海 | 1999.9.26 |
| 145 | 施议对 | 古体与今体(四) | 语　林 | 1999.10.3 |
| 146 | 陶　里 | 澳门文学丛书概说(上) | 镜　海 | 1999.10.6 |
| 147 | 杨剑龙 | 廓清张资平创作本相——读颜敏的《张资平评传》 | 新书刊 | 1999.10.8 |
| 148 | 胡国年 | 澳门民俗文化资源又一宝藏——读汪兆镛《澳门杂诗》拾偶(中) | 学　海 | 1999.10.10 |
| 149 | 彭海玲 | 中西文化并存的博物馆 | 学　海 | 1999.10.10 |
| 150 | 陶　里 | 澳门文学丛书概说(下) | 镜　海 | 1999.10.13 |
| 151 | 古远清 | 要不要"重写"《香港文学史》? | 镜　海 | 1999.10.13 |
| 152 | 施议对 | 古体与今体(五) | 语　林 | 1999.10.17 |
| 153 | 齐心一 | 郁达夫的旧诗比宋诗好?(上) | 新园地 | 1999.10.20 |
| 154 | 殷国明 | 从心理学到文学——关于荣格 | 镜　海 | 1999.10.20 |
| 155 | 齐心一 | 郁达夫的旧诗比宋诗好?(下) | 新园地 | 1999.10.21 |
| 156 | 顾关元 | 尺牍的历史文学价值 | 新园地 | 1999.10.22 |
| 157 | 林卓雅 | 让炎黄文化走向世界——读《林语堂传》 | 新书刊 | 1999.10.22 |
| 158 | 胡国年 | 澳门民俗文化资源又一宝藏——读汪兆镛《澳门杂诗》拾偶(下) | 学　海 | 1999.10.24 |
| 159 | 廖子馨 | 十届研讨会成果与不足——访饶芃子教授谈海外华文文学研究 | 镜　海 | 1999.10.27 |
| 160 | 姜　建 | 世界华文文学大格局下的澳门文学(摘录) | 镜　海 | 1999.10.27 |

续表

| 序号 | 作 者 | 篇 名 | 出 处 | 日 期 |
|---|---|---|---|---|
| 161 | 杨振昆 | 世界华文文学批评的反思与建构（摘录） | 镜 海 | 1999.10.27 |
| 162 | 江少川 | 世纪沧桑中的澳门文学回眸（摘录） | 镜 海 | 1999.10.27 |
| 163 | 齐心一 | 郁达夫旧诗之外一章 | 新园地 | 1999.10.30 |
| 164 | 施议对 | 诗之余与词之变（一） | 语 林 | 1999.10.31 |
| 165 | 古远清 | 台港澳文学学科尚未建立 | 镜 海 | 1999.11.3 |
| 166 | 张显明 | 从另一个角度论文学——读《文学基本功》 | 新书刊 | 1999.11.5 |
| 167 | 林承璜 | "第十届"剪影 | 镜 海 | 1999.11.10 |
| 168 | 施议对 | 诗之余与词之变（二） | 语 林 | 1999.11.14 |
| 169 | 饶芃子 | 追求"芬芳"的诗 | 镜 海 | 1999.11.17 |
| 170 | 廖子馨 | 重视历史事例 定义澳门文化 | 镜 海 | 1999.11.17 |
| 171 | 施议对 | 诗之余与词之变（三） | 语 林 | 1999.11.28 |
| 172 | 廖子馨 | 一次有意义的澳门文学研讨会 | 镜 海 | 1999.12.1 |
| 173 | 郑炜明 | "五四"至七十年代中期澳门新文学概述 | 镜 海 | 1999.12.1 |
| 174 | 黄晓峰 | 从《文化杂志》一瞥澳门的文学魅影 | 镜 海 | 1999.12.1 |
| 175 | 王同书 | "蛙步"步步光华——评李鹏翥《濠江文谭》 | 镜 海 | 1999.12.1 |
| 176 | 陈 辽 | 谈澳门文学的"特" | 镜 海 | 1999.12.1 |
| 177 | 刘月莲 | 澳门土生文学的两个文本——个人意味和集体无意识 | 镜 海 | 1999.12.1 |
| 178 | 廖子馨 | 澳门文学与报纸副刊 | 镜 海 | 1999.12.1 |
| 179 | 庄若江 | 风格冷峻的都市诗——读苇鸣《无心眼集》1 | 镜 海 | 1999.12.1 |
| 180 | 江锡铨 | 澳门乐府——苇鸣《无心眼集》印象 | 镜 海 | 1999.12.1 |
| 181 | 穆凡中 | 九十年代澳门戏剧概况 | 镜 海 | 1999.12.1 |
| 182 | 穆欣欣 | 本土特色 本地风情——澳门人·澳门事·剧本创作 | 镜 海 | 1999.12.1 |
| 183 | 曹 明 | 立足本土 情系祖国——澳门穆氏妇女的戏剧评论 | 镜 海 | 1999.12.1 |
| 184 | 蔡江珍 | 在寻常中追索新的可能——澳门近年散文随感 | 镜 海 | 1999.12.1 |
| 185 | 范培松 | 澳门散文研究 | 镜 海 | 1999.12.1 |
| 186 | 刘 俊 | 论陶里的《逆声击节集》 | 镜 海 | 1999.12.1 |
| 187 | 方 忠 | 短篇小说的现代性 | 镜 海 | 1999.12.1 |
| 188 | 盛 英 | 一片冰心在玉壶——漫话澳门女性散文 | 镜 海 | 1999.12.1 |
| 189 | 于 平 | 凌稜的"第六天性"——《有情天地》"情"之解析 | 镜 海 | 1999.12.1 |
| 190 | 金玉燕 | 播种善的种子——本土儿童文学一瞥 | 镜 海 | 1999.12.1 |

| 序号 | 作 者 | 篇 名 | 出 处 | 日 期 |
|------|------|------|------|------|
| 191 | 张显明 | 从《雍正》《还珠》看中港台社会文化 | 新书刊 | 1999.12.3 |
| 192 | 吴志良 | 学海无涯 知识有价——贺《学海》开办二百期 | 学 海 | 1999.12.5 |
| 193 | 李观鼎 | 生命的诗化——《咏兰诗五百首》序 | 镜 海 | 1999.12.8 |
| 194 | 马相武 | 金庸王朔玩心跳书剑恩仇笑傲江湖 | 镜 海 | 1999.12.8 |
| 195 | 施议对 | 诗之余与词之变（四） | 语 林 | 1999.12.12 |
| 196 | 张 锲 | 词怀祖国 诗效赤诚——谈马万祺先生诗词的赤子情怀 | 镜 海 | 1999.12.15 |
| 197 | 纪 修 | 《澳门戏剧史稿》 | 新书刊 | 1999.12.17 |
| 198 | 张 薇 | 世纪初的苦魂——王国维 | 新书刊 | 1999.12.17 |
| 199 | 汤开建 | "澳门学"刍议 | 学 海 | 1999.12.19 |
| 200 | 盛 英 | 一片冰心在玉壶——漫话澳门女性散文 | 镜 海 | 1999.12.22 |
| 201 | 陶 里 | 并非混血儿的澳门现代诗 | 镜 海 | 1999.12.22 |
| 202 | 施议对 | 诗之余与词之变（五） | 语 林 | 1999.12.26 |
| 203 | 杨匡汉 | 心凝形释——序陶里《让时间变成固体》 | 镜 海 | 1999.12.29 |
| 204 | 陈 义 | 由澳门诗歌看珠海诗人——读《澳门世纪行》诗歌卷 | 镜 海 | 1999.12.29 |
| 205 | 古远清 | 《中国当代文学》的学术品位 | 新书刊 | 1999.12.31 |
| 206 | 施议对 | 苟达变而识次，犹开流以纳泉 | 新园地 | 2000.1.3 |
| 207 | 施议对 | 中国当代词学之父王国维 | 新园地 | 2000.1.4 |
| 208 | 马相武 | 假想二十一世纪文学 | 镜 海 | 2000.1.5 |
| 209 | 施议对 | 一代词宗夏承焘 | 新园地 | 2000.1.5 |
| 210 | 施议对 | 词体结构论奠基人吴世昌 | 新园地 | 2000.1.6 |
| 211 | 施议对 | 今词七家，历史定位 | 新园地 | 2000.1.7 |
| 212 | 施议对 | 诗之余与词之变（六） | 语 林 | 2000.1.9 |
| 213 | 钱 虹 | 亦真亦幻的魔恋——读陶里的《石卵之恋》 | 镜 海 | 2000.1.12 |
| 214 | 陶 里 | 为澳门文学初步确立形象——在《澳门文学丛书》首发式上的讲话 | 镜 海 | 2000.1.19 |
| 215 | 姚京明 欧卓志 | 关于《澳门中葡诗歌选》 | 镜 海 | 2000.1.19 |
| 216 | 齐子义 | 《七子之歌·澳门》之格律——回答什么是现代格律诗 | 语 林 | 2000.1.23 |
| 217 | 施议对 | 词律与曲律（上） | 语 林 | 2000.1.23 |
| 218 | 张任孙 | 关于诗的翻译 | 语 林 | 2000.1.23 |
| 219 | 饶芃子 | 海外华文文学中异族人物形象的文化分析 | 镜 海 | 2000.1.26 |

续表

| 序号 | 作 者 | 篇　名 | 出　处 | 日　期 |
|---|---|---|---|---|
| 220 | 章俊弟 | 两地学者成功合作的典范——评《澳门戏剧史稿》 | 新书刊 | 2000.1.28 |
| 221 | 林　荆 | 《胡少璋杂文选》言之有物 | 新书刊 | 2000.1.28 |
| 222 | 江少川 | 魔幻写实与志怪传奇：当代港澳社会写真——评陶里小说集《百慕她的诱惑》（上） | 镜　海 | 2000.2.2 |
| 223 | 周思明 | 说不尽的沈从文 | 镜　海 | 2000.2.2 |
| 224 | 江少川 | 魔幻写实与志怪传奇：当代港澳社会写真——评陶里小说集《百慕她的诱惑》（下） | 镜　海 | 2000.2.9 |
| 225 | 李观鼎 | 命意、合体及其它——读后感征文比赛颁奖大会上的发言 | 镜　海 | 2000.2.9 |
| 226 | 张光年 | 读朱崇山《十字门》 | 镜　海 | 2000.2.16 |
| 227 | 汤梅笑 | 托身大众传媒的澳门散文 | 镜　海 | 2000.2.16 |
| 228 | 施议对 | 词律与曲律（下） | 语　林 | 2000.2.20 |
| 229 | 古远清 | 台湾文学与中国文学不是"两国文学"——两岸"争夺"台湾文学诠释权述评 | 镜　海 | 2000.2.23 |
| 230 | 秋　谷 | 载播中华优秀文化——读《历代名家与名作》丛书 | 新书刊 | 2000.2.25 |
| 231 | 志　昇 | 近代文学研究的新成果——《中国近代文学与海外国际研讨会论文集》 | 学　海 | 2000.2.27 |
| 232 | 施议对 | 散曲与剧曲（上） | 语　林 | 2000.3.5 |
| 233 | 华　风 | 世界文学中特有的文学景观 | 镜　海 | 2000.3.8 |
| 234 | 李观鼎 | 诗美的奥妙——在《澳门中葡诗歌选》发行仪式上的发言 | 镜　海 | 2000.3.15 |
| 235 | 施议对 | 散曲与剧曲（中） | 语　林 | 2000.3.19 |
| 236 | 张任孙 | 略说塔形诗 | 语　林 | 2000.3.19 |
| 237 | 施议对 | 散曲与剧曲（下） | 语　林 | 2000.4.2 |
| 238 | 李凤亮 | 昆德拉：走向二十一世纪 | 镜　海 | 2000.4.5 |
| 239 | 歆　恕 | 读《传奇文学与流言人生——张爱玲的文学》 | 新书刊 | 2000.4.7 |
| 240 | 施议对 | 此中有真意，欲辨已忘言——结构分析方法举例 | 语　林 | 2000.4.16 |
| 241 | 饶芃子 | 海外华文文学与比较文学（上） | 镜　海 | 2000.4.19 |
| 242 | 饶芃子 | 海外华文文学与比较文学（下） | 镜　海 | 2000.4.26 |
| 243 | 杨汉武 | 研究香港文学需要重视三个问题 | 镜　海 | 2000.5.3 |
| 244 | 陈　义 | 《镜海》情缘 | 镜　海 | 2000.5.3 |

| 序号 | 作者 | 篇　　名 | 出　处 | 日　期 |
|---|---|---|---|---|
| 245 | 宋瑜 | 你往何处去？——谈昆德拉小说《生活在别处》 | 新书刊 | 2000.5.5 |
| 246 | 古远清 | 李敖角逐诺贝尔文学奖引发思考 | 镜海 | 2000.5.10 |
| 247 | 施议对 | 休即未能休，且待三更见日头——结构分析方法举例 | 语林 | 2000.5.14 |
| 248 | 谢冕 | 澳门文学研究的新成就——序郑炜明著《澳门文学发展历程初探》 | 镜海 | 2000.5.17 |
| 249 | 王碧霞 | 《原野》改编浅说 | 镜海 | 2000.5.17 |
| 250 | 李成俊 | 诗与我 | 镜海 | 2000.5.24 |
| 251 | 江思扬 | 诗与效益 | 镜海 | 2000.5.24 |
| 252 | 施议对 | 柳阴直,烟里丝丝弄碧——结构分析方法举例 | 语林 | 2000.5.28 |
| 253 | 咏青 | 庞德《神州集》第十五首溯源 | 语林 | 2000.5.28 |
| 254 | 林承璜 | 关于中国"文学经典"评选活动之我见 | 镜海 | 2000.5.31 |
| 255 | 邹家礼 | 无边的伤痛——读黄碧云的《媚行者》 | 新书刊 | 2000.6.2 |
| 256 | 孙琴安 | 性本洁来还洁去——追念著名女作家赵清阁 | 镜海 | 2000.6.14 |
| 257 | 寂然 | 不可"相信"的创作论——读张大春《小说稗类一、二卷》 | 镜海 | 2000.6.21 |
| 258 | 殷国明 | 钱谷融与殷国明谈真诚（上） | 镜海 | 2000.6.21 |
| 259 | 子文 | 文学应该"现代化" | 新园地 | 2000.6.22 |
| 260 | 汤梅笑 | 花草虽微自见缤纷 | 特刊 | 2000.6.23 |
| 261 | 殷国明 | 钱谷融与殷国明谈真诚（中） | 镜海 | 2000.6.28 |
| 262 | 邹家礼 | 变态家庭无所不在——读张小虹的《怪胎家庭罗曼史》 | 新书刊 | 2000.6.30 |
| 263 | 辛祺 | 欲罢不能——读寂然的《抚摸》有感 | 镜海 | 2000.7.5 |
| 264 | 殷国明 | 钱谷融与殷国明谈真诚（下） | 镜海 | 2000.7.12 |
| 265 | 黄文辉 | 胡悦胡阅——兼论澳门文学与报纸副刊之关系 | 镜海 | 2000.7.12 |
| 266 | 施议对 | 新世纪词坛国际盛会 | 新园地 | 2000.7.13 |
| 267 | 穆凡中 | 在《李宇樑剧作选》首发式上的发言 | 镜海 | 2000.7.19 |
| 268 | 魏雪等 | 绚烂迷眼的花丛——读陶里的诗论集《让时间变成固体》和诗集《驳石》札记 | 镜海 | 2000.7.19 |
| 269 | 黄文辉 | 小说寂然小说——寂然《抚摸》评论及其他（上） | 镜海 | 2000.7.26 |
| 270 | 孙琴安 | 悼柯灵 | 镜海 | 2000.7.26 |

续表

| 序号 | 作 者 | 篇 名 | 出 处 | 日 期 |
|------|-------|-------|-------|-------|
| 271 | 黄文辉 | 小说寂然小说——寂然《抚摸》评论及其他（下） | 镜 海 | 2000.8.2 |
| 272 | 赵永新 | 渊博的知识，思想的升华——评陶天权的《窗帘背后》 | 镜 海 | 2000.8.9 |
| 273 | 戴小华 | 我看《世界著名华文女作家传》 | 新书刊 | 2000.8.11 |
| 274 | 殷国明 | 文学批评的"一强三弱" | 镜 海 | 2000.8.16 |
| 275 | 穆欣欣 | "玩就是玩"——《水浒英雄之某甲某乙》台北观后 | 镜 海 | 2000.8.16 |
| 276 | 孙琴安 | 深厚朴茂，气象博大——评周而复的散文新著 | 镜 海 | 2000.8.23 |
| 277 | 雯 心 | 读黄继宗的《绿云楼诗集》 | 新书刊 | 2000.8.25 |
| 278 | 刘绍瑾 | 热心与智心的结晶——读饶芃子教授的《文心丝语》 | 镜 海 | 2000.8.30 |
| 279 | 陶 里 | "方言"与长短行——为国际华文诗人笔会第五次聚会而写 | 镜 海 | 2000.9.6 |
| 280 | 陈 渡 | 屈大均的澳门诗 | 新园地 | 2000.9.10 |
| 281 | 陈 渡 | 研究屈大均 | 新园地 | 2000.9.11 |
| 282 | 陈 渡 | 屈大均澳门诗目（上） | 新园地 | 2000.9.12 |
| 283 | 陈 渡 | 屈大均澳门诗目（下） | 新园地 | 2000.9.13 |
| 284 | 邹家礼 | 文革，小说，情节功能——谈许子东《当代小说与集体记忆》 | 新书刊 | 2000.9.22 |
| 285 | 张显明 | 同性恋的经典之作——谈《寂寞之井》 | 新书刊 | 2000.9.22 |
| 286 | 梅士敏 | 澳门首份中文报纸《镜海丛报》创刊词 | 学 海 | 2000.9.24 |
| 287 | 费成康 | 孙中山和《镜海丛报》（上） | 学 海 | 2000.9.24 |
| 288 | 姜义华 | 《镜海丛报》序 | 学 海 | 2000.9.24 |
| 289 | 饶芃子 | 心光·情采·理趣——《当代散文八大家·秦牧卷〈花街十里〉》前言 | 镜 海 | 2000.9.27 |
| 290 | 林卓雅 | 永远开放着的红玫瑰——读《冰心传》 | 镜 海 | 2000.10.4 |
| 291 | 费成康 | 孙中山和《镜海丛报》（中） | 学 海 | 2000.10.8 |
| 292 | 秋 谷 | 一套高浓度的散文选本——读《民国名刊精选》 | 新书刊 | 2000.10.20 |
| 293 | 邹家礼 | 思考社会与文化——谈甘阳《将错就错》 | 新书刊 | 2000.10.20 |
| 294 | 费成康 | 孙中山和《镜海丛报》（下） | 学 海 | 2000.10.22 |
| 295 | 殷国明 | 往来无穷谓之通——关于探讨中外文艺理论交流的魅力 | 镜 海 | 2000.11.1 |

续表

| 序号 | 作 者 | 篇 名 | 出 处 | 日 期 |
|------|-------|------|-------|-------|
| 296 | 不 详 | 澳门学者研究曹禺创作成果受肯定 | 镜 海 | 2000.11.1 |
| 297 | 谷 苇 | 专写老上海故事的作家——记沈寂 | 镜 海 | 2000.11.8 |
| 298 | 李观鼎 | 走向缪斯殿堂的阶梯——《获奖澳门戏剧小品选》序 | 镜 海 | 2000.11.22 |
| 299 | 邹家礼 | 澳门文学 昂首阔步——关于"千禧年澳门文学研究会" | 镜 海 | 2000.11.29 |
| 300 | 黄文辉 | 整体与具体——关于澳门文学研究的理论 | 镜 海 | 2000.11.29 |
| 301 | 盛 英 | 云破月来花弄影——澳门女性散文一瞥 | 镜 海 | 2000.11.29 |
| 302 | 蔡江珍 | 报纸副刊与澳门散文 | 镜 海 | 2000.11.29 |
| 303 | 范培松 | 澳门女散文家评述 | 镜 海 | 2000.11.29 |
| 304 | 姜 建 | 感觉澳门——澳门散文阅读札记 | 镜 海 | 2000.11.29 |
| 305 | 江少川 | "后设"、"聚焦"与生活原生态——初读寂然 | 镜 海 | 2000.11.29 |
| 306 | 朱双一 | 走向多样化格局的澳门小说创作 | 镜 海 | 2000.11.29 |
| 307 | 李观鼎 | 澳门现代诗论刍议 | 镜 海 | 2000.11.29 |
| 308 | 谭美玲 | 《旗袍》中的两性关系 | 镜 海 | 2000.11.29 |
| 309 | 邹家礼 | 关于女人的贪婪——读张小娴的《CHANNEL A》 | 新书刊 | 2000.12.1 |
| 310 | 李元洛 | 感悟人生 笔花飞舞——读李一安散文集《透明的思索》 | 新书刊 | 2000.12.15 |
| 311 | 东 瑞 | 望星空的智者——谈刘以鬯和《青果》 | 镜 海 | 2000.12.20 |
| 312 | 黄文辉 | 诗的自觉者——浅谈卞之琳的诗 | 镜 海 | 2000.12.27 |
| 313 | 邓骏捷 | 读《变革时期的中国文学批评》 | 镜 海 | 2000.12.27 |
| 314 | 古远清 | 评阎纯德《二十世纪中国女作家研究》 | 新书刊 | 2000.12.29 |
| 315 | 盛 炎 | 反映土生公务员学习中文——谈林淑霞新作《回望》 | 新书刊 | 2000.12.29 |
| 316 | 穆凡中 | 小剧场剧展和澳门的《雷雨》 | 新园地 | 2000.12.30 |
| 317 | 饶芃子 | 从澳门文化看澳门文学——在"千禧澳门文学研讨会"上的讲演（上） | 镜 海 | 2001.1.3 |
| 318 | 穆凡中 | 接着说澳门的《雷雨》 | 新园地 | 2001.1.4 |
| 319 | 穆凡中 | 小剧场·《安娜·克列斯蒂》 | 新园地 | 2001.1.5 |
| 320 | 饶芃子 | 从澳门文化看澳门文学——在"千禧澳门文学研讨会"上的讲演（下） | 镜 海 | 2001.1.10 |
| 321 | 穆凡中 | 《安娜·克列斯蒂》的戏剧空间 | 新园地 | 2001.1.11 |
| 322 | 穆凡中 | 惊心动魄的《押解》 | 新园地 | 2001.1.12 |
| 323 | 吴志良 | 立足本土，放眼世界——"千禧澳门文学研讨会"开幕词 | 镜 海 | 2001.1.17 |

续表

| 序号 | 作　者 | 篇　　　　名 | 出　处 | 日　期 |
|---|---|---|---|---|
| 324 | 不　详 | 澳门多元文学格局前景良好 | 镜　海 | 2001.1.17 |
| 325 | 杜晓梅 | 读了是读了——读高行健的《灵山》 | 镜　海 | 2001.1.17 |
| 326 | 穆凡中 | 《押解》的那个转台 | 新园地 | 2001.1.18 |
| 327 | 付宁军 | 乡愁不绝的余光中 | 镜　海 | 2001.1.24 |
| 328 | 寂　然 | 我要投稿——一个写作狂热分子的告白 | 镜　海 | 2001.1.24 |
| 329 | 卫景宜 | 美国华裔英语作家眼里的中国 | 镜　海 | 2001.1.31 |
| 330 | 寂　然 | 停不了的专栏——一则专栏写作的心理学 | 镜　海 | 2001.1.31 |
| 331 | 寂　然 | 倾听上帝的笑声——一个小说作者的思考方法 | 镜　海 | 2001.2.7 |
| 332 | 紫　风 | 激情使我提起笔杆——《紫风自选集》序 | 镜　海 | 2001.2.7 |
| 333 | 邓骏捷 | 评《中国近代文学论稿》 | 学　海 | 2001.2.11 |
| 334 | 徐国源 | 在语词的密林里求索——读黄文辉诗集《因此》 | 镜　海 | 2001.2.14 |
| 335 | 殷国明 | "尝试"的魅力 | 镜　海 | 2001.2.14 |
| 336 | 穆凡中 | "小剧场"可以包容多一些 | 新园地 | 2001.2.16 |
| 337 | 穆凡中 | 93'小剧场剧展 | 新园地 | 2001.2.17 |
| 338 | 吴淑钿 | 自说自话——《书窗内外》代序 | 镜　海 | 2001.2.21 |
| 339 | 穆凡中 | 二零零零小剧场剧展 | 新园地 | 2001.2.22 |
| 340 | 穆凡中 | 对《切·格拉瓦》的争议 | 新园地 | 2001.2.23 |
| 341 | 黄学愚 | 风格独特的当红作家史蒂芬 | 新书刊 | 2001.2.23 |
| 342 | 杨剑龙 | 严谨见功力　平实现才情——评《戏剧魂——田汉评传》 | 新书刊 | 2001.2.23 |
| 343 | 纪　修 | 读《上海的金枝玉叶》 | 新书刊 | 2001.2.23 |
| 344 | 穆凡中 | 上演十个月争议不断 | 新园地 | 2001.2.24 |
| 345 | 记　者 | 与鲁茂谈他的情人 | 镜　海 | 2001.2.28 |
| 346 | 穆凡中 | 《马前泼水》的故事 | 新园地 | 2001.3.1 |
| 347 | 穆凡中 | 小剧场京剧《马前泼水》的艺术特色 | 新园地 | 2001.3.2 |
| 348 | 穆凡中 | 向传统回归 | 新园地 | 2001.3.3 |
| 349 | 徐国源 | 南风飘来的诗情——评林玉凤诗集《假如我爱上了你》 | 镜　海 | 2001.3.7 |
| 350 | 纪　修 | 映日荷花别样红——读澳门回归诗词集萃《映日荷花》 | 新书刊 | 2001.3.9 |
| 351 | 邹家礼 | 小说是这样构成的——谈安贝妮·艾柯《悠悠小说林》 | 新书刊 | 2001.3.9 |
| 352 | 冯倾城 | 金庸小说与"文化中国" | 新园地 | 2001.3.10 |

| 序号 | 作 者 | 篇 名 | 出 处 | 日 期 |
|---|---|---|---|---|
| 353 | 汤梅笑 | 邓友梅创作访谈录 | 镜 海 | 2001.3.14 |
| 354 | 麦 子 | 重回孩提时代——读《孩提时代》有感 | 镜 海 | 2001.3.21 |
| 355 | 孙琴安 | 卞之琳印象——追忆著名诗人卞之琳 | 镜 海 | 2001.3.21 |
| 356 | 邱子维 | 投影在波心的一片云——第六届"读后感征文比赛"小评 | 镜 海 | 2001.3.21 |
| 357 | 穆凡中 | 荒诞派戏剧在澳门 | 新园地 | 2001.3.22 |
| 358 | 邹家礼 | 小说中国的疯狂——谈哈金《光天化日》 | 新书刊 | 2001.3.23 |
| 359 | 穆凡中 | 另类荒诞戏《屋外有花园》 | 新园地 | 2001.3.23 |
| 360 | 穆凡中 | 《屋外有花园》的荒诞之处 | 新园地 | 2001.3.24 |
| 361 | 记 者 | 艰辛的人生，晦涩的诗 | 镜 海 | 2001.3.28 |
| 362 | 穆凡中 | 澳门戏剧是"爱美的"戏剧 | 新园地 | 2001.3.29 |
| 363 | 穆凡中 | 十年剧目 | 新园地 | 2001.3.20 |
| 364 | 张剑桦 | 论李观鼎的文学批评（上） | 镜 海 | 2001.4.4 |
| 365 | 穆凡中 | 《简陋剧场剧集》与新校园戏剧 | 新园地 | 2001.4.5 |
| 366 | 邹家礼 | 以不变应万变——谈李碧华和《凌迟》 | 新书刊 | 2001.4.6 |
| 367 | 穆凡中 | 以探索实验为主的三剧社 | 新园地 | 2001.4.6 |
| 368 | 张剑桦 | 论李观鼎的文学批评（中） | 镜 海 | 2001.4.11 |
| 369 | 耿占春 | 秘密与符号——读姚风诗集《瞬间的旅行》 | 镜 海 | 2001.4.11 |
| 370 | 陆奥雷 | 现在的文学 | 镜 海 | 2001.4.11 |
| 371 | 穆凡中 | 青苗·文娱·陈柏添 | 新园地 | 2001.4.12 |
| 372 | 穆凡中 | 陈柏添的实验戏剧 | 新园地 | 2001.4.13 |
| 373 | 西门丁 | 走上创作武侠小说之路 | 新园地 | 2001.4.16 |
| 374 | 西门丁 | 作好知识的准备 | 新园地 | 2001.4.17 |
| 375 | 西门丁 | 徇众要求重写神捕 | 新园地 | 2001.4.18 |
| 376 | 刘宗武 | "人心有容 有容乃大"——读黄坤尧散文集《翠微回望》 | 镜 海 | 2001.4.18 |
| 377 | 张剑桦 | 论李观鼎的文学批评（下） | 镜 海 | 2001.4.18 |
| 378 | 穆凡中 | 李宇樑和晓角剧社 | 新园地 | 2001.4.19 |
| 379 | 穆凡中 | 李宇樑的"五部曲" | 新园地 | 2001.4.20 |
| 380 | 鲍 风 | 贾平凹的农民生活 | 新书刊 | 2001.4.20 |
| 381 | 记 者 | 长不大的凌稜 | 镜 海 | 2001.4.25 |
| 382 | 穆凡中 | 《红楼梦》的版本 | 新园地 | 2001.4.26 |
| 383 | 穆凡中 | 十一种脂评本 | 新园地 | 2001.4.27 |
| 384 | 林国红 | 寻求完整的中国文学——访台、港、澳文学史主编刘登涵 | 镜 海 | 2001.5.2 |

续表

| 序号 | 作者 | 篇　　　名 | 出　处 | 日　期 |
|---|---|---|---|---|
| 385 | 穆凡中 | 靖本戚本脂蒙本脂宁本 | 新园地 | 2001.5.3 |
| 386 | 穆凡中 | 脂郑本·脂亚本·脂稿本 | 新园地 | 2001.5.4 |
| 387 | 殷国明 | "狼文学"研究笔记（一） | 镜　海 | 2001.5.9 |
| 388 | 钱谷融 | 《散淡人生》序 | 镜　海 | 2001.5.9 |
| 389 | 穆凡中 | 甲戌本和己卯本 | 新园地 | 2001.5.10 |
| 390 | 穆凡中 | 己卯本·庚辰本 | 新园地 | 2001.5.11 |
| 391 | 殷国明 | "狼文学"研究笔记（二） | 镜　海 | 2001.5.16 |
| 392 | 穆凡中 | 珍贵的庚辰本 | 新园地 | 2001.5.17 |
| 393 | 穆凡中 | 甲辰本·己酉本·程高本 | 新园地 | 2001.5.18 |
| 394 | 殷国明 | "狼文学"研究笔记（三） | 镜　海 | 2001.5.23 |
| 395 | 穆凡中 | 百二十回的母本程高本 | 新园地 | 2001.5.24 |
| 396 | 穆凡中 | 澳门书店里的《红楼梦》 | 新园地 | 2001.5.25 |
| 397 | 记　者 | "我是一派"——与苇鸣谈诗 | 镜　海 | 2001.5.30 |
| 398 | 穆凡中 | 脂砚　脂评 | 新园地 | 2001.5.31 |
| 399 | 穆凡中 | 脂砚斋·畸笏叟 | 新园地 | 2001.6.1 |
| 400 | 李观鼎 | 陶里对现代诗作的解读 | 镜　海 | 2001.6.6 |
| 401 | 穆凡中 | 靖本的发现 | 新园地 | 2001.6.7 |
| 402 | 穆凡中 | 靖本失踪 | 新园地 | 2001.6.8 |
| 403 | 梅仲明 | 一个文学爱好者的影视文化随感 | 镜　海 | 2001.6.13 |
| 404 | 熊国华 | 展望二十一世纪华文诗歌 | 镜　海 | 2001.6.13 |
| 405 | 万登学 | 把心交给读者的作品——读《胡少璋杂文选》 | 新书刊 | 2001.6.15 |
| 406 | 邹家礼 | 访问之必要——谈单德兴的《对话与交流》 | 新书刊 | 2001.6.15 |
| 407 | 梯　亚 | 《愚乐版》后记 | 镜　海 | 2001.6.20 |
| 408 | 李灌原 | 不正经的梯亚 | 镜　海 | 2001.6.20 |
| 409 | 王祯宝 | 《见习闲人》自序 | 镜　海 | 2001.6.20 |
| 410 | 陈浩星 | 虚堂说剑　小像焚香 | 镜　海 | 2001.6.20 |
| 411 | 寂　然 | 自言自语 | 镜　海 | 2001.6.20 |
| 412 | 廖子馨 | 《双十年华》序言 | 镜　海 | 2001.6.20 |
| 413 | 梁淑琪 | 故事说不完一生 | 镜　海 | 2001.6.20 |
| 414 | 白娜蓉 | 读《翠微回望》 | 镜　海 | 2001.6.27 |
| 415 | 邹家礼 | 短篇小说内家高手——谈瑞蒙卡佛的《当我们讨论爱情》 | 新书刊 | 2001.6.29 |
| 416 | 钱　虹 | 宁静致远,健笔不老——读钱谷融先生的《散淡人生》 | 镜　海 | 2001.7.11 |

| 序号 | 作者 | 篇　名 | 出　处 | 日　期 |
|------|------|--------|--------|--------|
| 417 | 纪　修 | 读《名作家的性爱描写》 | 新书刊 | 2001.7.13 |
| 418 | 殷国明 | 文艺也是生产力 | 镜海 | 2001.7.18 |
| 419 | 记　者 | 我真的喜欢写作——专访沈尚青/周桐/沈实 | 镜海 | 2001.7.25 |
| 420 | 红　叶 | 读柒佰诗集《雪豹》 | 新书刊 | 2001.7.27 |
| 421 | 邹家礼 | 才子笔下的女人——谈陶杰的《流芳颂》 | 新书刊 | 2001.7.27 |
| 422 | 饶芃子 | 互补、互促、共建、共荣——关于纯文学与俗文学关系之我见 | 镜海 | 2001.8.1 |
| 423 | 情　子 | 魂之所系　心之所安——读史铁生《我与地坛》 | 镜海 | 2001.8.8 |
| 424 | 林承璜 | 二十一世纪，诺贝尔文学奖该给中国作家了！ | 镜海 | 2001.8.8 |
| 425 | 邓景滨 | 郑观应的文学地位 | 学海 | 2001.8.12 |
| 426 | 陶文鹏　张　剑 | 为词学指出向上一路——读《施议对词学论集》·上 | 新园地 | 2001.8.12 |
| 427 | 陶文鹏　张　剑 | 为词学指出向上一路——读《施议对词学论集》·下 | 新园地 | 2001.8.13 |
| 428 | 纪　修 | 《澳门新娘》舞剧与飞历奇小说——打海盗与中葡青年爱情题材的文化评析（上） | 镜海 | 2001.8.15 |
| 429 | 许文权 | 云是梦里的诗句——读林清玄《迷路的云》 | 镜海 | 2001.8.15 |
| 430 | 穆凡中 | 京剧与昆剧的关系 | 新园地 | 2001.8.21 |
| 431 | 纪　修 | 《澳门新娘》舞剧与飞历奇小说——打海盗与中葡青年爱情题材的文化评析（下） | 镜海 | 2001.8.22 |
| 432 | 穆凡中 | 保留在京剧里的昆剧 | 新园地 | 2001.8.22 |
| 433 | 穆凡中 | 昆剧的武戏 | 新园地 | 2001.8.23 |
| 434 | 穆凡中 | "昆剧开蒙"打基础 | 新园地 | 2001.8.24 |
| 435 | 陆文英 | 另类留学生活——读长篇小说《乌鸦》 | 新书刊 | 2001.8.24 |
| 436 | 穆凡中 | 勿使昆剧"养老在宫中" | 新园地 | 2001.8.25 |
| 437 | 记　者 | 从后台看人生——穆欣欣专访 | 镜海 | 2001.8.29 |
| 438 | 张永枚 | 论《澳门女作家散文精选》 | 镜海 | 2001.9.5 |
| 439 | 陈浩星 | 精神世界的漂流者——序《漂流者的眼睛》 | 镜海 | 2001.9.12 |
| 440 | 王庆华 | 走进"美丽街" | 镜海 | 2001.9.19 |
| 441 | 纪　修 | 剖析澳门评论家和作家的特色——读《澳门文学研究》 | 新书刊 | 2001.9.21 |
| 442 | 记　者 | 女诗人又爱又恨的身份——专访林玉凤 | 镜海 | 2001.9.26 |
| 443 | 张显荣 | 人生与情欲的另类风景——读《漂流者的眼睛》 | 新书刊 | 2001.10.5 |

续表

| 序号 | 作 者 | 篇　名 | 出 处 | 日 期 |
|---|---|---|---|---|
| 444 | 李观鼎 | 论黄晓峰的现代诗论 | 镜 海 | 2001. 10. 10 |
| 445 | 咏 青 | 记第十九届庞德国际学术研讨会 | 镜 海 | 2001. 10. 17 |
| 446 | 纪 修 | 读佟立章的《晚晴楼诗》 | 新书刊 | 2001. 10. 19 |
| 447 | 殷国明 | "大树型"理论方式——从刘勰到黑格尔 | 镜 海 | 2001. 10. 24 |
| 448 | 许文权 | 互联网黑暗中绽放的花朵——浅评安妮宝贝《八月未央》及其中的网络语言 | 镜 海 | 2001. 10. 24 |
| 449 | 记 者 | 文坛鼓手——李观鼎 | 镜 海 | 2001. 10. 31 |
| 450 | 吴淑钿 | 琉璃心印——序《彩店》再版 | 镜 海 | 2001. 11. 7 |
| 451 | 记 者 | 一个闲人的文字游戏——专访王祯宝 | 镜 海 | 2001. 11. 28 |
| 452 | 记 者 | 政治·诗与政治诗——懿灵专访 | 镜 海 | 2001. 12. 26 |
| 453 | 李观鼎 | 论懿灵的后现代诗论 | 镜 海 | 2002. 1. 16 |
| 454 | 记 者 | 我的一等聪明——专访彭海玲 | 镜 海 | 2002. 1. 30 |
| 455 | 记 者 | 飘然独立的异乡人——玉文专访 | 镜 海 | 2002. 2. 27 |
| 456 | 李观鼎 | 论黄文辉的散文批评 | 镜 海 | 2002. 3. 13 |
| 457 | 邹家礼 | 梯亚，你好嘢？ | 镜 海 | 2002. 3. 27 |
| 458 | 饶芃子 | 《澳门土生文学作品选》序 | 镜 海 | 2002. 4. 3 |
| 459 | 郑炜明 | 《非有意的诠释》后记 | 镜 海 | 2002. 4. 17 |
| 460 | 王 和 | 在危阑回顾的诗心——访诗人陶里 | 镜 海 | 2002. 4. 24 |
| 461 | 温志峰 | 词在诗歌的天空下——关于大型诗刊《中西诗歌》 | 镜 海 | 2002. 5. 1 |
| 462 | 张堂锜 | 边缘发声——澳门文学与世界华文文学 | 镜 海 | 2002. 5. 15 |
| 463 | 廖子馨 | 澳门文学的历史性与独特性 | 镜 海 | 2002. 5. 22 |
| 464 | 黄文辉 | 双子座的诗人——王和专访 | 镜 海 | 2002. 5. 29 |
| 465 | 林玉凤 | 澳门的文学教育 | 镜 海 | 2002. 6. 5 |
| 466 | 黄文辉 | 澳门新生代作者 | 镜 海 | 2002. 6. 12 |
| 467 | 汤梅笑 | 澳门文学与《澳门日报》 | 镜 海 | 2002. 6. 19 |
| 468 | 邹家礼 | 总是想进取——专访邓景滨 | 镜 海 | 2002. 6. 26 |
| 469 | 邹家礼 | 澳门笔会与《澳门笔汇》 | 镜 海 | 2002. 7. 3 |
| 470 | 邹家礼 | 澳门文学刊物出版概况 | 镜 海 | 2002. 7. 10 |
| 471 | 邓骏捷 | 论澳门女性散文的文体特色 | 镜 海 | 2002. 7. 10 |
| 472 | 李观鼎 | 论澳门散文史的叙述 | 镜 海 | 2002. 7. 24 |
| 473 | 黄文辉 | 澳门土壤长出的林中英——专访林中英 | 镜 海 | 2002. 7. 31 |
| 474 | 黄文辉 | 忧国忧民，不是胡说——胡悦访问记 | 镜 海 | 2002. 8. 28 |
| 475 | 李观鼎 | 论邓景滨的郑观应诗歌研究 | 学 海 | 2002. 9. 8 |
| 476 | 邹家礼 | 关注澳门风物，抒发镜海情怀——专访徐敏 | 镜 海 | 2002. 9. 25 |

| 序号 | 作 者 | 篇 名 | 出 处 | 日 期 |
|---|---|---|---|---|
| 477 | 钱谷融 | 可喜的劳绩——《论澳门现代文学批评》序 | 镜 海 | 2002.11.6 |
| 478 | 邹家礼 | 人淡如菊——专访区仲桃 | 镜 海 | 2002.11.27 |
| 479 | 李观鼎 | 新的开拓，新的进取——第四届华文戏剧节学术研讨会总结报告 | 镜 海 | 2002.12.4 |
| 480 | 李思捷 | 海外华人文学写作的文化身份问题 | 镜 海 | 2002.12.11 |
| 481 | 蒲若茜 | 与时俱进，开拓创新——第十二届世界华文文学国际学术研讨会会议综述 | 镜 海 | 2002.12.18 |
| 482 | 司徒信 | 爱情万岁——专访梁淑琪 | 镜 海 | 2002.12.25 |
| 483 | 田本相 | 近二十年来华文戏剧发展的特点和趋势（上） | 学 海 | 2003.1.12 |
| 484 | 田本相 | 近二十年来华文戏剧发展的特点和趋势（下） | 学 海 | 2003.1.26 |
| 485 | 邹家礼 | 戏剧因缘——专访穆凡中 | 镜 海 | 2003.1.29 |
| 486 | 林明明 | 澳门文学和她的文化意义——读《千禧澳门文学研讨集》 | 新书刊 | 2003.3.5 |
| 487 | 邹家礼 | 生活中的学问·学问中的生活——专访冬春轩 | 镜 海 | 2003.3.26 |
| 488 | 寂 然 | 关于诗 | 镜 海 | 2003.4.2 |
| 489 | 李观鼎 | 写在《澳门现代文学批评》出版之前 | 镜 海 | 2003.4.9 |
| 490 | 李鹏翥 | 笃实治学，诚恳批评——在《论澳门现代文学批评》首发式上的讲话 | 镜 海 | 2003.4.16 |
| 491 | 冯倾城 | 韵味悠长的全景照——《论澳门现代文学批评》读后 | 新园地 | 2003.5.24 |
| 492 | 寂 然 | 写作，还是会寂寞 | 镜 海 | 2003.5.29 |
| 493 | 冯倾城 | 文学批评的锋芒——读《论澳门现代文学批评》 | 新园地 | 2003.5.31 |
| 494 | 郭济修 | 对于澳门文学的几个看法 | 镜 海 | 2003.7.2 |
| 495 | 阿 歪 | 诗、生活与真实 | 镜 海 | 2003.7.9 |
| 496 | 曹 明 | 美丽街一道新风景——读穆欣欣近年散文 | 镜 海 | 2003.7.30 |
| 497 | 贺绫声 | 窗内好像有歌声——关于网络诗刊《彩绘集》 | 镜 海 | 2003.10.15 |
| 498 | 殷国明 | 追寻小说中的文化澳门 | 镜 海 | 2003.12.24 |
| 499 | 贺绫声 | 诗人的化妆节——陆奥雷作品及本土寻根意识 | 镜 海 | 2004.4.28 |
| 500 | 陈业东 | 一卷在手尽阅风骚——试论《澳门诗词笺注》的文学价值 | 镜 海 | 2004.5.2 |

续表

| 序号 | 作者 | 篇　　名 | 出　处 | 日　期 |
|------|------|---------|--------|--------|
| 501 | 刀弋 | 澳门文学批评的滞后原因 | 镜海 | 2004.6.9 |
| 502 | 祁烽 | 李成俊《待旦集》序言 | 新园地 | 2004.7.12 |
| 503 | 李展鹏 | 光影漫游，也是生命漫游——自序《电影的一百种表情》 | 镜海 | 2004.7.21 |
| 504 | 林玉凤 | 《一个人影，一把声音》自序 | 镜海 | 2004.7.21 |
| 505 | 梦子 | 一个是非女人——《一个人影，一把声音》序言 | 镜海 | 2004.7.21 |
| 506 | 王岳川 | 《飘逝的永恒》序言 | 镜海 | 2004.7.21 |
| 507 | 徐敏 | 《今昔情怀》序言 | 镜海 | 2004.7.21 |
| 508 | 黄天骥 | 《镜海文论》序 | 学海 | 2004.8.8 |
| 509 | 邹家礼 | 我是一个新闻兵——专访李成俊 | 镜海 | 2004.9.15 |
| 510 | 饶芃子 | "第十三届世华文学研讨会"上的致辞 | 镜海 | 2004.10.6 |
| 511 | 张错 | 离散与重合——华文文学内涵探索 | 镜海 | 2004.10.13 |
| 512 | 黄文辉 | 捕捉时间的人——凌钝专访 | 镜海 | 2004.11.3 |
| 513 | 宋宝珍 穆欣欣 | 澳门戏剧之最 | 学海 | 2005.1.23 |
| 514 | 安石榴 | 由身体抵达的世界——姚风当下诗歌元素分析 | 镜海 | 2005.2.2 |
| 515 | 曹竹青 | 内地"年度作品选"的新品种——《2004年全球华人文学作品精选》评述 | 镜海 | 2005.3.2 |
| 516 | 姚风等 | 在黑夜里，我们用梦来发光——关于贺绫声诗集《时刻如此安静》 | 镜海 | 2005.5.11 |
| 517 | 龚刚 | 审美的超越与诗意的栖居——评李鹏翥先生随笔集《磨盘拾翠》 | 镜海 | 2005.6.1 |
| 518 | 姚风 | 寻找合适翅膀的地方——贺绫声《时刻如此安静》序 | 镜海 | 2005.6.8 |
| 519 | 郝志达 | 诗如鼓琴，声声见心——读何玛丽《镜海云乡》 | 镜海 | 2005.7.27 |
| 520 | 庄文永 | 人文精神的坚守和呼唤——读李鹏翥先生《磨盘拾翠》 | 镜海 | 2005.8.3 |
| 521 | 邹家礼 | 一生一世看电影——专访李展鹏 | 镜海 | 2005.8.17 |
| 522 | 向卫国 | 场域与现代汉诗的存在——兼谈《中西诗歌》 | 镜海 | 2005.11.2 |
| 523 | 黄建中 | 诗人·愤青·良师——专访黄文辉 | 镜海 | 2005.11.9 |
| 524 | 黄文辉 | 观影大师——与李展鹏谈《电影的一百种表情》 | 镜海 | 2005.11.30 |

| 序号 | 作者 | 篇　　　名 | 出　处 | 日　　期 |
|------|------|-----------|--------|----------|
| 525 | 冯倾城 | 李成俊幽默的人文精神——《夜未央楼随笔》读后 | 镜　海 | 2005.12.28 |
| 526 | 古远清 | 《2005年全球华人文学作品精选》前言 | 镜　海 | 2006.1.4 |
| 527 | 黄文辉 | 来自市井的传奇——寂然专访 | 镜　海 | 2006.1.18 |
| 528 | 药　水 | 向澳门本土化文学提三个问题 | 镜　海 | 2006.1.25 |
| 529 | 陈浩星 | 文学作伴　报人生涯——专访李鹏翥 | 镜　海 | 2006.2.1 |
| 530 | 陈少华 | "民间的"澳门——李公荣散文的情感世界 | 镜　海 | 2006.2.8 |
| 531 | 龚　刚 | 推进多元化研究 提升澳门人文品质——《澳门人文学刊》创刊词 | 学　海 | 2006.2.12 |
| 532 | 安　琪 | 他找到了一条路从生活到诗歌——姚风诗歌作品浅读 | 镜　海 | 2006.2.22 |
| 533 | 庄文永 | 反映澳门文学的真实面貌——读黄文辉《字里行间——澳门文学阅读记》 | 镜　海 | 2006.3.8 |
| 534 | 廖子馨 | 我对澳门土生文学的表述——《奥戈的幻觉世界》的创作旅程 | 镜　海 | 2006.7.5 |
| 535 | 李淑仪 | 澳门中葡作家笔下的青年土生 | 镜　海 | 2006.7.5 |
| 536 | 詹　乔 | "世界华文研讨会"综述 | 镜　海 | 2006.8.30 |
| 537 | 李　尔 | 澳门：文学、市场化，以及文化政策 | 镜　海 | 2006.9.20 |
| 538 | 庄文永 | 情之所至,自然成诗——读刘家璧诗集《山行》 | 新书刊 | 2006.12.27 |
| 539 | 残　雪 | 中国当代作家的自卑情结 | 2007.1.3 C7 | |
| 540 | 区仲桃 | 无糖故事 | 2007.1.10 E7 | |
| 541 | 区仲桃 | 开始 | 2007.2.21 E6 | |
| 542 | 陈志峰 | 有关我的小说创作 | 2007.2.28 F6 | |
| 543 | 姚　风 | 航行的艺术 | 2007.3.7 E7 | |
| 544 | 姚　风 | 青山绿水的人质 | 2007.4.4 E9 | |
| 545 | 区仲桃 | 作者之死 | 2007.4.11 E76 | |
| 546 | 丝纱罗 | 我的创作观 | 2007.4.14 E10 | |
| 547 | 周海婴 周令飞 | 鲁迅是谁 | 2007.5.2 C12 | |
| 548 | 姚　风 | 时代精神的体现者 | 2007.5.2 C12 | |
| 549 | 区仲桃 | 作者复仇记 | 2007.5.9 F2 | |
| 550 | 王　春 | 夜读《人的末日》 | 2007.5.16 E6 | |
| 551 | 李观鼎 | 徜徉在大山之下——"鲁迅是谁"断想之一 | 2007.5.16 E6 | |
| 552 | 姚　风 | 一双手的重量 | 2007.6.6 E9 | |

续表

| 序号 | 作者 | 篇　　名 | 出　处 | 日　期 |
|---|---|---|---|---|
| 553 | 区仲桃 | 众声喧哗 | | 2007.6.13 F2 |
| 554 | 李观鼎 | 沁润心田的点点滴滴——艾云《一个 Miss 和妈咪的独白》序 | | 2007.6.20 E9 |
| 555 | 张世林 | 写在《季羡林序言选》之际 | | 2007.6.20 E9 |
| 556 | 龚　刚 | 你给我们丰富的和丰富的痛苦——简评穆旦的诗 | | 2007.7.4 C9 |
| 557 | 姚　风 | 拍打着翅膀的心 | | 2007.7.4 C9 |
| 558 | 区仲桃 | 真假小说 | | 2007.7.11 E9 |
| 559 | 李观鼎 | 徜徉在大山之下——"鲁迅是谁"断想之二 | | 2007.7.18 E12 |
| 560 | 刘嘉欣 | 故园 | | 2007.8.1 E8 |
| 561 | 姚　风 | 黑鸟与乌鸦 | | 2007.8.1 E8 |
| 562 | 黄坤尧 | 诗歌的和谐说辩证 | | 2007.8.8 F4 |
| 563 | 施议对 | 新诗与旧诗——《胡适词点评》前言 | | 2007.8.22 E11 |
| 564 | 春　钢 | 风雨里的两份情——读《末代皇帝溥杰传》 | | 2007.8.29 E11 |
| 565 | 姚　风 | 诗意的飞跃 | | 2007.9.5 E5 |
| 566 | 李观鼎 | 澳门诗人的回答——编诗札记 | | 2007.9.19 E5 |
| 567 | 姚　风 | 黑暗中急需爱恋 | | 2007.10.3 E5 |
| 568 | 区仲桃 | 三角关系 | | 2007.10.10 E5 |
| 569 | 王少保 | 半空烟雨，强说一丝新愁——从莱辛到金庸英译 | | 2007.11.7 E8 |
| 570 | 倪湛舸 | 星空的安慰 | | 2007.11.7 E8 |
| 571 | 区仲桃 | 平面人物 | | 2007.11.14 F4 |
| 572 | 李观鼎 | 一株银桦树前的随想 | | 2007.11.21 F4 |
| 573 | 小　曦 | 小曦自诉 | | 2007.11.28 F4 |
| 574 | 姚　风 | 轻与重 | | 2007.12.5 F4 |
| 575 | 区仲桃 | 立体人物 | | 2007.12.12 F4 |
| 576 | 司　晨 | 一部澳门的爱莲说——评周毅如先生的长篇小说《阿莲》 | | 2008.1.2 E8 |
| 577 | 姚　风 | 雾的脸，脸的雾 | | 2008.1.2 E8 |
| 578 | 区仲桃 | 可疑人物 | | 2008.1.9 E12 |
| 579 | 寂　然 | 如果这就是爱——读黄文辉《我的爱人》 | | 2008.1.23 F8 |
| 580 | 姚　风 | 让风琴演奏风的悲伤和愤怒 | | 2008.2.6 D8 |
| 581 | 区仲桃 | 含象征的感冒 | | 2008.2.13 E12 |
| 582 | 李观鼎 | 说说"审智" | | 2008.2.20 E8 |
| 583 | 姚　风 | 为保持事物"完整"而移动 | | 2008.3.5 F4 |

| 序号 | 作者 | 篇　　名 | 出　　处 | 日　　期 |
|------|------|----------|----------|----------|
| 584 | 区仲桃 | 信天翁之死 | | 2008.3.12 F4 |
| 585 | 姚　风 | 墓床里的家园 | | 2008.4.2 E8 |
| 586 | 区仲桃 | 两败俱伤 | | 2008.4.9 E8 |
| 587 | 李观鼎 | 救救自己——纪念《狂人日记》发表九十周年 | | 2008.4.16 F4 |
| 588 | 区仲桃 | 迷宫 | | 2008.5.14 E4 |
| 589 | 残　雪 | 什么样的硬骨头——关于鲁迅先生 | | 2008.5.14 E4 |
| 590 | 李观鼎 | 于丹现象 | | 2008.5.21 E8 |
| 591 | 姚　风 | 谁的手指缝合了溅溅的悲痛 | | 2008.6.4 F4 |
| 592 | 区仲桃 | 行李手推车像隐喻 | | 2008.6.11 F4 |
| 593 | 李观鼎 | 《论语》的文学性 | | 2008.6.18 E8 |
| 594 | 马国明 | 要销毁自己作品的作家 | | 2008.6.25 E7 |
| 595 | 姚　风 | 在时代的黑暗处砸出光亮 | | 2008.7.2 E7 |
| 596 | 区仲桃 | 有人用圆锥子敲击着牛奶瓶 | | 2008.7.9 E7 |
| 597 | 李观鼎 | 颠覆:文学书写的基本策略 | | 2008.7.16 E7 |
| 598 | 王少保 | 温柔乡里的波谲云——记费来明百年诞辰 | | 2008.7.30 F3 |
| 599 | 姚　风 | 爱是什么东西 | | 2008.8.6 F7 |
| 600 | 区仲桃 | 兵行险着 | | 2008.8.13 D7 |
| 601 | 李观鼎 | 一首通向虚伪的词 | | 2008.8.20 F3 |
| 602 | 马国明 | 不可能有智慧的作品 | | 2008.8.27 F3 |
| 603 | 姚　风 | 当绝望说出陌生的地址 | | 2008.9.3 F4 |
| 604 | 区仲桃 | 拟人 | | 2008.9.10 E11 |
| 605 | 李观鼎 | 我看《镜海》 | | 2008.9.17 E7 |
| 606 | 姚　风 | 一首没有被拯救的诗 | | 2008.10.1 F7 |
| 607 | 区仲桃 | 疑似拟物 | | 2008.10.8 C11 |
| 608 | 李观鼎 | 朗诵与文学阅读 | | 2008.10.15 D7 |
| 609 | 李静荷 | 诗人洪三泰与《神州魂》 | | 2008.10.15 D7 |
| 610 | 马国明 | 如何刻画传统失传的世界 | | 2008.10.22 E7 |
| 611 | 马国明 | 十九世纪写实主义 | | 2008.10.29 E4 |
| 612 | 姚　风 | 勇敢地向前飞 | | 2008.11.5 E7 |
| 613 | 区仲桃 | 物化 | | 2008.11.12 E7 |
| 614 | 李观鼎 | 两幅童画的启示 | | 2008.11.19 E4 |
| 615 | 马国明 | 小说不一定要写实 | | 2008.11.26 E7 |
| 616 | 姚　风 | 圆月之缺 | | 2008.12.3 E4 |
| 617 | 区仲桃 | 仿意识流 | | 2008.12.10 E7 |

续表

| 序号 | 作者 | 篇　名 | 出　处 | 日　期 |
|---|---|---|---|---|
| 618 | 李观鼎 | 澳门散文的倾诉性 | | 2008.12.17 E7 |
| 619 | 马国明 | 有待改善的说故事技巧 | | 2008.12.24 E7 |
| 620 | 姚　风 | 乡音传来的是恐惧 | | 2009.1.7 E4 |
| 621 | 区仲桃 | 主谋"悬念"的现身 | | 2009.1.14 E7 |
| 622 | 李观鼎 | 澳门文学的"非生产劳动性" | | 2009.1.21 E7 |
| 623 | 马国明 | 童话故事的意义 | | 2009.1.28 C7 |
| 624<br>625 | 刘羡冰 | 慧眼识荆，写出杰出的著作——祝贺飞历奇先生获颁荣誉博士学位 | | 2009.1.28 C7 |
| 626 | 姚　风 | 爱是加法，也是减法 | | 2009.2.4 E7 |
| 627 | 区仲桃 | 真正的秘密 | | 2009.2.11 E7 |
| 628 | 李观鼎 | 学会"诗意地棲居"——读《诗人笔记》 | | 2009.2.18 E7 |
| 629 | 乔　捷 | 救命的三部曲——读《救命》 | | 2009.2.18 E7 |
| 630 | 小　曦 | 带一本书游澳门——读《迷魂》 | | 2009.2.18 E7 |
| 631 | 小澳胞 | 由爱情导出人生缩影——解读《小心爱》 | | 2009.2.18 E7 |
| 632 | 梁锦生 | 城市的预言书 | | 2009.2.18 E7 |
| 633<br>634 | 承　钰 | 情欲种下苦果——《爱比死更冷》读后感 | | 2009.2.18 E7 |
| 635 | 马国明 | 新派武侠小说 | | 2009.2.25 E7 |
| 636 | 姚　风 | 给爱加点"毒" | | 2009.3.4 E7 |
| 637 | 区仲桃 | 悬案 | | 2009.3.11 E7 |
| 638<br>639 | 李观鼎 | "斯是陋室，惟吾德馨"——读《简陋剧场剧集续编》 | | 2009.3.18 E7 |
| 640 | 马国明 | 武侠小说的香港意义 | | 2009.3.25 E7 |
| 641 | 刘克定 | 苦味的散文 | | 2009.4.1 E4 |
| 642 | 区仲桃 | 说说笑笑 | | 2009.4.8 F4 |
| 643 | 李观鼎 | 说"荒诞" | | 2009.4.15 E7 |
| 644 | 吴志良 | 回归经典，升华生命 | | 2009.4.15 E7 |
| 645 | 马国明 | 武侠小说与类型小说 | | 2009.4.22 E7 |
| 646 | 姚　风 | 孔雀合屏之后 | | 2009.4.29 E7 |
| 647 | 李炳时 | 浅谈佛教道德观 | | 2009.4.29 E7 |
| 648 | 姚　风 | 驴子与自由 | | 2009.5.6 E7 |
| 649 | 区仲桃 | 哭 | | 2009.5.13 F4 |
| 650 | 李观鼎 | 荒诞的艺术手段——以《犀牛》为例 | | 2009.5.20 E7 |
| 651 | 马国明 | 小说的现代性 | | 2009.5.27 F4 |
| 652 | 姚　风 | 失去梦想的生存是一种厌倦 | | 2009.6.3 E4 |

| 序号 | 作 者 | 篇 名 | 出 处 | 日 期 |
|---|---|---|---|---|
| 653 | 区仲桃 | 双生儿 | | 2009.6.10 E7 |
| 654 | 李观鼎 | 平面化：当代审美符号的意义指向 | | 2009.6.17 E7 |
| 655 | 马国明 | 未有苦心经营的武侠世界 | | 2009.6.24 E7 |
| 656 | 姚 风 | 发现的力量 | | 2009.7.1 E7 |
| 657 | 庄文永 | 解读《边缘的解读》 | | 2009.7.1 E7 |
| 658 | 区仲桃 | 孖生/兄弟 | | 2009.7.8 E8 |
| 659 | 李观鼎 | 世俗化：当代审美精神追求的嬗变 | | 2009.7.15 E8 |
| 660 | 马国明 | 叙事技巧的高下 | | 2009.7.29 G7 |
| 661 | 姚 风 | 扩大阳光的明亮 | | 2009.8.5 E12 |
| 662 | 区仲桃 | 异乡人 | | 2009.8.12 E12 |
| 663<br>664 | 李鹏翥<br>廖子馨 | 澳门文学六十年掠影 | | 2009.8.12 E12 |
| 665 | 李观鼎 | 说"系统" | | 2009.8.19 F3 |
| 666 | 饶芃子 | 我对澳门文学的期待 | | 2009.8.19 F3 |
| 667 | 马国明 | 文学名著改编广播剧 | | 2009.8.26 F4 |
| 668 | 姚 风 | 在捉迷藏中捕捉开阔 | | 2009.9.2 C12 |
| 669 | 区仲桃 | 歧视 | | 2009.9.9 E8 |
| 670 | 李观鼎 | 新奇化：当代审美的非精神性取向 | | 2009.9.16 E12 |
| 671 | 马国明 | 外国电影的中文片名 | | 2009.9.23 F8 |
| 672 | 姚 风 | 愤怒的西瓜 | | 2009.10.7 E12 |
| 673 | 区仲桃 | 彷徨 | | 2009.10.14 E8 |
| 674 | 李观鼎 | 澳门文学批评一瞥 | | 2009.10.21 F8 |
| 675 | 马国明 | 诺贝尔文学奖缺乏代表性？ | | 2009.10.28 E4 |
| 676 | 姚 风 | 为什么种葱？ | | 2009.11.4 E4 |
| 677 | 区仲桃 | 消愁 | | 2009.11.11 F5 |
| 678 | 李观鼎 | 内地澳门文学批评回望 | | 2009.11.18 E9 |
| 679 | 马国明 | 史蒂文生的才华 | | 2009.11.25 F4 |
| 680 | 姚 风 | 在桥上看风景 | | 2009.12.2 E4 |
| 681 | 区仲桃 | 中心/边缘 | | 2009.12.9 E4 |
| 682 | 李观鼎 | 值得一赞的澳门文学奖 | | 2009.12.16 C11 |
| 683 | 谭俊莹 | 看与被看——细读《奥戈的幻觉世界》 | | 2009.12.16 C11 |
| 684 | 马国明 | 希腊悲剧的创意 | | 2009.12.23 F6 |
| 685 | 丁启阵 | 澳门文学路在何方？ | | 2009.12.30 F8 |
| 686 | 吴志良 | 品味另一个澳门 | | 2009.12.30 F8 |

# 参考文献

## 一 澳门文献

### （一）报纸

《华侨报》，1990～2009 年

《澳门日报》，1980～2009 年

### （二）期刊

《澳门笔汇》，第 1～41 期

《澳门年鉴》，1997～2010 年

《澳门现代诗刊》，第 1～17 期

《澳门写作学刊》，第 1～8 期

《澳门研究》，第 1～62 期

《澳门杂志》，2001～2010 年

《文化杂志》，第 1～78 期

《中西诗歌》，第 1～32 期

### （三）著作

《澳门人文社会科学：回顾与前瞻——首届澳门人文社会科学大会

论文集》，澳门基金会，2007。

《澳门文学研讨集——澳门文学的历史、现状与未来》，澳门日报出版社，1998。

陈德锦：《秋橘》，香港青年作者协会出版，1995。

陈业东：《中国近代文学论稿》，澳门近代文学学会，1999。

邓骏捷编《澳门华文文学研究资料目录初编》，澳门基金会，1996。

高戈：《梦回情天》，五月诗社，1992。

龚刚主编《澳门人文社会科学研究文选·文化艺术卷》，社会科学文献出版社，2009。

桂汉标、寂然、陶里合编《天涯共此时——韶关澳门五月诗社诗选》，中国广播出版社，1999。

贺绫声：《南湾湖畔的天使们》，澳门日报出版社，2007。

贺绫声：《时刻如此安静》，郑国伟自印，2005。

黄鸿钊：《澳门史》，香港商务印书馆，1987。

黄文辉、邹家礼等：《澳门作家访问录》，澳门日报出版社，2006。

黄晓峰：《澳门现代艺术和现代诗论评》，辽宁教育出版社，1999。

黄晓峰、黄文辉编《澳门新生代诗钞》，五月诗社，1991。

黄晓峰编《神往——澳门现代抒情诗选》，花城出版社，1988。

计红芳：《香港南来作家的身份建构》，中国社会科学出版社，2007。

江少川：《台港澳文学论稿》，北京大学出版社，2005。

江思扬：《向晚的感觉》，五月诗社，1992。

介子编：《葡萄牙侵占澳门史料》，上海人民出版社，1961。

金国平：《西力东渐——中葡早期接触追昔》，澳门基金会，2000。

金国平、吴志良：《东西望洋》，澳门成人教育学会，2002。

金国平、吴志良：《过十字门》，澳门成人教育学会，2004。

李观鼎：《边鼓集》，澳门基金会，1996。

李观鼎：《论澳门现代文学批评》，作家出版社，2002。

李观鼎编《澳门现代诗选》（上、下），澳门基金会，2007。

李观鼎编《澳门文学评论选》（上、下），澳门基金会，1998。

李观鼎主编《澳门人文社会科学研究文选·文学卷》，社会科学文献出版社，2009。

李鹏翥：《濠江文谭》，澳门日报出版社，1994。

李鹏翥主编《澳门日报四十年》，《澳门日报四十年》出版委员会，1998。

廖子馨：《千禧澳门文学研讨集》，澳门日报出版社，2002。

廖子馨主编《我们——〈澳门日报〉五十年成长足迹》，澳门日报出版社，2008。

林玉凤：《假如我爱上了你》，五月诗社，1997。

林玉凤：《忘了》，中国文联出版社，1999。

林中英：《眼色朦胧》，获益出版事业有限公司，1996。

凌钝：《澳门离岸文学拾遗》（上、下），澳门基金会，1995。

凌钝：《下午》，五月诗社，1990。

凌谷：《新悦集》，澳门日报出版社，2007。

刘登翰主编《澳门文学概貌》，鹭江出版社，1998。

刘晓航：《濠江扬帆再起航——澳门回归祖国十周年报道汇辑》，澳门基金会，2010。

芦荻，李成俊等：《澳门文学论集》，澳门日报出版社，1988。

潘亚暾主编《台港澳文学导论》，高等教育出版社，1990。

齐思：《自白》，澳门写作学会，1994。

钱浩程：《王和诗稿》，澳门大学中文学会，1994。

丘峰、汪义生：《澳门文学简史》，香港人民出版社，2007。

饶芃子等：《边缘的解读：澳门文学论稿》，中国社会科学出版社，2008。

单文经、林发钦主编《澳门人文社会科学研究文选·教育卷》，社会科学文献出版社，2009。

舒望选编，谢小冰、冯倾城、林玉凤、郭颂阳、黄文辉著《镜海妙思》，五月诗社，1993。

陶里：《从作品谈澳门作家》，澳门基金会，1995。

陶里：《冬夜的预言》，五月诗社，1988。

陶里：《莲峰撷翠》，澳门日报出版社，1995。

陶里：《危阑高处》，五月诗社，2000。

陶里：《紫风书》，香港华南图书文化中心，1987。

陶里、鼓灵、凌楚枫等：《五月诗侣》，五月诗社，1989。

陶里等编《澳门现代文学作品选》，中国友谊出版社，1998。

韦庆远：《澳门史论稿》，广东人民出版社，2005。

苇鸣：《传说》，莲峰书舍，1998。

苇鸣：《黑色的沙与等待》，香港华南图书文化中心，1988。

苇鸣：《无心眼集》，诗双月刊出版社，1998。

苇鸣：《自我审查》，中国文联出版社，1999。

吴志良，杨允中：《澳门百科全书》（修订版），澳门基金会，2005。

吴志良：《东西交汇看澳门》，辽宁教育出版社，1999。

吴志良、陈震宇主编《澳门人文社会科学研究文选·综合卷》，社会科学文献出版社，2009。

吴志良等主编《澳门人文社会科学研究文选·历史卷》，社会科学文献出版社，2009。

严忠明：《一个海风吹来的城市——早期澳门城市发展史研究》，广东人民出版社，2006。

杨允中、黄鸿钊、庄文永等：《澳门文化与文化澳门——关于文化优势的利用与文化产业的开拓（研究报告）》，澳门大学澳门研究中心，2005。

懿灵：《集体死亡》，边度有书书籍有限公司，2005。

懿灵:《集体游戏》,边度有书书籍有限公司,2005。

懿灵:《流动岛》,诗坊出版,1990。

云力:《大漠集》,东亚大学中文学会,1985。

郑炜明编《澳门新诗选》,澳门基金会,1996。

朱寿桐主编《澳门新移民文学与文化散论》,中国社会科学出版社,2010。

庄文永:《澳门文化透视》,五月诗社,1998。

庄文永:《二十世纪八十年代澳门文学评论集》,五月诗社,1994。

## 二　理论专著

〔美〕爱德华·萨义德:《东方学》,王宇根译,三联书店,1999。

〔美〕爱德华·萨义德:《世界·文本·批评家》,李自修译,三联书店,2009。

〔意〕安贝托·艾柯:《诠释与过度诠释》,王宇根译,三联书店,2005。

〔英〕安东尼·吉登斯:《社会的构成——结构化理论大纲》,李康、李猛译,三联书店,1998。

〔英〕安东尼·吉登斯:《现代性与自我认同》,赵旭东、方文译,三联书店,1998。

〔美〕奥·沃伦,雷·韦勒克:《文学理论》,刘象愚等译,三联书店,1984。

程光炜主编《都市文化与中国现当代文学》,人民文学出版社,2005。

〔美〕戴维·斯沃茨:《文化与权力 布尔迪厄的社会学》,陶东风译,上海译文出版社,2005。

〔美〕丹尼尔·贝尔:《资本主义文化矛盾》,赵一凡、蒲隆、任晓晋译,三联书店,1989。

丁淦林主编《中国新闻事业史（修订版）》，高等教育出版社，2007。

董丽敏：《想象现代性——革新时期的〈小说月报〉研究》，广西师范大学出版社，2006。

〔法〕费尔南·布罗代尔：《论历史》，刘北成、周立红译，北京大学出版社，2008。

〔法〕费尔南·布罗代尔：《资本主义论丛》，顾良、张慧君译，中央编译出版社，1997。

冯并：《中国文艺副刊史》，华文出版社，2001。

葛兆光：《中国思想史》，复旦大学出版社，2004。

〔美〕海登·怀特：《后现代历史叙事学》，陈永国、张万娟译，中国社会科学出版社，2003。

〔美〕海登·怀特：《形式的内容：叙事话语与历史再现》，董立河译，北京出版社，2005。

洪子诚：《问题与方法：中国当代文学史研究讲稿》，三联书店，2002。

〔英〕卡尔·波普尔：《通过知识获得解放》，范景中、李本正译，中国美术学院出版社，1996。

〔英〕柯林武德：《历史的观念》（增补版），何兆武、张文杰、陈新译，北京大学出版社，2010。

〔美〕雷·韦勒克：《文学思潮和文学运动的概念》，中国社会科学出版社，1989。

〔英〕雷蒙·威廉斯：《关键词：文化与社会的词汇》，刘建基译，三联书店，2005。

吕杰等：《传播学导论》，科学出版社，2007。

〔法〕罗贝尔·埃斯卡皮：《文学社会学》，浙江人民出版社，1987。

罗荣渠：《现代化新论》，商务印书馆，2004。

〔德〕马尔库塞：《审美之维——马尔库塞美学论著集》，李小兵译，三联书店，1989。

〔美〕马克斯韦尔·麦库姆斯：《议程设置：大众媒介与舆论》，郭镇之、徐培喜译，北京大学出版社，2008。

〔英〕马泰·卡内林斯库：《现代性的五幅面孔》，顾爱彬、李瑞华译，商务印书馆，2002。

〔美〕马歇尔·伯曼：《一切坚固的东西都烟消云散了——现代性体验》，徐建、张辑译，商务印刷馆，2003。

〔法〕米歇尔·福柯：《知识考古学》，谢强、马月译，三联书店，2007。

〔法〕皮埃尔·布尔迪厄：《艺术的法则——文学场的生成和结构》，刘晖译，中央编译出版社，2001。

〔法〕皮埃尔·布尔迪厄：《科学的社会用途》，刘成富、张艳译，南京大学出版社，2005。

〔法〕皮埃尔·布尔迪厄：《实践与反思——反思社会学导引》，李猛、李康译，邓正来校，中央编译出版社，1998。

〔法〕皮埃尔·布尔迪厄：《文化资本与社会炼金术——布尔迪厄访谈录》，包亚明译，上海人民出版社，1997。

〔英〕皮特·J. 鲍勒：《进化思想史》，田洺译，江西教育出版社，1999。

〔英〕齐格蒙特·鲍曼：《立法者与阐释者：论现代性、后现代性与知识分子》，洪涛译，上海人民出版社，2000。

〔英〕齐格蒙特·鲍曼：《现代性与矛盾性》，邵迎生译，商务印书馆，2003。

陶东风：《文学理论的公共性：重建政治批评》，福建教育出版社，2008。

汪晖：《中国现代思想的兴起》，三联书店，2004。

汪民安等主编，〔德〕哈贝马斯等著《现代性基本读本》，河南大学出版社，2005。

　　王德威：《想像中国的方法：历史·小说·叙事》，三联书店，2003。

　　王德威主编《历史与怪兽》，麦田出版社，2011。

　　王晓明主编《批评空间的开创：二十世纪中国文学研究》，东方出版中心，1998。

　　王岳川等：《后现代主义文化与美学》，北京大学出版社，1992。

　　魏剑美：《报纸副刊学》，湖南师范大学出版社，2007。

　　徐贲：《文化批评往何处去——一九八九年后的中国文化讨论》，天地图书有限公司，1998。

　　薛国林：《21世纪，报纸专副刊改革的方向》，四川大学出版社，2003。

　　姚福申、管志华：《中国报纸副刊学》，上海人民出版社，2007。

　　姚新勇：《悖论的文化》，江苏教育出版社，2002。

　　殷海光：《中国文化的展望》，上海三联书店，2002。

　　〔德〕于尔根·哈贝马斯：《现代性的哲学话语》，曹卫东译，译林出版社，2004。

　　〔德〕约恩·吕森：《历史思考的新途径》，綦甲福、来炯译，上海人民出版社，2005。

　　〔英〕约翰·伯瑞：《进步的观念》，范祥涛译，上海三联书店，2005。

　　周海波：《传媒时代的文学》，人民文学出版社，2007。

　　周海波、杨庆东：《传媒与现代文学之间》，中国社会科学出版社，2004。

## 三　报纸/期刊论文

　　蔡江珍：《报纸副刊与澳门散文》，《海南师范学院学报》2002年第 3 期。

蔡江珍：《在寻常中追索新的可能——澳门近年散文随感》，《世界华文文学论坛》2000 年第 1 期。

陈櫓：《论香港文化的特色》，《南京理工大学学报》1997 年第 5 期。

陈忠坤：《消费时代下的文学功能》，《文化研究》2009 年第 4 期。

揣振宇：《澳门文化的特点》，《云南社会科学》2002 年第 3 期。

丁光清：《提升副刊文化品位提高报纸竞争能力》，《新闻爱好者》2005 年第 10 期。

方丽、彭伟步：《〈澳门日报〉办报特点探微》，《国际新闻界》1999 年第 4 期。

高戈：《澳门与诗歌批评：一篇偶涉"澳门文学稗史"的随笔》，《文化杂志》2000 年春夏季刊。

耿长春：《报纸副刊的起源、地位和作用》，《晋阳学刊》1998 年第 3 期。

郭武群：《民国报纸文艺副刊的文学性》，《广西社会科学》2008 年第 5 期。

黄文辉：《论澳门新生代作者》，《澳门日报》"镜海"2002 年 6 月 12 日。

黄晓峰：《澳门世纪末的文学幻想》，《澳门写作学刊》1993 年第 2～3 期。

雷世文：《现代报纸文艺副刊的原生态文学史图景》，《中国现代文学研究丛刊》2003 年第 1 期。

李夫生：《消费时代的泛文学化倾向及文学批评向度》，《重庆师范大学学报》2004 年第 3 期。

李观鼎：《澳门文学的"非生产劳动"性》，《澳门日报》2009 年 1 月 21 日。

梁友莉：《电视文化对报纸副刊的影响》，《新闻出版交流》2002

年第 3 期。

廖子馨：《澳门文学与报纸副刊》，《世界华文文学论坛》2000 年第 1 期。

林建宁：《澳门回归以来服务业发展现状与趋势》，《亚太经济》2008 年第 3 期。

刘小新：《1980 年以来的澳门华文文学掠影》，《华侨大学学报》1998 年第 1 期。

柳旭东：《澳门新闻传媒业鸟瞰》，《新闻爱好者》1999 年第 12 期。

莫继严：《从"资讯外借"到产业内驱——澳门华文传媒业的当下困境及未来发展》，《新闻爱好者》2009 年 6 月号。

饶芃子：《澳门文化的历史坐标与未来意义》，《暨南学报》1999 年第 3 期。

史晓平：《专副刊在报业竞争中的作用》，《记者摇篮》2009 年第 2 期。

宋晖：《近代报刊与小说的勃兴》，《江西师范大学学报》2001 年第 1 期。

陶玉霞：《浅议香港的文化特点》，《长白学刊》1997 年第 4 期。

王国强：《2006 年澳门出版业发展概况》，《出版参考》2006 年第 22 期。

王国强、钟鹿琴：《澳门出版业发展概况及优缺点分析》，《出版参考》2008 年第 30 期。

王民：《浅析近期香港报纸副刊的版面风格》，《传媒》2001 年第 2 期。

王宗法：《澳门文学的独特性》，《江苏社会科学》2000 年第 1 期。

吴士梁：《澳门回归为澳门文学掀开崭新一页》，《世界华文文学论坛》2001 年第 3 期。

吴志良：《发展澳门本土文学》，《世界华文文学论坛》2000 年第 1 期。

徐治平：《澳门当代散文概论》，《当代文坛》1999 年第 2 期。

杨匡汉：《澳门的文化价值与建设运作》，《世界华文文学论坛》1999 年第 3 期。

周可：《掠过澳门现代诗地平线——浅说澳门现代诗的发展及其情感特征》，《台港文学选刊》1994 年第 11 期。

## 四　学位论文

胡伟东：《近现代报纸副刊对文学阅读的影响》，暨南大学硕士学位论文，2004。

廖子馨：《论澳门现代女性文学——兼与大陆、台、港女性文学比较》，暨南大学硕士学位论文，1992。

吕志鹏：《澳门中文新诗发展史研究（1938~2008）》，华东师范大学博士学位论文，2009；社会科学文献出版社，2011。

汤梅笑：《20 世纪 80 年代以来澳门小说的文化品格与叙事范式》，暨南大学硕士学位论文，2003。

余少君：《80 年代以降澳门后现代诗研究：以苇鸣和懿灵诗为例》，台湾东华大学硕士学位论文，2008。

郑彩红：《论澳门文学之大众传播现象》，暨南大学硕士学位论文，2001。

庄文永：《八十年代澳门新诗的文化透视》，暨南大学硕士学位论文，1993。

# 后 记

澳门文学是建构中国文学史整体版图的重要组成部分，虽然在文学史建构实践中它往往以"附骥"的方式出现，其兴盛流变亦有不可替代的自身价值。中国现当代文学领域的学术生产越来越呈现出相对过剩的问题，澳门文学无疑是一个值得更多关注的对象。

从 20 世纪 80 年代开始，暨南大学培养了一大批澳门学生，因为教学需要，本人于 90 年代关注澳门文学，发现澳门文学与中文报纸副刊关系密切，有进一步展开深入探讨的价值。2008 年，我向澳门特别行政区政府文化局提交"近十年澳门中文报纸副刊文学研究"项目申请，同年获准立项，本书即是该项目计划结项时的大致模样。从前期立项到项目展开和研究完成，前后耗费三年多时间，加上书稿出版所做的修订和史料编撰工作，竟然长达五年，其中的曲折坎坷不足为外人道。

本项目成功立项之后，暨南大学图书馆、澳门中央图书馆以及澳门虚拟图书馆提供了资料来源和查询途径，谨致诚挚的谢忱。同时要感谢澳门作家廖子馨、黄文辉、寂然、贺绫声、郑炜明等人提供的热情帮助，他们通过不同的方式慷慨分享了置身澳门文化空间的生存体验和学识积累。本项目顺利结项之后，又获澳门特别行政区政府文化局"学术研究课题奖励"，本书得以及时出版，特别感谢局外评审专家以敬业的态度对课题终稿进行详细审读，针对书稿存在疏漏的地方提出了极为宝贵的意见。感谢社会科学文献出版社责任编辑沈艺的出色工作，减少了诸多文字方面的错漏。

本书部分内容由本人指导的博士后和博士生承担，主要撰写人员如下：

导论（王列耀、龙扬志），第一章（第一节由辽宁大学张立群教授、张静博士写出部分初稿后再由龙扬志改写），第二章（部分由龙扬志完成），第三章（龙扬志撰写第一节，温明明撰写第二节、第三节初稿），第四章（龙扬志、王列耀），第五章（王列耀、温明明），结语（魏宝涛撰写初稿后龙扬志增删改定）。全书由龙扬志统稿，王列耀审读、修订并定稿。

王列耀

2014 年 3 月 15 日

**图书在版编目（CIP）数据**

文学及其场域：澳门文学与中文报纸副刊（1999~2009）/王列耀，龙扬志著. —北京：社会科学文献出版社，2014.10
（澳门文化丛书）
ISBN 978 - 7 - 5097 - 6337 - 7

Ⅰ.①文…　Ⅱ.①王…②龙…　Ⅲ.①地方文学史 - 研究 - 澳门
②中文 - 报纸 - 文化史 - 澳门　Ⅳ.①I209.965.9②G219.29

中国版本图书馆 CIP 数据核字（2014）第 178915 号

·澳门文化丛书·

文学及其场域：澳门文学与中文报纸副刊（1999~2009）

著　　者 / 王列耀　龙扬志

出 版 人 / 谢寿光
项目统筹 / 王玉敏
责任编辑 / 沈　艺　王玉敏

出　　版 / 社会科学文献出版社·全球与地区问题出版中心（010）59367004
　　　　　　地址：北京市北三环中路甲 29 号院华龙大厦　邮编：100029
　　　　　　网址：www.ssap.com.cn
发　　行 / 市场营销中心（010）59367081　59367090
　　　　　　读者服务中心（010）59367028
印　　装 / 北京季蜂印刷有限公司

规　　格 / 开　本：787mm × 1092mm　1/16
　　　　　　印　张：14.5　字　数：204 千字
版　　次 / 2014 年 10 月第 1 版　2014 年 10 月第 1 次印刷
书　　号 / ISBN 978 - 7 - 5097 - 6337 - 7
定　　价 / 59.00 元